本书是吉林大学东北振兴发展专项研究课题"新冠肺炎疫情下东北地区家庭脆弱性及风险应对机制研究"（编号：20ZXZ10）的研究成果

吉林大学哲学社会学院一流学科建设丛书

流动的代价：
健康移民假说的多维分析

THE COST OF MIGRATION:
A MULTIDIMENSIONAL ANALYSIS OF THE HEALTHY
MIGRATION HYPOTHESIS

祁静 著

中国社会科学出版社

图书在版编目（CIP）数据

流动的代价：健康移民假说的多维分析/祁静著．—北京：
中国社会科学出版社，2021.9
（吉林大学哲学社会学院一流学科建设丛书）
ISBN 978 - 7 - 5203 - 9077 - 4

Ⅰ.①流… Ⅱ.①祁… Ⅲ.①人口流动—关系—健康—
研究—中国 Ⅳ.①C924.24 ②R161

中国版本图书馆 CIP 数据核字(2021)第 184145 号

出 版 人	赵剑英	
责任编辑	朱华彬	
责任校对	谢　静	
责任印制	张雪娇	

出　　版	中国社会科学出版社	
社　　址	北京鼓楼西大街甲 158 号	
邮　　编	100720	
网　　址	http://www.csspw.cn	
发 行 部	010 - 84083685	
门 市 部	010 - 84029450	
经　　销	新华书店及其他书店	

印刷装订	北京明恒达印务有限公司	
版　　次	2021 年 9 月第 1 版	
印　　次	2021 年 9 月第 1 次印刷	

开　　本	710 × 1000　1/16	
印　　张	18.5	
插　　页	2	
字　　数	275 千字	
定　　价	118.00 元	

凡购买中国社会科学出版社图书，如有质量问题请与本社营销中心联系调换
电话：010 - 84083683

序　言

　　阅读着祁静博士《流动的代价：健康移民假说的多维分析》专著书稿，确实感到是沉甸甸的。

　　祁静的研究面对的是两个很大的概念，一个是迁移，一个是健康，背后涉及二个很大的研究领域，即人口迁移研究和人口健康研究。这两个研究领域都有着各自庞大的研究体系，包括概念定义、指标设定、理论框架、研究思路。人口迁移最基本的是表现人们居住地点的变化，从一个地点向另一个地点的变动，因而具有地理性。但不仅如此，人口迁移作为人们为了追求自身经济状况的改善即所谓"就业机会"而采取的行为而具有经济性，并且作为提升自身社会地位的努力途径即所谓"社会流动"而具有社会性。因此，对于迁移行为，不同的学科可以从不同视角开展不同的考察。如书中所揭示的，健康本身既具有生理性，又具有心理性和社会性。对人口健康既可以从主观感受又可以从客观认定考察，可以针对不同的参照对象，或可以进行前后对比。迁移和健康各自所具有的多维性就决定了要认识迁移和健康的相互关系必须要进行多维度的分析。作者在第二章关于迁移和健康的概念和测量的讨论，既反映了作者充分意识到考察对象的复杂性，也奠定了开展研究的基本思路。但也表明，要从人口迁移和人口健康之间的交叉来探索二者之间的相互关系的难度可想而知，对研究者的学术素养和业务功底提出了很高的要求，没有对两个领域的基本把握就很难着手。然而，当迁移大潮日渐汹涌而来和健康中国上升为国家战略，认识和把握迁移和健康的互动关系的紧迫意义无疑不言自明，研究者理应知难而上，作出回答。祁静的专著正是沿着这个方向作出的努力，也是专著的可贵之处。

　　书中在第一部分用了两章的篇幅（第二章、第三章）从国际视野出发对迁移和健康领域的国内外有关文献进行了大篇幅的综述。对于这样大量的研究文献的梳理和消化，本身就是很大的工作量，可以说达到了教科书的程度，更值得嘉许的是作者在梳理中不仅归纳了关于迁移和健康关系研究的来龙去脉、发展趋势、热点和前沿，而且特别注重对有关的解读理论和测定方法的提炼，这就为后面开展的实证研究提供了坚实的理论基础和明确的考察方向。在国内外已有研究中提出的"健康移民效应""健康损耗效应"和"三文鱼偏误效应"等理论假设就为本书开展中国案例的具体研究提供了验证的目标，也提升了后面的实证研究的理论意义。

　　书中的第二和第三部分展示的是相关的统计分析结果，也是本书的主体部分。正是以文献梳理中提出的健康和迁移的多维性为依据和理论假设为指引，第四章到第九章开展了基于中国调查数据的实证分析，从自评健康、生理健康、心理健康、社会健康、社会融入和居留意愿等方面逐个进行了多角度考察，并且从年龄、性别、流动类型进一步细化了迁移对健康带来的影响。这里展示了大量和详尽的统计分析结果，表现出多维度考察的视角，使我们对迁移和健康相互关系的认识更为丰富，更为立体化。

　　研读这些统计分析结果是一件有意思的事情。在人口行为中，与出生和死亡不同，迁移不是每个人一生中必然要经历的事情，所以就不能不带有选择性。迁移很可能发生在哪些人或哪些人群中呢？可以有很多的选择标准，祁静的研究认为，很重要的是健康因素。书中提出，健康是流动人口流动的"资本"，确实如此！可以说，健康是以改善经济和社会状况为动机的迁移行为的终极本钱，离开了健康，迁移行为就无从谈起。这就使迁移人群天然呈现出某种"健康优势"。这是比较容易观察和理解的。但在迁移后的健康状况会发生什么样的变化？就不是那么显而易见的了。因为进入到新的环境，原有熟悉的社会网络被中断了，面对陌生的环境，"人生地不熟"，要适应和融入都非一日之功，如果再沾染了不良的生活方式，就难免会损害到迁入者的生理到心理健康，而出现"健康优势"的"损耗"。但另一方面，流入地的比较优越的社会经济环境带来的营养、卫生、医疗方面的改善也会对迁入者的健康带来正面的效应。其结果是，迁移对迁入者的健康影响看来是双面性的而不是单向的。并且，由于迁移人口个体的差异性，那些难以适应的迁移者就可能由于个人的弱势而选择回流，即产生所谓"三文鱼偏误"效应，而迁移的成功者更可能成为沉淀在城市的"新城里人"的主体，这种不断的筛选过程无疑又使迁移对健康的正面效应更为放大而引人注目。所以这些，都需要我们在研读这些统计分析结果时要十分小心和仔细。

我在研读这些统计分析结果时脑海中时时浮现出来的一个词语就是"相对性"。当我们在审视迁移对健康的影响时，不能不一再提醒自己，"健康"从来就是相对的。而在迁移和健康的关系中，以什么为"参照对象"就变得十分要紧了，因为参照对象的不同，健康的相对性含义也会不同，呈现的结果也会不同。无论是主观感受还是客观标准，无论是对年龄还是对性别，都有一个相对什么参照对象而言的问题，是与流出地老家的情况比还是流入地的当地人口比？是与自己身处的现状比还是憧憬的未来比？否则就实在说不清楚了。

改革开放以来，各种统计分析方法纷纷引入国内，使社会科学研究逐步摆脱了过去从概念到概念泛泛而议的状况，出现了犹如自然科学般的量化考察的新气象。但是，说到底，各种统计方法只是帮助我们可以从大量的调查数据中抽取出各个相关要素之间的关联的手段，以图从中增进对事物发展变化规律性的认识，推动社会科学研究的发展。但目前的许多学术论文中在应用了统计分析后往往呈现的仅仅是一个对统计结果的报告，比如，结果显示具有统计上的显著意义或没有意义云云，而缺乏在统计报告的基础上对统计结果的含义进一步展开从社会科学视角的解读。这是一个相当普遍存在的现象。我相信，本书中所呈现的统计分析的结果如果能加以从社会科学视角的解读和讨论，就一定能使我们从中所揭示的关于迁移和健康的互动关系的认识和启示更加丰富，更加立体化。这是一个社会科学研究工作者的基本功，需要不断地修炼，也是我希望和祁静共勉的。

书里就迁移对健康的影响从多维度、多侧面开展了考察，尽管迁移人群本身就具有异质性，第四部分的基本结论是，总的来说，迁移对人们的健康既有损耗作用，也有提升作用。这样的归纳应该是比较公允的。但是，我们注意到，书里展示的研究结果也反映出一种倾向。在对健康的客观指标的考察中往往表现出迁移对健康产生的损耗作用，而在对健康的自评指标中却相反地显示出趋好的迹象。客观是负面的，主观却是正面的，为什么迁移者健康的客观趋势和主观感受在调查中呈现出截然不同的表现呢？这既是本研究的一个很有意思的发现，也无疑是对迁移与健康相互关系的研究，无论是在理论概念还是在方法指标上，提出的严肃的挑战，值得关注。

我在参与研究生的教学中体会到，如果说博士生培养的目标是具有独立的科研能力，那么博士论文的完成可能只是一个初期的标志。学生在获得博士学位后就销声匿迹，杳无音信的情况可谓是比比皆是。问题的关键是在进入科研工作后能否继续表现出不断奋进的学术亮点，亦即所谓"后劲"，这股"后劲"是最可贵的。而祁静博士的专著正是她这几年在进入吉林大学后学术长进的集中体现，怎么能不令人欣喜呢？

以上既是权作专著的序言，也是我阅读专著的感受，与祁静切磋。

专著的出版无疑标志着祁静博士在成长为一个成熟的青年科研人才的道路上迈出的又一个坚实的步伐。谨此，衷心地祝贺祁静的专著《迁移的代价：健康移民假说的多维分析》正式出版。

顾宝昌
2021 年于天来泉

前　言

迁移流动是人类生活的一种方式和选择，古人"逐水草而居"，现代人"从农村迁移到城市，从小城市迁移到大城市"，都是为了追求更好的生活。从偏远的农村到繁华的都市，人们的生活环境有了很大的改善，但是也需要面对来自工作、人际关系等多方面的压力。健康是人类生存的基础，也是人口迁移流动的前提。能够迁移流动的人通常拥有健康的身体，在迁入地生活需要以健康为代价融入社会，如果发生健康问题，难以在迁入地生存，迁移者选择返回迁出地，这是"健康移民假说"所描述的人口迁移与健康的全过程。这一理论起初是根据墨西哥裔和拉美裔在美国的迁移及健康状况进行的总结和提炼，后来在加拿大、英国、中国、泰国、印度尼西亚、马拉维等国家得到了验证。迁移者在迁入地奉献了青春和健康，却把疾病负担带回了迁出地。这样的结果让人觉得有些悲哀，但这就是我们需要面对的现实，也提醒我们在迁移流动与健康领域还有许多工作需要继续。

本书主要关注中国流动人口的健康问题，探讨流动人口在流动过程中的健康变化，检验流动过程对流动人口的健康是否存在"损耗"作用，期待为流动人口的健康提供较为完善的政策支持和保障。本书的结构主要分为四个部分，第一部分为导论、理论视角和文献分析，在了解中国人口现状和前景的基础上开展人口迁移流动与健康的相互关系研究。梳理该领域的理论分析视角，采用CiteSpace文献可视化软件对文献进行量化分析，总结该领域的研究热点和研究趋势；第二部分为实证研究部分，使用中国家庭追踪数据检验人口流动的"健康移民效应"，其中健康指标包括自评一般健康、生理健康、心理健康和社会健康，从多个健康维度分析流动人口在流动前和流动后的变化情况。第三部分是两个专题研究，专题一使用专项调查数据了解北京市流动人口的社会融入与身心健康状况，这一研究使用体检数据和心理问卷数据，从生化指标分析流动人口的适应负荷。专题二使用全国流动人口动态监测调查数据检验流动人口的"三文鱼偏误"，了解健康对流动人口的城市居留意愿的影响。基于以上研究分析流动人口在流动中所付出的健康代价。第四部分是总结，根据研究结果提出相应的政策建议。

2019 年 12 月以来，新型冠状病毒性肺炎（COVID－19）在世界范围内暴发，人类健康受到了严重威胁。在全球范围来看，人口迁移流动已经成为普遍现象。新冠疫情暴发时，正值中国春运期间，人口大规模流动，加剧了病毒传播的速度和范围，使得病毒随着人口的迁移流动在全国范围内扩散开来。此次疫情对世界各国产生深远影响，人口迁移流动与健康的关系日益密切和复杂，将会有越来越多的研究关注这一问题。

目　　录

第一章 导论

第一节 为什么要研究人口
迁移流动与健康?

生育、死亡和迁移是人口学的三大经典研究领域。人口学起源于死亡研究,随着社会发展、医疗水平不断进步,人类的死亡率得到有效控制,研究者的研究视野逐渐从死亡转向健康。世界各国的老龄化程度不断加深,健康问题备受关注。生育是人口研究的重要组成部分,国内外的相关研究已硕果累累。新中国成立70年以来,我们对生育的态度由最初的鼓励生育,发展为限制生育,直至放开生育二孩、三孩。我国的生育政策经历了"独生子女政策""双独政策""单独政策""全面两孩政策"以及"全面三孩政策"。希望通过生育政策的调整提振低迷的生育率,应对来势汹汹的老龄化问题。

相比之下,中国的迁移流动研究起步较晚。从我国1949—2010年间人口迁移流动的相关政策来看,按照时间序列和政策取向大致可以划分为以下四个阶段:严格限制农村人口向城市迁移流动的政策(1949—1978年);相对宽松的人口流动政策(20世纪80年代);流动人口的管制政策(1989—1999年);以服务为主体的社会融合政策(2000—2010年)。由此可见,改革开放以后,流动人口政策相对宽松,中国才出现了人口的大规模迁移流动。进入21世纪以来,我国的人口流动政策发生了根本变化,由限制变为鼓励,政策着眼点是保障合法权益,为流动人口创造良好环境,公共政策进入统筹城乡发展、以人为本、公平对待的轨道（郑真真等，2014）。2010 年后，我国流动人口的相关政策继续秉持这一理念，政府部门积极探索帮助流动人口融入城市生活，保障流动人口合法权益，提升他们的健康水平、幸福感的相关政策。

近四十年来，中国流动人口的规模不断增长，人口流动过程中呈现的问题也日益多样化。其中，健康是人类生存发展最为根本的问题，但是在人口迁移流动中却是容易被忽视的问题。一是，人口的健康状况决定其是否能够发生流动行为，健康的人更可能发生迁移流动，存在"健康优势"；二是，当人口发生流动后，为了适应新的环境和生活，个人的健康状况可能发生变化，付出"健康代价"；三是，当迁移流动人口发生健康问题时，可能会选择回到迁出地，出现"健康劣势"，造成疾病负担转移。总体来看，迁移流动与健康互为因果，相互影响。随着人口迁移流动趋势加强，健康问题逐渐成为影响城乡发展、人民幸福的社会问题。

一　迁移流动成为决定人口态势的主导力量

从世界范围来看，随着城市化进程的推进，人口迁移流动已经成为世界性的现象。越来越多的人口从农村迁移到城市，从小城市迁移到大城市。2014 年联合国《世界城市化展望》中的数据显示，全球超过 54% 的人口居住在城市地区（United Nations，2015）。当前世界城市人口已经超过 39 亿，到 2050 年，全球城市人口预计将达到 64 亿。从全球范围来看，每周约有 300 万人口移居到城市。国际移民组织（IOM）发布的《世界移民报告 2018》数据显示，2015 年，全世界有 2.32 亿国际移民和 7.4 亿国内移民（IOM，2019）。人口迁移推进了城市化进程，也使城市生活更加丰富多样。

中国也处于快速的城市化进程之中，2011 年末，国家统计局公布中国大陆的城镇化率为 51.27%，城镇人口首次超过农村人口。这是一个具有重要里程碑意义的统计结果，它表明我国已从整体上迈入城镇型社会的行列，我国城镇化进程也将从此进入一个新阶段（朱宇，2012）。《2018 年政府工作报告》公布了我国2013 至 2018 年城镇化水平从 52.6% 提高到 58.5%（政府工作报告，2018）。第七次全国人口普查发布的数据显示，2020 年，居住在城镇的人口为 90199 万人，占 63.89%；居住在乡村的人口为 50979 万人，占 36.11%。流动人口为 37582 万人，与 2010 年相比，流动人口增长 69.73%（国家统计局，2021）。由此可见，中国的城镇化速度不断加快，人口迁移流动成为推动城镇化水平的重要力量。

出生、死亡和迁移是构成人口变动的三大基本要素。纵观我国 70 余年的人口发展历程可以发现，自 20 世纪 90 年代初，总和生育率已经低于更替水平。2016 年全国实施全面两孩政策，但是效果有限，未能扭转出生人口逐年减少的趋势。从近四年的人口发展形势来看，出生人口数连续下降。全国第七次人口普查数据显示，2020 年我国出生人口规模为 1200 万人，是新中国成立以来除 1961 年外的最低值，如图 1-1 所示。2020 年我国的总和生育率为 1.3，远低于 2.1 的更替水平，已经处于极低的生育水平。

出生和死亡决定人口的自然增长，迁入（流入）和迁出（流出）决定人口的迁移增长。从 1949 年以来中国人口变化情况来看，出生率、死亡率和人口自然增长率均呈现下降趋势，如图 1-2 所示。2019 年，我国的人口出生率为 10.48‰，死亡率为 7.14‰，自然增长率为 3.34‰。2020 年，我国人口出生率进一步降低为 8.50‰。第七次人口普查数据进一步证明，近 10 年来我国人口增速呈现持续放缓的态势。

自改革开放以来，流动人口规模不断增加。从图 1-3 中可以发现，1982 年第三次人口普查数据显示，我国的流动人口规模仅为 660 万人，2014 年底全国流动人口规模已经达到 2.53 亿人。2015 年全国流动人口为 2.47 亿，比 2014 年下降了 568 万。2016 年全国流动人口规模为 2.45 亿人，在 2015 年基础上又减少了 171 万人（国家卫生和计划生育委员会流动人口司，2017）。2017 年，继续减少 82 万，流动人口规模为 2.44 亿（国家卫生和健康委员会，2018）。2020 年流动人口规模已经达到 3.76 亿。在新型城镇化背景下，流动人口已成为我国城市人口中不可或缺的群体。可以

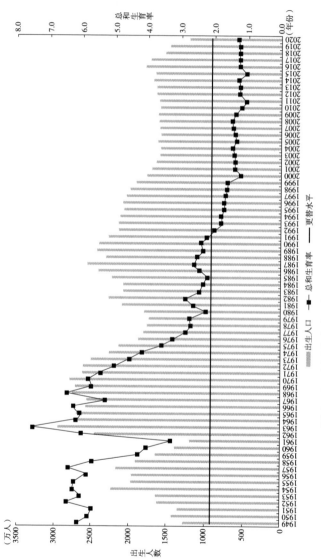

图 1-1 中国出生人口与总和生育率（1949—2020）①

① 数据来源：1949—1999 年总和生育率数据来自《新中国人口六十年》；其他年份数据来自国家统计局年度统计公报和历次人口普查和年度抽样调查。

说，改革开放的四十年，正是流动人口不断增长的四十年。当前，流动人口约占中国总人口的 26.65%，意味着平均每四个中国人中就有一个人是流动人口。

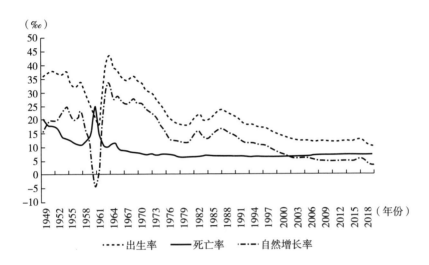

图 1-2 中国人口自然变动情况（1949—2020）①

随着死亡率和生育率的降低，中国已经进入由人口迁移和流动主导人口态势的时期（顾宝昌，2013）。段成荣等学者对当前中国人口流动做出了新的判断，他们认为，我国流动人口规模将持续增加，增速趋于放缓，但是波动性增强；东南沿海地区仍然吸引大量人口流入；人口回流和城城流动的增长将带动人口流动空间模式的多元化和重构城市规模体系等（段成荣等，2017）。由此可见，迁移流动已经成为决定人口态势的主导力量，流动人口的生存状态也正形塑着中国城市的未来。

大量人口涌入城市，给城市带来机会的同时也带来了前所未有的挑战。流动人口为城市建设贡献了力量，他们有效地促进了社会

① 数据来源：国家统计局，《中国统计年鉴 2020》。1981 年以前为户籍统计数；1982、1990、2000、2010、2020 年数据为当年人口普查数据推算数；其余年份数据为年度人口抽样调查推算数据。

经济发展，加强了流入地与流出地之间的文化交融。但遗憾的是，在大多数城市制订规划和相关福利政策时，尚未将流动人口考虑在内。流动人口在城市中能够享有的资源有限，特别是在医疗、教育等方面。流动人口在城市中处于劣势地位，他们的健康也难以得到保障。因此，对流动人口来说，在城市缺乏相应的健康保障，他们的健康状况需要给予特别关注。

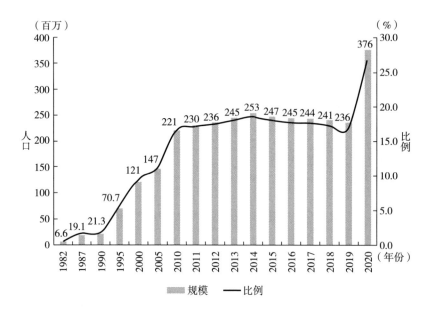

图 1–3　中国流动人口规模及比重（1982—2020）①

二　健康是国内外共同关注的公共议题

健康是促进人类全面发展的必然要求，也是经济社会发展的基础条件。2016 年，联合国第七十届会议上通过了《2030 年可持续发展议程》，在 17 项可持续发展目标中，第 3 目标是确保健康的生

---

①　数据来源：国家统计局，1982 年、1990 年、2000 年、2010 年和 2020 年数据来自人口普查资料；1987 年、1995 年和 2005 年数据来自全国 1% 人口抽样调查资料；其余年份数据来自国家卫生健康委员会，2010—2018 年《中国流动人口发展报告》和国家统计局《国民经济与社会发展公报》。

活方式，促进各年龄段人群的福祉，这项议程是促进全人类健康重要行动纲领。中国于 2016 年底发布了《"健康中国 2030"规划纲要》，旨在把健康融入所有政策，全方位、全周期保障人民健康，大幅提高健康水平，显著改善健康公平。习近平总书记在十九大报告中明确指出，"实施健康中国战略。人民健康是民族昌盛和国家富强的重要标志。要完善国民健康政策，为人民群众提供全方位、全周期健康服务"。总体来看，国民的健康不仅是各国努力的方向，也是人民群众共同的追求。

　　新中国成立以来特别是改革开放以来，我国人口的健康水平有了显著提高。从平均预期寿命和婴儿死亡率这两项指标的变化可以看到，我国人口的平均预期寿命从 1981 年的 67.9 岁上升到 2018 年的 77 岁；婴儿死亡率从 1981 年的 34.7‰ 下降为 2015 年的 6.1‰，如图 1-4 所示。国务院新闻办公室发布的《平等发展共享：新中国 70 年妇女事业的发展与进步》白皮书显示，2018 年孕产妇死亡率 18.3/10 万，比 1990 年 88.8/10 万大幅下降了 79.4%，提前实现联合国千年发展目标（中华人民共和国国务院新闻办公室，2019）。以上数据充分证明了我国健康领域改革发展的成效卓著。当然，随着城市化进程加快、老龄化程度不断加深以及生活方式的改变，我国的健康事业的发展仍然面临新的问题和挑战，需要统筹解决关系人民健康的重大和长远问题（中共中央、国务院，2016）。

　　总体来看，在推进经济发展的同时需要高度重视国民健康，稳定的社会秩序和社会医学保健制度是决定国民健康的关键（陈心广、王培刚，2014）。健康是一个国家发展进步的基础，是国内外共同关注的公共议题。从国家层面上来讲，全方位、全周期保障人民健康仍然存在较大挑战。由于健康是一个动态变化的过程，在个体发展的不同阶段面对的健康风险存在较大的差异。中国正处于社会转型时期，社会处于高速发展，频繁流动的状态，需要特别关注脆弱群体的健康状况，突出解决好妇女儿童、老年人、残疾人、流动人口、低收入人群等重点人群的健康问题。只有关注到弱势群体的健康问题，才能真正实现全民健康，实现社会经济的可持续发展。

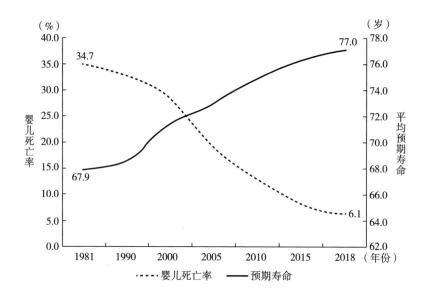

图 1-4　中国人口平均预期寿命及婴儿死亡率（1981—2018）①

三　助力实现流动中的健康中国

当前的中国是处于流动中的中国。2020 年全国流动人口规模为 3.76 亿人，中国已经进入由人口迁移和流动主导人口态势的时期。为推进健康中国建设，提升人民的生活水平，《"健康中国2030"规划纲要》中特别提出了流动人口的健康问题，要求做好流动人口基本卫生计生服务均等化工作。流动人口作为全人口的重要组成部分，他们获取的医疗资源、医疗保健服务较为有限。因此，需要给予流动人口健康问题特别的关注。如果无法保障流动人口的健康，将很难实现全民健康的宏伟目标。

近年来，政府部门及国际组织积极开展活动及学术会议关注流动人口的健康及生存状况。2017 年 8 月，国家卫生健康委员会

---

① 数据来源：国家卫生健康委，《中国卫生和计划生育统计年鉴 2017》和《中国卫生健康统计年鉴 2019》。

（原国家卫生与计划生育委员会）、国际移民组织以及世界卫生组织在北京召开了"新型城镇化、健康和流动人口社会融合国际论坛"，探讨了流动人口的健康、医疗保障、社会融合等问题。流动人口的健康问题日益得到政府部门、国际组织和学界的广泛关注。2018 年 3 月，根据第十三届全国人民代表大会批准，将原"国家卫生计生委员会"进行机构调整，成立"国家卫生健康委员会"，进一步推动实施健康中国战略，树立大卫生、大健康理念，将人民群众的健康视为民族昌盛和国家富强的重要标志。这一举措再次表明，健康问题变得越来越重要，也将会受到越来越多的关注。

如何使得处于流动中的中国实现"健康中国"的目标，"流动"群体不可忽视。对于稳定居住于城市或者农村的人口来说，他们可以依托城市社区、村委会等部门，政府可以有效地对户籍人口提供健康服务、定期健康体检、监测健康状况。但是，对于处于"漂泊"状态的流动人口来说，为他们提供健康服务存在诸多不便，同时，他们能够享受的健康服务非常有限。现阶段，政府部门已经意识到流动人口健康的重要性，在全国范围内广泛开展流动人口（新市民）健康促进宣传教育活动，旨在帮助流动人口树立健康的生活理念，提升健康素养和健康水平。

流动和健康是当前社会重点关注的两个公共议题，两者之间也存在重要的影响机制。当前我国人口的流动性不断增强，并逐步趋于普遍化的情况下，人口迁移与流动研究已经成为最重要的研究内容之一，得到各学科的共同关注。与此同时，当前中国处于高度频繁流动的状态，为了助力实现健康中国，需要特别关注流动人口的健康问题。流动人口的健康问题，自提出"移民健康悖论"以来，一直存在着许多理论争议和实证探讨，可见其问题的复杂性。在我国的相关实证研究中，亦存在许多值得深入讨论和分析的理论问题。

健康不只是一个医学问题，同样是一个社会问题。无论是就传染病还是就其他健康问题而言，仅从生物医学的视角探讨健康问题存在着明显的不足。因此，人口流动与健康这个交叉的领域亟须社会科学家的加入（王文卿、潘绥铭，2008）。通过多学科、多视角的探讨，不断丰富迁移流动与健康领域的研究。此外，经济全球化是大势所趋，健康是人们开展工作的基础。因此，每个国家在参与经济全球化进程中，都应该密切关注本国公众健康状况，并采取适当的政策，最大程度降低本国公众因全球化可能面临的健康风险（刘晓惠，2014）。特别是，2020 年以来世界各国受到"新冠疫情"的影响，健康问题日益成为影响全球安全和发展的重要方面。

因此，厘清迁移流动与健康的关系，特别是流动对健康的影响作用，是实现健康中国的关键所在，也是难点所在。基于以上分析，本研究关注流动对人口健康将产生怎样的影响？流动人口在城市生活会付出怎样的"代价"？就个体而言，流动前后的健康变化是本研究关注的重点，其中，健康包括自评、生理、心理和社会等多个维度。希望通过本研究，丰富迁移流动与健康的研究内容，改善流动人口健康状况，助力实现健康中国的宏伟目标。

第二节　研究问题、目标与意义

迁移流动已经成为当前社会的新常态，而人口健康问题一直以来备受人们的关注，特别是"健康中国 2030"提出后，文件中明确要求从全周期、全方位保障人口健康。对于规模庞大的流动人口，他们的健康状况如何？发生迁移流动后，他们的健康状况会发生怎样的变化？在社会融入的过程中可能付出怎样的健康代价？流动人口的健康状况是否会影响他们在城市的居留意愿？以上问题都值得进行深入探讨，也是本书想要回答的问题。

本研究的研究目的主要有以下三点：

一是，通过了解流动对健康的影响，探究中国人口流动对其健康的影响作用。流动人口的健康问题作为健康中国的重要组成部分，需要对流动人口的健康状况有较为全面的了解和把握。希望根据研究结果提出相应的政策建议和应对方法，提升流动人口的健康状况、改善流动人口的生存环境。

二是，从健康的定义与内涵出发，基于"生理—心理—社会"

的视角，同时考虑自评健康状况，将健康的内容操作化，进而从多维度检验流动对健康的影响作用。在本研究中，重点探讨人口流动对自评健康、生理健康、心理健康和社会健康的影响。研究结果有助于为流动人口提供更有针对性的健康服务，保障他们的健康。本研究关注人口流动与健康的关系。需要注意的是，不同阶段中流动与健康的影响作用不尽相同。具体来说，流动可以大致分为三个阶段：（1）个体在发生流动之前；（2）发生流动后，生活在流入地阶段；（3）从流入地返回流出地的回流阶段。在以上三个阶段，流动与健康的作用机制存在差异。本研究重点关注第二个阶段，即人口发生流动后，在流入地生活后，其健康状况的变化。通过追踪数据对比人口发生流动后与流动前的健康变化，以图体现流动这一行为产生的作用。

三是，关注流动人口的社会融入中的健康问题及健康对流动人口城市居留意愿的影响，为其更好地在城市生活提供政策建议。流动人口的社会融入是一个充满压力的过程，由于缺少相应的社会支持，可能需要付出更大的身心健康代价。流动人口看似一个自由的群体，他们从迁出地走向迁入地的初衷无论是主动还是被动，都期待在城市（迁入地）获得更好的生活。来到城市后，他们的选择变得无足轻重，因为更多的时候不再是他们选择城市，而在于城市是否"选择"他们。健康是流动人口迁移流动的资本，也是他们选择城市的资本。城市的陌生感和压力一步步消耗着他们的青春与健康优势，直到他们说"累了""拼不动了""年纪大了"……或许带着些许遗憾与不甘、亚健康的身体和疲惫的心灵，回到老家。这是我们在新闻媒体，甚至是电视连续剧中经常看到的桥段，也确实是真实生活的写照。本书使用两个专题研究探讨大城市流动人口的社会融入，以及身心健康状态。使用全国性调查数据分析流动人口的身心健康对其城市居留意愿的影响。试图了解流动人口所面临的健康挑战，为改善流动人口的健康状况、提升城市生活质量贡献一分力量。

本研究的意义体现在以下两个方面：

从学术角度来看，在国际上，迁移对健康的影响研究十分丰富，特别是在美国、加拿大以及一些欧洲国家。一方面，是由于以上国家大多属于移民国家，国际国内迁移非常频繁，对健康的关注程度较高。因此，迁移和健康的研究占有非常重要的地位。另一方面，这些发达国家经济发展迅速、城市化水平较高，吸引了大量的外来劳动力，关注迁移对健康的影响不仅是重视人口健康状况，同时考虑到人口健康对整个国家经济发展可能产生的影响。相比之下，中国作为人口大国，人口流动规模和强度不断增加。虽然学术界和政府部分已经开始了相关研究，但是关于人口流动对健康影响的关注仍然不够充分。改革开放以来，中国人口得以自由流动，在规模上不断增大，逐渐成为影响社会发展的重要群体。因此，关注中国人口流动对健康的影响，可以借鉴国际上的经验研究，也可以补充具有中国特色的研究经验。不断完善迁移流动与健康的研究，加深对迁移流动与健康关系的认识。

立足现实，可以看到当前中国的人口现状是出生率持续低迷，老龄化不断加剧，流动性逐渐增强，健康也是人类发展的重要议题，研究迁移对健康的影响不仅对人口有序高质量地迁移流动具有重要指导作用，而且对全面促进人口健康具有重要意义。流动人口极大地促进了社会发展、经济增长，而健康是他们能够在城市生活的基本条件。关注流动人口的健康，不仅能够使他们更好地在城市工作生活，而且能够保障社会良性有序地发展。

第三节　本书的结构

本书的结构安排分为四个部分。第一部分为研究背景、理论视角和文献分析，主要包括第一章至第三章。第二部分为实证研究部分，主要包括第四章至第七章。第三部分为专题研究，第八章关注流动人口的社会融入与适应负荷问题，第九章探讨健康对流动人口城市居留意愿的影响。第四部分为总结建议部分，为第十章。具体来看，各章主要包括以下内容：

第一部分包括研究背景、理论视角和文献分析。第一章为导论，探讨在当前背景下为什么要进行人口迁移流动与健康的研究，提出研究问题，阐述研究目标和研究意义。第二章就人口迁移流动与健康的关系进行文献综述，梳理迁移流动与健康相关理论。从国际和国内两方面了解迁移流动对健康的影响情况，总结国际经验。第三章使用文献计量方法，采用 CiteSpace 可视化软件分析人口流动与健康在国际上的研究热点、趋势，提炼出能够对中国人口流动与迁移研究的重要启示以及在现实中的指导意义。

第二部分是实证研究，也是本书的核心内容。第四章探讨人口流动对总体自评健康状况的影响，以综合视角判断流动对健康的影响。同时考察不同的流动类型对自评健康的影响。第五章重点探讨人口流动对生理健康的影响。第六章是探讨人口流动对心理健康的影响。第七章探讨人口流动对社会健康的影响。在第四至七章中分别探讨人口流动类型对总体自评健康、生理健康、心理健康和社会健康的影响，并讨论年龄效应、性别效应可能对健康产生的影响。

第三部分是专题研究。第八章使用典型调查数据分析北京市流动人口的适应负荷问题，结合体检数据与问卷数据探讨流动人口在社会融入中的身心健康问题。这一研究将适应负荷概念引入流动人口的研究中，使用生化指标探讨流动人口的健康问题，使研究结果更为客观。第九章探讨使用全国流动人口监测数据分析流动人口的健康状况对城市居留意愿的影响。

第四部分是总结和建议。第十章基于核心章节的结论进行总结和讨论，根据文章的基本结论，提出相应的政策建议，为更好地保障人口有序流动和健康发展提供相关的政策建议。

第二章　人口迁移流动与健康的
理论视角与研究进展

　　无论是国际迁移还是国内迁移，健康问题一直与迁移者相伴而行。关于迁移流动与健康的理论也基本形成，在国际上得到广泛认可。本章对迁移流动与健康的相关研究进行梳理，主要包括迁移流动与健康的理论、国内外关于健康的研究进展情况以及未来研究的展望等方面。

第一节　迁移流动与健康的相关理论

　　研究者最早开始关注迁移与健康的关系是来自一项流行病学的研究发现。从 Web of Science 的文献检索中发现，1909 年有两篇文章关注了迁移流动与健康的问题。这两篇文章是来自日本长崎、横滨的移民检查报告，记录了当时的卫生条件和移民的健康状况（Cumming，1909；Thompson，1909）。流行病领域的学者为了探讨环境因素与人类健康的关系，比较了一些经历过大规模人口迁移活动之后，社会中不同人群发病率和死亡率的差异的案例，结果意外地发现有移民背景的人群在发病率和死亡率等健康指标上的表现要优于本地居民（Kasl and Berkman，1983；Marmotand Syme，1976；易龙飞、亓迪，2014）。基于这一研究发现，学者们开始探讨迁移与健康的关系。2011 年乌尔基亚（Urquia）和加农（Gagnon）两位学者根据迁移和健康领域的现有成果，编制了迁移与健康的术语表，进一步明确了迁移和健康相关研究中的概念界定和理论内涵（Urquia and Gagnon，2011）。通过文献梳理，迁移流动与健康领域的相关理论和研究视角可以大致分为以下几个方面。

一　健康移民效应

关于迁移和健康最著名的理论是"健康移民假说"（Healthy migrant hypothesis），也称为健康移民偏误（Healthy migrant bias），指通过反复观察发现，通常情况下，迁移者比本地居民健康。健康移民假说在国际迁移和国内迁移中都得到了证实，需要说明的是，并不是所有的移民都适合健康移民假说，例如难民、非法移民等特殊移民群体，他们不符合接收国的法律，无法享受到与迁移有关的保护。在不同国家或地区的迁移者可能并不是完全适用于健康移民假说。

由于健康移民效应不能完全被人口和社会经济特征所解释，从而提出了"流行病学悖论"的说法。特别典型的研究案例是，虽然拉美裔迁移者或墨西哥裔迁移者在美国有较低的社会经济地位，但是，他们在健康上表现出较大的优势，其健康状况比美国本土出生的人口健康状况更好（Abraido‐Lanza et al.，1999）。因此，"流行病学悖论"也称为"拉美裔或墨西哥裔悖论"（Hispanic or Mexican paradox）。这一理论是在试图解释健康移民假说的基础上产生的，通过对比迁移者与非迁移者发现，尽管一些迁移者的收入水平、受教育程度和健康保障水平较低，但是他们的健康状况仍然高于平均水平。这一结论已经在死亡率、出生时体重和心理健康等方面证实（Escobar et al.，2000）。与此同时，也在美国的拉美裔迁移者与法国和比利时的南非迁移者中得到验证（Urquia and Gagnon，2011）。

"健康移民假说"和"流行病学悖论"所描述的是迁移与健康关系的表象。越来越多的学者试图探究造成这一"反常"现象的原因何在。选择迁移假说（Selective migration hypothesis）和三文鱼偏误假设（Salmon bias）是研究者探索造成"健康偏误"原因时提出的两个解释理论。选择迁移假说认为，迁移者的健康状况较好可能是来自选择的结果。只有那些具有良好健康状况的人才可能有潜质成为迁移者。大部分国际移民都是在健康方面具有自选择的群体，因此，他们的健康状况优于留在迁出地的人口（Jasso et al.，

2004；Rubalcavaet al.，2008）。这一假设得到一些研究的支持（Poulter et al.，1988；Rubalcavaet al.，2008），也有一些学者认为并非如此（Buekenset al.，1998；Landale et al.，2006）。值得注意的是，"选择迁移假说"和"健康移民效应"有所区别，"选择迁移假说"是迁移者与迁出地未迁移人口的健康比较的结果；而"健康移民效应"是迁移者与迁入地本地出生人口健康比较的结果（Rubalcavaet al.，2008）。

"三文鱼偏误"（Salmon bias）是对健康移民假说的另一种解释，移民有较低的死亡率可能是由于返迁造成的假象。对迁移者来说，当他们的健康状况恶化，他们会选择返回迁出地。因此，学者形象地将迁移者回流造成的选择性与在深海中生存的三文鱼，游向淡水江河上游产卵，产后返回海洋的特点类比，称为"三文鱼偏误"。也有学者将此现象称为"午夜列车效应"，源自于1973年的热门单曲《开往佐治亚的午夜列车》（*Midnight Train to Georgia*），讲述的是一位失败的音乐家从洛杉矶乘坐午夜的火车回到他最初的家乡佐治亚的故事（Nauman et al.，2015）。"三文鱼偏误"和"午夜列车效应"都是指迁移者在迁入地健康状况变差后返回迁出地的迁移"失败"现象。此外，返回迁出地的移民通常会在国家人口登记系统上保存较长一段时间，因此使分母膨胀，导致其对死亡率的低估（Weitoftet al.，1999；Urquiaet al.，2010）。

遗憾的是，移民的健康效应也不会长期存在，迁移者在迁入地可能面临健康的损耗，也称为健康移民效应的消失（Loss of the healthy migrant effect）。主要指移民的健康优势随着他们在迁入地居住时间的增长而消退，移民的健康状况出现恶化，健康优势消失的现象。这一现象被归因于几个潜在的过程，首先是，消极适应（Negative acculturation），例如迁移者在迁入地习得了吸烟、饮酒等不健康的生活习惯，从而导致其健康移民效应消失。虽然一些不健康行为，例如吸烟行为，对移民健康的作用并不是单独起作用，而是与其他因素混合作用的结果（Ng E et al.，2005；Hawkins et al.，2008），可能随着种族和性别的变化而有所差异。但是，与迁移者迁移后缺乏身体锻炼和体重增加的研究结论较为一致（Goel et al.，

2004；Ng E et al.，2005）。其次是，心理因素对移民健康恶化产生重要影响（Ng E et al.，2005），移民的受教育程度和职业成就不匹配，在迁入地缺乏新的社会支持网络也是压力的重要来源（Galarneau and Morissette，2004；Ng E et al.，2005）。学者提出，迁移者的健康状况会经历类似"回归"的形式，即当迁移者的耐力、动力和精力在迁移的过程中消耗殆尽，他们的健康状况会逐渐趋于迁出地的平均水平（Galarneau and Morissette，2004；Ng E et al.，2005）。

总体来看，根据迁移者的迁移选择和健康变化，可以了解到"健康选择"、"健康损耗"和"三文鱼偏误"等效应，都是"健康移民假说"的题中之义，以上现象涵盖在健康移民假说的理论意涵之中，也贯穿于迁移流动的始终。

二　SoSAD 假说

健康的选择效应（Selection effect）是迁移与健康关系中最为广泛讨论和应用的一种。除此之外，还有社会化效应（Socialization effect）、适应效应（Adaptation effect）和中断效应（Disruption effect），以上四种效应合称为"SoSAD 假说"（SoSAD hypotheses）（Ginsburg et al.，2016）。SoSAD 假说自 20 世纪 60 年代以来就被广泛用于分析与移民有关的生殖健康问题。现在更为深入地应用于迁移与健康的相关研究中，它所包含的四个效应的内容分别为：

社会化效应（Socialization effect），认为迁移行为也许对迁移者的健康并没有显著影响，迁移者在迁入地可以保持良好的健康状况。更为重要的是，健康行为和童年经历对个人的健康状况产生决定性影响。迁移者的健康基础和健康行为在他们的儿童时期就已经形成，在发生迁移行为后，他们仍然能够保持这种健康状态而不受到环境变化的影响（Kulu，2005）。与社会化效应相对应的是"传播效应"（Propagation effect），是指迁移者在迁入地生活，面对生活习惯等方面的差异会逐渐适应，能够通过返迁行为将迁入地的健康行为和生活理念传播回迁出地。当迁移者返迁原籍时，他们面对迁出地的环境时，仍然需要有再适应的过程，称之为"再适应效应"（Re‑adaptation effect）。

选择效应（Selection effect）是指个人在迁出地的健康状况决定了自身是否能够适应迁入地。考虑到迁移者在迁入地会面对很多压力和困难，那些健康和强壮的人更可能产生迁移流动行为（Urquiaand Gagnon，2011）。

适应效应或者同化效应（Adaptation effect/Assimilation effect），是指迁移者单方面适应迁入地社会的现象，迁移者放弃他们原有的文化，而接纳迁入地的部分或者全部主流文化（例如，语言、习俗、宗教等）。久而久之，表现出迁入人口与当地人口没有差别的现象，也被称为社会融入。在迁移与健康的关系中，主要指随着时间的推移，迁移者在迁入地生活一段时间后，健康移民效应的选择性会逐渐消失，其健康优势也会随之减弱（Urquia and Gagnon，2011）。

中断效应（Disruption effect），这一效应的应用条件并不太严格，通常指发生在迁移行为前后一段时间内可能给健康带来的影响（迁移前后的时间段根据迁移的具体情况来确定）。例如，迁移对难民或国内流离失所的人口健康状况的影响。这一效应通常应用于迁移与生育、生殖健康等领域。迁移流动行为会中断迁移者的生育选择（Goldstein，1973；Hervitz，1985；Kulu and Steele，2013；Choi，2014）。

SoSAD 假说充分地将迁移的过程考虑到具体的研究中，能够更为完善地解释迁移与健康之间的关系。它通常用于新（首次）迁移，也同样适用于回流迁移，但是对健康的影响作用不同。在面对越来越复杂的迁移形式、迁移过程，SoSAD 假说能够为实际研究提供理论支持和经验参考。来自非洲的实证研究结果显示，迁移与健康的关系不仅仅是存在健康选择的作用，而且存在传播效应和适应效应（Ginsburg et al.，2016）。

迁移流动与健康的关系可以通过卡伦·金斯伯格（Carren Ginsburg）文章中的示意图清晰地展现，健康选择效应、健康适应效应（健康损耗）、再选择效应（三文鱼偏误/午夜列车效应）和再适应效应贯穿在迁移流动的始终（Ginsburg et al.，2016）。在迁移流动的不同阶段，对迁移者健康的影响存在差异。在考察迁移对健康的影响机制时，需要重点关注迁移流动行为发生前后，迁移者健康的变化情况。

人口迁移与健康的研究可以通过对迁出地与迁入地的社会发展状况的差异来理解人口健康模式的转变。同时，使用医学、社会流行病学的相关概念和研究方法不断丰富迁移与健康的研究（Acevedo – Garcia et al.，2012）。

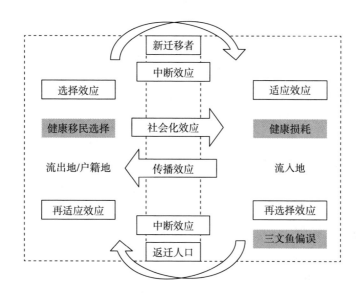

图 2 – 1　迁移与健康的理论（SoSAD 假说）关系图①

三　"迁移—快速健康转变"假说

"迁移—快速健康转变"假说（"Migration – as – rapid – health – transition" hypotheses）作为一个理论框架被提出来，它试图通过健康转变理论的视角来看待迁移。这一理论认为，从发展中国家∕地区到发达国家∕地区的移民经历了"加速的健康转变"（Spallek et al.，2011）。

---

① 资料来源：Ginsburg, C. et al.，"Healthy or Unhealthy Migrants? Identifying Internal Migration Effects on Mortality in Africa using Health and Demographic Surveillance Systems of the INDEPTH Network"，*Social Science & Medicine*，Vol. 164，2016，pp. 59 – 73.

迁移者在迁入地享有更好的环境条件和卫生保健，这使他们能迅速降低传染病的死亡率。对移民来说是"加速的健康转变"，意味着迁移者在传染性疾病的死亡率快速下降，与此同时，随着时间的推移，他们在慢性病死亡率方面的优势也会逐渐丧失（Vanden-heede et al.，2015）。这一理论框架可以帮助研究者从健康转变的视角理解迁移与健康的关系。

四　生命历程视角下的迁移与健康问题

生命历程中遇到的不同事件都会深刻地影响着每个个体的健康，对迁移者来说更是如此。迁移者与非迁移者的生命历程不同，迁移流动行为给迁移者的生命带来新的境遇与挑战，这些事件都可能对他们的健康产生影响。在现有的迁移与健康的研究中，研究者在进行迁移与健康的研究时不能仅仅考虑在迁入地可能面临的压力，也需要考虑在迁出地和迁移过程中存在的风险。因此，需要从生命历程的视角关注移民在迁移前及迁移后在迁出地和迁入地的社会经济状况以及健康状况，以此增进对迁移人口健康状况的了解（Acevedo – Garcia et al.，2012）。比如，对于第二代和少数族群人口需要考虑他们的父辈，是否会将某些特定的行为和风险传递给他们。

研究者将生命历程的研究框架纳入迁移与健康的研究中，该领域的研究提供了全新的研究视角。一些学者认为，深入讨论和发展移民健康的理论框架和改善未来的实证研究至关重要。研究重点应立足于扩展在流行病学领域下生命历程的概念，使其能够应用于迁移者和少数族群的后代研究之中（Spallek et al.，2011）。

五　小结

对个体而言，迁移流动是一个行为、一种选择；对整个社会而言，迁移流动是一个过程，一种现象。迁移流动对个人健康状况产生影响，个人健康也决定着其迁移行为。因此，在讨论迁移流动与健康的关系时需要充分考虑两者的互动关系以及迁移者所处的状态。

"健康移民效应"和"SoSAD假说"是迁移流动和健康研究领域非常重要的两个理论。严格意义上来说，两个理论内容有相似之处，但是从分析视角来说，两者却各有侧重。前者着重探讨和分析迁移和健康关系中"悖论"的原因，解释迁移者比非迁移者更健康的原因，其中包括选择性、健康损耗和三文鱼偏误；后者强调迁移的过程性，将迁移与健康的关系贯穿于迁移过程的始终，并包含多种关于迁移与健康影响结果和机制。

结合以上两个理论，迁移流动与健康的关系可以大致分为以下三种机制：

（1）迁移流动前的健康选择效应。"健康移民假说"表明流动人口具有自选择的特点，那些具有良好身心健康状况的人更可能产生迁移流动行为。因此，个人在迁出地的健康状况决定了自身是否能够进入迁入地。对比流动前的健康状况和流动后的健康状况，迁移者是健康、有韧劲、有活力的人群，他们在流动后也具有健康优势。因此，在迁移流动后的一段时间内他们仍然能够维持健康优势。

（2）发生迁移流动行为后，迁移者需要适应新的社会环境，这可能会引起他们在生理健康、心理健康及社会支持等方面的变化，这展现了迁移流动这一行为对其健康的影响。"健康损耗理论"认为，迁移者为了适应迁入地的环境，他们的健康状况会产生一定程度的损耗，即健康状况变差。相关研究通过对比从农村流入城市的城乡流动者、城市居民、农村非流动者和从城市返回农村的返乡者发现，与农村非流动者相比，城乡流动者的健康状况更好，返乡者的健康状况比城乡流动者和农村非流动者更差。健康状况好的农村居民选择流动，在健康状况变差后选择返回户籍地。值得注意的是，与同时期不同流动状态的人口，特别是与非流动人口健康状况的对比，并不能真正体现流动对个人健康状况的影响。由于健康选择性的存在，非流动人口的平均年龄可能偏大，拉低了整体的健康状况。从宏观层面来看，迁移流动改变了健康分布格局，经济发达地区、大城市获得了迁移人口的"健康红利"。

（3）个体在迁入地生活一段时间后，其健康状况会影响到个人的居留意愿——选择留下、流动他乡、抑或是返回故乡。其中，值得关注的是迁移者由于健康状况恶化而发生的返迁行为，被称为

"三文鱼偏误"和"午夜列车"效应。"因病返乡"对迁移者来说是一种无奈之举，在城市生活意味着较高的生活成本，当健康状况发生恶化，无法胜任城市的工作，继续留在城市也许情况会更加糟糕。他们只能退而求其次，返回农村后另做打算。

健康选择理论、健康损耗理论和三文鱼偏误贯穿人口迁移流动的始终，也是这一研究领域的重要理论支撑，在实证研究中提供理论指导。"迁移—快速健康转变"假说从健康转变的视角，关注人口健康在迁移流动中的变化情况。生命历程理论为迁移流动与健康研究提供了代际视角，将迁移视为一项生命事件，考察迁移流动对迁移者健康状况的影响，同时不忽视祖辈迁移流动行为给二代迁移者带来的生命印记。

随着迁移流动趋势不断加强，人们对健康越来越重视，关于迁移流动与健康的研究也在逐步增加，成果也越来越丰富，关注迁移者的健康问题，将迁移流动纳入到健康的研究框架中，可以增进人们对健康的认识。

第二节　迁移流动与健康的基本概念和测量

迁移流动和健康是本研究最为关注的概念。迁移在不同的语境和文化背景下，表示不同的含义。本节对迁移流动和健康的基本概念、测量，以及在相关领域中使用的数据情况进行梳理。

一　迁移流动的基本概念与测量

迁移流动可以拆分为两个核心概念。在英语语境下，使用 migration 表示迁移，immigration 表示跨国迁入，emigration 表示跨国迁出。In‑migration 表示国内迁入，Out‑migration 表示国内迁出，并可以统称为 Population movement，即人口移动。对于迁移并不严格区分迁移和流动两种行为。但是，在中国社会中，对迁移和流动具有不同的界定。本部分重点探讨迁移与流动的相关概念和测量。

从迁移的范围来看，可以分为国际迁移和国内迁移。

（一）国际迁移

《人口科学辞典》将国际人口迁移定义为跨越国界或行政区域的人口迁移。主要分为政治原因的国际迁移和经济原因的国际迁移（吴忠观等，1997）。政治原因的国际迁移一般是由于战争、变革或是社会动荡引起的人口迁移，例如，国际难民等。一般而言，在讨论迁移与健康的关系时，主要关注由于经济原因而产生迁移的人口。在已有的国际迁移研究中，最常见的是墨西哥、拉美地区的人口向美国的国际迁移。此外，加拿大、澳大利亚、新加坡等国的国际迁移问题也受到诸多关注。

（二）国内迁移

国内迁移是指人口在国界范围内地区之间的空间移动。这种移动通常指人口居住地发生永久性或长期性改变。在中国，由于户籍制度的存在，国内迁移又可以细分出"迁移"和"流动"两种类型。具体来说，迁移是指人口发生流动并且获得迁入地户籍；流动是指人口发生流动，但并未获得当地户籍。虽然流动人口生活在城市中，但是未获得城市"合法"身份，医疗、教育等公共资源无法得到保障。

（三）中国的人口流动

迁移与流动最大的区别在于是否得到流入地的"户籍"身份。在国际上，流动人口也被翻译为"The floating population"，形象地表明了流动人口处于一种"漂泊不定"的生存状态。由于"流动人口"并未完成户籍身份转换，而被视为除了城市人口和农村人口之外的"第三类人口"，也被称作"隐性"的城镇人口（程遥，2012）。

国家统计局将流动人口定义为人户分离中扣除市辖区内人户分离的人口。人户分离人口是指居住地与户籍登记地所在的乡镇街道不一致且离开户口登记地半年及以上的人口（国家统计局，2020）。随着社会经济的快速发展，我国城乡之间、城市之间的人口流动规模不断扩大，流动人口规模不断增加。研究显示，中国人口流动的大趋势是规模仍会持续增长，东南沿海仍是跨省流动的主要方向。城—城流动的增长将使人口流动空间模式多元化（段成荣等，2017）。因此，北京、上海、广东、深圳、成都以及一些省会城市仍会是主要的人口流入城市。

（四）人口流动的界定与测量

关于"流动"这一概念的界定，目前我国尚未统一。学术界和政府部门根据自身研究或管理需要对流动有不同的界定，主要从时间、空间、户籍、流动目的等方面着手。对流动的界定可以区分出一个地区的流动人口与户籍人口。本研究关注的是流动人口这一群体，因此需要梳理现有"流动人口"的定义，进一步明确研究对象。

在《中国大百科全书（社会学卷）》中，将流动人口定义为在一定地理区域内发生短暂流动行为的居民，主要从时间和空间两个维度进行划分。从空间角度来说，关注居民是否改变居住地；从时间角度来看，可以分为"暂时性"离开和"永久性"离开。如果居民是暂时离开户籍地，改变居住地，那么这类人口称为"流动人口"；如果是永久性离开户籍地，发生居住地的改变，那么将这类人口定义为"迁移人口"。在中国的户籍制度下，以户籍是否变化为依据判断是不是"迁移人口"。张展新和侯亚非（2009）也通过户籍变化角度对中国人口迁移流动状况进行划分，主要分为两类，第一类是，改变户籍登记地的人口迁移，在管理上称为"迁移人口"；第二类是，不改变户口登记地的人口迁移流动，在人口管理中称为"流动人口"。从户籍角度来看，流动人口是指在外地居留而无当地户籍的人口。吴瑞君（1990）认为，"流动人口"可以进一步分为两类，分别为流入某一地区但是不具有当地户籍的人口，称之为"流入人口"；具有该地区户籍但是又流出该地区人口，称之为"流出人口"。

结合流动人口的户籍身份和流入地城乡类型，又可以将流动人口划分为以下四种类型，分别为乡城流动人口、城城流动人口、乡乡流动人口和城乡流动人口。2010年普查数据显示，乡城流动人口所占比例最高，占流动人口的比例为63.30%，其次是城城流动人口，比例为21.15%，乡乡流动人口为12.69%，城乡流动人口为2.85%（马小红、段成荣、郭静，2014）。在以往的研究中，常把流动人口作为一个整体进行探讨，马小红等人的研究表明，不同类型的流动人口在性别、年龄、民族、受教育水平、行业职业结构、地区分布和流动特征等方面存在显著差异。因此，在进行流动与健康的研究时，需要考虑不同类型流动人口的差异。

以上对"流动人口"概念的界定主要关注时间和空间的变化情况，一些学者认为人口流动的原因或目的也是判断人口流动的重要维度。吴晓（2001）认为对流动人口的界定需要从广义和狭义两个方面来看，广义上来说，流动人口是离开户籍所在地，在其他行政区域内非永久性居留的人群；从狭义上来说，需要考虑人口发生迁移流动的目的，特指以外出谋生营利为目的的人群，但是不包括离开户籍地在其他行政区域作短暂停留的人群。

政府部门为了人口管理的需要，不同部门对流动人口的界定也不一致。由于人口界定口径不一致，也会导致统计数据的差异。国家统计局对流动人口的定义为，居住地与户口登记地所在的乡镇街道不一致且离开户口登记地半年以上的人口，但不包括直辖市或地级市所辖区内和区与区之间，居住地和户口登记地不在同一乡镇街道的人口。这一定义主要从时间和空间两个维度进行筛选，时间上表现为离开户籍地 6 个月以上；空间上表现为跨乡镇街道。

原国家卫生计生委流动人口司在全国流动人口卫生计生动态监测调查中将流动人口定义为，在流入地居住一个月及以上，非本区（县、市）户口的 15 周岁及以上的流动人口。国家卫计委流动人口司与国家统计局在界定流动人口时主要的区别在于：一是，国家统计局强调从离开户籍地的时间算起，时间超过 6 个月，可以视为流动；流动人口司从流入地的角度，强调在流入地居住超过一个月及以上。两者对流动人口的界定的参照标准不一致，但出于各部门的职责不同，两个定义虽然差异较大，但是从不同角度反映了中国人口流动的现状；二是，对人口年龄的界定。国家统计局并没有将年龄作为是不是流动人口的判断来考虑，原流动人口司的监测调查强调流动人口的年龄在 15 周岁及以上人口，旨在从更宽泛的意义上了解流动人口的经济、生活、健康及社会融合状况。与此同时，该调查也进行了户籍人口的问卷调查，可以与流动人口的相关情况展开对比研究，为更全面地了解流动人口提供了可能性。

综上可知，政府、卫生健康系统、统计部门等行政单位对"流动人口"均有明确的定义，但是各部门的界定标准并不统一。流动人口的界定与数据可谓"数出多门"，各有特色。韦艳和张力（2013）对当前流动人口的多元统计口径进行了整理和对比分析，形成《"数字乱象"或"行政分工"：对中国流动人口多元统计口径的认识》一文，主要从流动时间、空间、户口登记状况、流动目的和人口年龄界限等方面探讨流动人口的界定问题，能够帮助我们对流动人口有更清晰的认识。

在学术研究中，常使用国家统计局在人口普查中对流动人口的界定。为了便于学术对话，在本研究中，对人口流动的界定采用国家统计局的概念进行操作化。一是空间上为跨乡镇；二是时间上为离开户籍地 6 个月及以上。

二　健康的基本概念与测量

健康是一个综合的概念。医学、心理学、社会学等学科对健康都有研究，并从不同的学科视角展开分析和讨论。本部分从健康的定义和测量入手，了解健康的内涵及分类。

（一）健康的概念界定

健康（Health）是一个多维概念、综合指标，很难用单一指标进行衡量。当前，研究者对流动人口健康的划分主要包括生理健康和心理健康、主观健康和客观健康、近期健康和长期健康等。不同的研究选取不同的健康指标所得出的结论也存在一定的差异性。

世界卫生组织认为，健康不仅为疾病或羸弱之消除，而系体格、精神与社会之完全健康状态。它将健康定义为一种在身体上、心理上和社会上的完满状态，而不仅仅是没有疾病和虚弱的状态（WHO，1946）。这一概念从生理、心理和社会三个维度界定了健康。在此基础上，1989 年世界卫生组织又将健康的内涵增加了一个"道德健康"维度，即"健康不仅是没有疾病，而且包括躯体健康、心理健康、社会适应和道德健康"。健康不仅仅是指躯体健康，还包括心理、社会适应、道德品质与之相互依存、相互促进、有机结合的。当人体在这几个方面同时健全，才算得上真正的健康。也就是说，一个人在躯体健康、心理健康、社会适应和道德四个方面都健全，才是完全健康的人。躯体健康一般指人体生理的健康；心理健康主要指具备健康心理的人，人格完整，情绪稳定。在所处的环境中有充分的安全感，正常的人际关系，有明确的生活目标。社会适应是指一个人的心理活动和行为，能够适应复杂的环境。道德健康是指不以损害他人利益来满足自己的需要，有辨别真伪、善恶、荣辱、美丑的是非观念，能按照社会认为规范的准则约束、支配自己的行为，能为他人的幸福做出贡献。

世界卫生组织对健康的定义除了分为生理、心理和社会等多个维度的之外，对健康的表现也列有诸多细则：

（1）有足够充沛的精力，能从容不迫地应付日常生活和工作的压力而不感到过分紧张。

（2）处世乐观，态度积极，乐于承担责任，事无巨细不挑剔。

（3）善于休息，睡眠良好。

（4）应变能力强，能适应外界环境的各种变化。

（5）能够抵挡一般性感冒和传染病。

（6）体重得当，身材均匀，站立时，头、肩、臂位置协调。

（7）眼睛雪亮，反应敏锐，眼睑不易发炎。

（8）牙齿清洁，无空洞，无痛感，齿、龈颜色正常，无出血现象。

（9）头发有光泽、无头屑。

（10）肌肉、皮肤有弹性。

其中前4条为心理健康的表现，后6条为生理、形态等生物学方面的表现。

根据世界卫生组织提供的健康概念，有的维度非常详细具体，有的维度较为宽泛，在学术研究中很难做到将每一条都操作化。在现有研究中，学者通常将健康分为医学、功能和心理三个维度进行测量。主要表现在，医学方面的健康通过医师专业经验及其他医学仪器辅助，客观地检查个人是否罹患疾病，判断其健康状况；功能性的健康是通过各种功能行动能力（Function Ability）衡量个人是否具有照顾自己日常生活起居，或从事某些需要体力的户外活动的能力水平。其中以所谓身体功能评估指标（Instrument Activities of Daily Living, IADL）最为常见；主观的健康评价是由个人主观地对于自身健康或功能活动的感觉来自我评估。其中，医师评价诊断是客观的指标，自评健康状况属于主观指标（苏晓馨，2012）。

根据世界卫生组织的定义，将健康分为生理、心理、社会和道德四个维度较为全面，但是考虑到对道德这一层面的操作化较为困难，特别是在指标选取和数据方面难以得到较好的匹配。因此，在研究中经常关注个体的生理健康、心理健康和社会健康三个维度。这一定义是世界卫生组织提出的经典定义，一直以来被广泛应用，也是符合健康定义从生物医学模式向生理—心理—社会医学模式，以及健康测量从单一维度到多维的转变（陈攀等，2012）。如图2-2所示，生理健康、心理健康和社会健康三个维度既相对独立，又存在相互影响的关系，共同构成健康的综合概念。

图 2-2　健康的三个维度①

（二）健康的测量

在讨论健康问题时，需要特别注意指标的选取及测量。在人口迁移流动与健康的研究领域中，虽然流动人口存在一定的健康优势，但是其人口内部存在较大的差异，不同性别、年龄、职业的流动人口所面对的健康问题不尽相同。特别是流动人口进入城市后，生活方式、健康行为和生殖健康服务的使用方面受到城市居民的影响，也在发生积极变化（郑真真、连鹏灵，2006）。

① 图片来自世界卫生组织。

　　根据现有研究，本研究将健康分为以下四个维度进行探讨。第一个维度是自评一般健康状况，这是对健康的主观评价。个人对自身的健康状况作出总体上的健康评价，既包括生理层面，也涵盖心理层面和社会层面。在国内外研究中，自评一般健康状况得到广泛的应用，其操作性强，并且对个体的健康状况具有较好的预测作用。第二个维度是生理健康，主要包括疾病指标、生化指标和机体功能指标。第三个维度是心理健康，可以从积极心理指标和消极心理指标两个方面进行划分，积极心理指标包括生活满意度、对未来生活的信心程度等；消极心理指标包括抑郁、焦虑等心理疾患状况。第四个层面为社会健康，这一维度的健康研究相对较少。一般而言，社会健康的指标包括社会适应、社会支持、社会网络、社会融入等方面。如图 2－3 所示，本研究将从以上四个维度对健康指标的测量进行介绍。

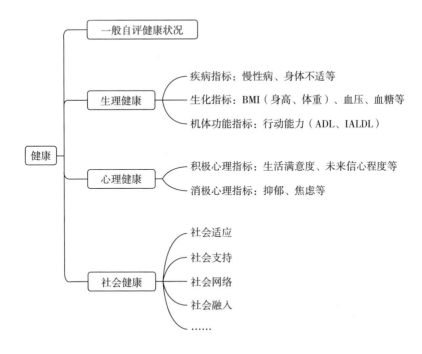

图 2－3　本研究中健康指标的分类

（1）自评一般健康状况（Self – rated Health，SRH）

在大多数研究中，研究者使用自评一般健康状况来测量个体的健康状况。其测量方式是在调查中询问，"您认为自己的健康状况如何?"，答案包括非常健康、健康、一般、不健康、非常不健康五个选项。由于自评健康状况题目较为简单，易于测量，具有较好的信度和效度。自评一般健康（SRH）成为衡量健康状况的常用指标（McDonald and Kennedy，2004；Ullmann et al.，2011；Chen，2011；Tong and Piotrowski，2012；Bostean，2013；Riosmena et al.，2013；刘晓昀，2010；秦立建等，2012；秦立建等，2013；秦立建等，2014；吉黎，2015；王伶鑫、周皓，2016）。

由于自评一般健康是主观测量，可能引起回答异质性的困扰。因此，有学者使用锚点情境法（Anchoring vignette method）处理回答异质性问题。吴菲使用 2012 年中国家庭追踪数据检验自评一般健康的回答质性问题，研究结果表明，不同群体在面对同样的自评健康问题时，如未加调整，所得的年龄、迁移状态以及社会经济地位对自评健康状况的影响会产生实质性的偏误（吴菲，2019）。

自评健康的测量，除了单一问题外，还有研究使用 SF – 36 健康调查量表（36 – ItemsShortFormHealthSurvey，SF – 36）进行健康测量（Chamchan et al.，2015）。该量表由 36 道自评题目组成，用于测定生活质量，包括总体健康、生理功能、躯体疼痛、角色功能、社会功能、活力、认知功能和心理健康 8 个维度，该量表能够对生理健康和心理健康进行综合测量。

此外，死亡率（包括全因死亡率、成人死亡率、儿童死亡率等）也是从整体上评价健康状况的指标之一（Clark et al.，2007；Collinson，2010；Ginsburg et al.，2016；Lankoandeet al.，2017）。

（2）生理健康（Physical Health）

现有研究中对生理健康指标的测量较为丰富多样。大致可以分为三类：疾病指标、生化指标和机体功能指标。疾病指标主要包括慢性病（Goel et al.，2004；McDonald and Kennedy，2004；Gushulak et al. 2011；Tong and Piotrowski，2012；Bostean，2013；王桂新等，2011；齐亚强等，2012；牛建林，2013）、头疼、两周患病状况（齐亚强等，2012）、糖尿病（Ebrahim et al.，2010；Ullmann et al.，2011；Tong and Piotrowski，2012；Riosmena et al.，2013；易龙飞、亓迪，2014）、心血管疾病（Lankoandeet al.，2017）、生殖健康（女性妇科疾病、男性生殖系统疾病）（牛建林，2013）等。

生化指标包括 BMI（身高、体重）（Goel et al.，2004；Antecol and Bedard，2006；Ullmann et al.，2011；刘晓昀，2010）、腰臀比（齐亚强等，2012）、肥胖状况（Goel et al.，2004；Ebrahim et al.，2010；Ullmann et al.，2011；Riosmena et al.，2013）、血压状况（Salmondet al.，1985；Ebrahim et al.，2010；Ullmann et al.，2011；Tong and Piotrowski，2012；Riosmena et al.，2013；易龙飞、亓迪，2014）、高血脂（Ebrahim et al.，2010）等方面。机体功能指标包括自理能力（Bostean，2013）。

在健康研究中，生化指标引入到社会与人口视角下进行研究具有较长的历史。在 20 世纪 90 年代初期，一批社会医学领域的研究者就开始探讨生化指标在帮助理解社会环境对健康的作用机制上的作用（李婷，2015）。在此，需要重点介绍"适应负荷"这一概念。适应负荷的概念最早由斯特林（Sterling）和埃耶（Eyer）在 1988 年提出（Sterling and Eyer，1988）。与它相关的一个概念是适应稳态（Allostasis），通常指有机体为了应对外部环境的刺激，通过改变其生理参数来维护内部环境的适配（李婷，2015）。适应负荷（Allostatic Load）被定义为由长期压力的存在，被反复激起的适应反应（Allostatic Responses）对身体造成的一种慢性耗损（McEwenand Stellar，1993）。适应负荷将环境压力及相关的社会心理因素与疾病联系起来，能够较好地解释社会经济地位影响健康的机制（杨洋等，2018）。适应负荷主要关注人体生理健康的变化情况，对其的测量也涉及一系列生化指标。一般情况下，适应负荷一般包括 10～17 个指标，涉及神经内分泌系统、免疫系统、代谢系统、心血管和呼吸系统以及人体体型测量等系统，指标越多，其潜在的解释力也就越大（李婷，2015）。

除了以上生理指标外，一些研究还考虑了健康/不健康行为对健康的影响，如吸烟（Ullmann et al.，2011；Tong and Piotrowski，

2012；Riosmena et al.，2013；易龙飞、亓迪，2014）、饮酒（Ng E et al.，2005；Hawkins et al.，2008）等。以上指标能够反映人口不同层面的生理健康状况，不同的研究根据研究需要选取指标进行分析，为研究人口健康问题提供了丰富的数据资料。

（3）心理健康（Mental Health）

健康具有多维度性，健康不仅指躯体上没有疾病，也包括心理和社会层面的健康和完善。目前，在相关研究中涉及的心理健康指标有 K6/K10 凯斯勒心理疾患量表（Chen，2011；Harrigan et al.，2017）、抑郁量表（Chen et al.，2014）、SCL-90 量表、心理压力量表（Chen，2011）、SF-36 健康自评量表（其中涉及心理健康的维度）（Chamchan et al.，2015）等。相对于生理健康，心理健康的指标较为集中，而且多以量表的形式进行测量。通过标准化的量表进行心理健康的测量，有助于不同国家地区的研究进行对比。

（4）社会健康（Social Health）

世界卫生组织关于生理健康、心理健康和社会健康的三维健康定义已经提出 70 余年。目前，在学术研究中，对于人口的生理健康和心理健康都有较多的探讨，成果丰硕。但是，对社会健康的关注相对较少。已有研究表明，对社会健康进行测量有助于更全面了解个人的健康状况，以及疾病对患者的生理、心理、社会适应等多方面的测量（Hahn et al.，2010；阳义南、贾洪波，2017），在本部分需要对社会健康的指标的测量进行重点讨论。

社会健康作为个体健康的一个维度是美国社会医学家帕森（Parson）于 1951 年提出的，指的是个体在与他人相处或交往的状态以及个体与社会环境相互作用的情况。国内学者称之为"通过健康生活方式确定的一种社会质量与社会状态"（汪雪莲、许能锋，2007）。在社会健康的概念下，引申出社会支持、社会网络、社会适应、社会活动、社会联系等次级概念。社会健康强调人们在社会方面适应环境、参与社会生活的能力和程度。人具有生物和社会双重属性，通过生理、心理和社会共同发展，达到对环境的良好适应状态。不同于国外主流研究的范式，大部分国内学者把社会资本、社会角色、社会参与作为健康的影响因素（作为解释变量），而不是作为健康的构成要素或测量的指标。

总体来看，国内学者探讨国内社会健康影响因素的定量研究还不够丰富。已有文献表明，我国国民社会健康的相关研究较为缺乏。目前仅有几项针对老年人、学生、HIV 患者等特殊人群的研究，并不能反映我国国民社会健康的全貌。相关影响因素也需要进一步探索（阳义南、贾洪波，2017）。

现阶段，社会健康作为一个专门的研究领域，对社会健康的测量大致分为两种方式，一是，使用专门的社会健康量表开展研究。学者们编制的专门测量社会健康的量表工具，常见的有，社会支持 Berle 指数、社会健康问卷、社会关系量表（SRS）、社会支持问卷（SSQ）、社会适应量表（SAS）和社会适应性自测量表（SAS－SR）、社会适应不良调查表（SMS）和社会问题问卷（SPQ）、Katz 适应量表、自测健康量表（SRHMS）等（胡丙长，1990；刘更新，1994；忻丹帼等，2013）。社会健康子量表包括角色活动与社会适应，社会资源与社会接触，社会支持三个维度（陈攀，2012）。

二是，选取单一指标测量，使用若干指标共同反映社会健康。通过梳理现有文献发现，在单一指标测量社会健康的研究中，不同研究者使用的社会健康指标存在较大的差异。有的学者对个体的社会健康采用社会支持（socialsupport）和社会功能（socialfunction）两个方面的指标进行测量（Hahn et al.，2010；Abachizadeh et al.，2013）；相关研究基于生理—心理—社会三维健康视角，从社会支持（关系、网络）角度分析社会健康（Marks，2005；阳义南、贾洪波，2017）；用社会活动、社会支持和社会网络三个指标测量老年人的社会健康（傅崇辉、王文军，2011；阳义南、贾洪波，2017）；傅崇辉（2016）的研究从社会活动、社会支持和社会网络三个维度对社会健康进行测量。社会活动的相关指标为"打牌或打麻将""看电视听广播"和"参加社会活动"。社会支持主要从"获得的情感支持"和"可能得到的支持"两个方面测量。其中，使用"平时与谁聊天最多""如果您心中有心事或者想法，最先向谁说？"两个问题测量老年人获得的情感支持。可获得的支持用"如果您遇到问题和困难，最先想找谁来解救？"来测量。社会网络由婚姻状态、经常来往的子女数和经常来往的兄弟姐妹数构成。

有研究使用社会适应、社会参与、社会角色或社会网络（社会支持）作为社会健康的测量指标（McDowell and Newell，1987）；也有学者从社会融合、社会认可、社会贡献和社会实现四个维度来测量社会健康（Prati et al.，2016；阳义南、贾洪波，2017）；有研究者使用社会融合、社会贡献、社会凝聚、社会实现和社会认可五个维度测量个人的社会健康（Keyes，1998）。对于多个单一指标的测量研究，研究者会根据所选的指标，进行验证性因子分析，生成社会健康因子。进行回归分析，以及结构方程模型分析。

通过文献和指标梳理可以发现，现阶段关于社会健康的研究逐渐增多，关于社会健康的指标日益多样化。社会健康的测量指标主要基于研究对象和现有数据进行选取。在进行社会健康的研究时，需要特别注意，社会健康强调的是人与社会之间的互动关系，不是简单地等同于狭义上的"健康"概念。

表 2-1 部分健康指标及测量

健康维度	测量指标	测量方法
自评一般健康	自评健康量表	SF-36 健康调查量表
	自评健康	您认为自己的健康状况如何？
	自评健康状况变化	与去年相比，您的健康状况发生了怎样的变化？变差、没有变化、变好
生理健康	慢性病	您是否患有慢性病？
	肥胖状况/BMI（体质指数）	BMI=体重（千克）/身高（米）的平方
	两周患病状况	过去两周是否身体不适？
	心血管疾病（高血压、高血脂）	您的血压是多少？您是否有高血脂？
	腰臀比（Waist-to-Hip Ratio，WHR）	WHR=腰围和臀围的比值，是判定中心性肥胖的重要指标。
	适应负荷	一般包括 10~17 个指标，涉及神经内分泌系统、免疫系统、代谢系统、心血管和呼吸系统以及人体体型测量等系统。

续表

健康维度	测量指标	测量方法
心理健康	凯斯勒心理疾患量表（K6/K10）	凯斯勒心理疾患量表（The Kessler Psychological Distress Scale），分为 K6 和 K10 两个版本。
	抑郁自评量表（CES‑D）	较为广泛地用于流行病学调查，用于筛查出有抑郁症状的对象，以便进一步检查确诊。该量表着重于了解个人的情绪体验，较少涉及抑郁时的躯体症状。
	症状自评量表（SCL‑90）	该量表共有 90 个题目，从感觉、情感、思维、意识、行为、生活习惯、人际关系以及饮食、睡眠等 10 个方面了解人口的健康程度。
社会健康	社会支持	社会支持 Berle 指数、社会支持问卷（SSQ）；"获得的情感支持"和"可能得到的支持"等。
	社会适应	社会适应量表（SAS）、社会适应性自测量表（SAS‑SR）、社会适应不良调查表（SMS）等。
	社会活动	"打牌或打麻将"、"看电视听广播"和"参加社会活动"等。
	社会融入	经济融入、文化适应、心理归属和社会认同等。

第三节　迁移流动与健康研究的数据来源

当前关于迁移流动与健康的研究多为定量研究，使用调查数据进行理论检验及数据分析。权威可靠的数据是进行实证研究的重要保障，探讨迁移流动对健康的影响特别需要高质量的追踪调查数据。通过连续的追踪调查，可以获得流动前后人口各方面的变化情况。健康是一个动态变化的指标，通过追踪数据更能够获得流动前后的健康状态，这是横截面数据所不具备的优势。但是，在追踪数据有限的情况下，基于高质量的截面数据分析也能够对相关问题展开研究和讨论。本节对目前迁移流动与健康研究的数据来源进行简要梳理，进而了解国际和国内该领域的数据收集情况。

一　国际研究的数据来源

国际上，关于迁移流动与健康的研究有使用大型追踪调查数据，也有使用横截面数据的情况。通过文献总结大致如下：美国的国家健康调查数据（National Health Interview Survey）（Antecol and Bedard，2006）；汉密尔顿（Hamilton）使用1999—2013年3月人口调查数据（1999—2013 waves of the March Current Population Survey）检验了迁移者的初始健康状况是否优于在美国出生的同类人群（their U. S. – born counterparts）（Hamilton，2015）。英国的研究者使用18期英国家庭调查数据［18 waves of the British Household Panel Survey（BHPS）］检验健康和国内迁移的关系。陆（Lu）利用1997—2000年印度尼西亚家庭生活调查（Indonesia Family Life Survey，IFLS）的追踪数据，验证了印度尼西亚国内移民中存在健康移民现象。诺曼（Nauman）使用泰国2005—2007年追踪数据研究国内迁移与健康的关系。

研究者使用墨西哥健康和老龄化研究数据（Mexican Health and Aging Study in Mexico）与美国国家健康调查数据（U. S. National Health Interview Survey）探讨墨西哥与美国之间的国际迁移与健康问题；麦克唐纳（McDonald）和肯尼迪（Kennedy）使用多期加拿大人口健康调查和社区健康调查（National Population Health Survey and Canadian Community Health Survey）的截面数据检验加拿大移民与健康的问题。

金斯伯格（Ginsburg）等（2016）使用人口健康和人口评估国际网站（International Network for the Demographic Evaluation of Populations and Their Health，简称INDEPTH）数据分析非洲迁移者的死亡率状况。安格尔维奇（Anglewicz）等学者使用2007和2013年马拉维迁移与健康数据［The Migration and Health in Malawi（MHM）study］探讨国内迁移与健康的关系（Anglewiczetal.，2017）。

总体来看，在国际研究中，有一系列研究使用的是大型追踪数据，大型追踪数据能够更有力地对迁移与健康的研究进行实证分析。除了上述列出的相关数据外，一些研究也不乏使用截面数据或小型调查数据。在使用截面数据进行分析时，对于因果关系的分析缺乏有效的说服力，但是，配合更为复杂的统计方法和精确的模型设定对截面数据的缺陷进行弥补，一些现实问题也是可以通过截面数据的分析反映出来。在实证研究时，有效可靠的数据对于分析问题的结果起到至关重要的作用。

二　国内研究的数据来源

中国关于流动与健康的研究在 2010 年之后逐渐得到国内学者的关注。所使用的数据既有大型追踪数据，也有截面的调查数据。我国现阶段大型追踪数据调查近年来在不断完善和组建过程中，相关的研究也在逐渐增多。

现阶段，在流动与健康研究领域主要使用的数据有：秦立建等学者使用农业部 2003—2007 年跟踪调查数据检验中国农民工的健康移民假说和三文鱼偏误效应，他们充分使用了这一追踪数据，在国内外期刊上发表了多篇关于中国人口流动与健康的研究。

中国健康与营养调查（CHNS）是一个关于健康与营养的追踪调查，调查问卷中涵盖了多种健康监测指标，该调查从 1989 年开始进行，在 1991 年、1993 年、1997 年、2000 年、2004 年、2006 年、2009 年和 2011 年进行了追踪，是研究迁移与健康关系非常适用的调查数据。很多学者也使用该数据证明中国人口流动存在健康移民效应。

中国家庭追踪数据（China Family Panel Studies，CFPS）是自 2010 年以来开始在全国范围内进行的追踪调查数据，该数据内容丰富，目前已经开展了 2012 年、2014 年、2016 年和 2018 年 4 期的追踪调查。王伶鑫和周皓（2016）使用中国家庭追踪数据（China Family Panel Studies，CFPS）2010 和 2012 年两期追踪数据检验流动人口中存在健康选择。以上是目前研究领域广泛使用的较为大型的追踪数据。

一些学者应用横截面调查数据进行流动与健康关系的探讨。苑会娜（2009）使用北京市城八区的农民工调查数据分析了进城农民工的健康和收入问题。刘晓昀（2010）使用 2009 年中国农业大学暑期农户专项调研数据分析农村劳动力流动对农村居民健康的影响。王桂新、苏晓馨和文鸣（2011）使用上海 2008 年抽样调查数据分析了上海外来人口（流动人口）的居住条件和健康状况。齐亚强、牛建林等（2012）利用 2008 年中国流动与健康调查数据验证了我国人口流动存在着较为明显的"健康移民"和"三文鱼偏误"选择效应。雷阳阳（2015）使用 2013 中国综合社会调查（CGSS）截面数据分析了我国流动人口的健康状况。陈传波和丁士军等学者（2015）使用 2007 年 POVILL 项目在中国湖北和四川两省四县的两轮调查数据和深度访谈研究了伤病返乡农民工自身状况及其伤病返乡对家庭和农村社区的影响。周小刚和陆铭（2016）的文章使用 CGSS 2010 年数据分析中国农村外出务工人员中的"健康移民效应"和"健康损耗效应"，等等。以上提到的数据既有大型调查的截面数据，也有课题团队组织的规模较小的调查，都在不同程度上丰富着中国流动与健康的研究。

第四节　迁移流动与健康研究的研究进展

迁移流动对国家、地区乃至个人来说，都会产生深远的影响。迁移流动与健康领域的研究热点人群是美国的拉美裔或墨西哥裔群体。美国的拉美裔人口快速增长，主要原因是有大量来自墨西哥移民的补充。因此，移民的健康问题不仅关系到墨西哥裔人口的健康状况，也对美国的经济发展和健康状况产生影响，两个国家在经济发展和劳工问题上存在紧密联系，如果移民的健康状况发生较大的变化，那么也可能对美国和墨西哥的经济发展产生"蝴蝶效应"。基于大量的经验研究，学者提出了著名的"健康移民效应"（Healthy migrant hypothesis）、"健康损耗效应"（Health depletion effect）、"三文鱼偏误"（Salmon bias）等理论。鉴于这些理论的重要影响，众多国家或地区也开始探索和验证这些理论在本国或地区的适用性。大多数的研究表明，移民的选择性主要集中在国际迁移上（McDonald and Kennedy，2004）。随着迁移流动趋势加强，国内迁移也成为迁移流动的重要组成部分，国内迁移流动也会对人口健康产生重要影响。本章基于目前国内外的文献资料,梳理学界重点关注的问题及相关研究进展。

一 健康移民效应是否真的存在?

各国学者在探讨健康移民效应时,首先检验的是健康的选择性。是否健康的人口更可能发生迁移流动行为? 目前,大量的文章尝试验证健康移民效应是否真的存在。

研究表明,拉丁裔移民,尤其是墨西哥移民,虽然社会经济地位较低,但是相比较于在美国出生的墨西哥人和白人表现出一定的健康优势。有研究者关注 18 岁及以上的墨西哥移民群体,检验他们在活动受限的情况(activity limitations)、自评一般健康(self-rated health)和慢性疾病(chronic conditions)方面的健康选择性。通过对比在美国的墨西哥裔移民、墨西哥裔的非移民和墨西哥裔返迁移民的健康状况发现,在活动受限(activity limitations)方面存在"健康移民效应",自评健康和慢性病方面未表现出"健康移民效应"(Bostean,2013)。

健康是动态变化的,迁移流动前后的个体的健康状况值得关注,特别是发生迁移流动前的个体健康状况一般难以获得。汉密尔顿(Hamilton)的文章利用 1999—2013 年的调查数据(1999—2013 Waves of the March Current Population Survey)检验了迁移者的初始健康状况是否优于在美国出生的同类人群(their U. S. - born counterparts)。研究者使用自评一般健康状况作为健康指标,发现近期迁移者在报告他们的健康状况时,报告"一般或较差"的概率比在美国出生的成年人低 6.1%。将参照组改为在美国出生的迁移者后,近期迁移者的健康优势降低了 28%。类似的移民健康优势的减少也发生在不同种族或受教育程度的模型中。结果表明,将参照组由在美国出生的人口变为在美国出生的迁移者降低了移民的健康优势,这表明移民的选择性在解释美国移民最初的健康优势以及在美国出生者的健康差异发挥了重要作用(Hamilton,2015)。在众多的国际研究中,研究者发现移民的健康优于本地出生的人口。但是,将参照组细分后发现,与本地出生的迁移者相比,近期移民的健康优势大大减弱,说明选择参照组的重要性。另一方面也表示，移民健康的选择性确实存在。

在关注墨西哥与美国的迁移与健康的研究时，墨西哥的老年迁移者的健康问题值得关注。研究者使用家庭生命周期的视角，将迁移、健康和老龄化结合在一起，重点探讨了历史时间和个人时间如何影响墨西哥和美国的成年迁移者和老年迁移者的健康状况。研究使用深度访谈方式来了解生活在墨西哥和美国的迁移者的生活条件、老龄化、迁移和健康等信息。研究显示，通过对劳动经验、疾病和事故、医疗服务、医疗、跨国网络和家庭类型的分析发现，历史阶段、迁移年龄、迁移轨迹都对迁移者的老年健康和生活质量产生影响（Montes et al. , 2011）。此外，研究者结合墨西哥健康和老龄化研究数据（Mexican Health and Aging Study in Mexico）与美国国家健康调查数据（U. S. National Health Interview Survey）比较50岁以上在墨西哥出生的男性、在美国出生的墨西哥裔美国人和非西班牙裔白人的健康状况，主要包括自我报告的糖尿病、高血压、吸烟、肥胖和自评一般健康，同时使用身高作为儿童时期健康状况的测量，补充研究中对健康的检验。研究发现，相对于非西班牙裔白人，在高血压和肥胖的表现上，迁移者具有较大的健康优势。在美国长期居留的移民中（15年以上移民经历），身高、高血压和自评健康状况存在健康选择性。需要注意的是，当研究者在探讨健康移民效应的时候，不能忽略返迁人口的作用，由于健康问题发生返迁行为的人口未被考虑在迁移人口中，这样可能会高估移民的健康状况，从而掩盖移民的健康损耗作用（Riosmena et al. , 2013）。

加拿大的研究结果验证了健康移民效应，迁入者的健康状况好于加拿大本国居民。在慢性病发病率方面，迁入者的健康状况显著优于本国居民；在自评健康状况方面，健康移民效果并不显著。研究进一步证明，健康移民效应突出表现在移民的生理健康水平上，而不是在已经存在的健康问题的发现和检查方面（McDonald and Kennedy，2004）。

英国的研究者比较了迁移者和非迁移者的健康状况，以及不同国内迁移类型迁移者的健康状况，例如，地方行政区域内迁移和区域间迁移（类似中国的省内迁移和跨省迁移）。研究结果表明，英国的移民存在健康移民效应。例如，在生理指标上，手臂/腿（臂腿比）、心脏、偏头痛、头痛等问题上存在健康移民效应，但是在心理健康上不存在健康移民效应。因此，建议卫生部门应该关注受这些疾病影响的人的健康，以便他们有机会改善他们的健康状况（Moh'd and Ajefu，2017）。这一研究主要探讨健康对迁移的影响作用，再次验证了健康具有一定的选择性。

相关学者分析了非洲国家马拉维的移民与健康的关系。研究使用 2007 和 2013 年马拉维迁移与健康数据〔The Migration and Health in Malawi（MHM）study〕，该数据中包括迁移经历、社会经济特征、人口学特征、性行为信息、婚姻状况、家庭结构和社会网络、社会资本，HIV/AIDS 生理指标和其他维度的健康信息。研究结果发现，移民与健康之间关系的结果因健康测量和分析方法不同而有所差异。马拉维的迁移者比非迁移者的艾滋病毒感染率高，这主要是由于艾滋病毒阳性患者选择了迁移。研究证明了健康选择的证据，身体健康的男性和女性更可能迁移，这在一定程度上是因为年轻人更可能迁移。但是，研究发现迁移者非迁移者的身体健康和心理健康不存在显著差异（Anglewicz et al.，2017）。

在国际期刊上发表的中国人口流动与健康的研究也不在少数。检验中国情境下的健康移民假说，需要验证两个假设：其一，健康的人可能被积极地选择，即健康的人更可能有迁移流动的行为；其二，从更为宏观的视角来看，移民的健康状况在不同阶段是不同的（使用滞后一期健康状况检验迁移流动对健康的选择性）。

中国健康与营养调查（China Health and Nutrition Survey）是国内外进行健康研究的重要依据，它不仅是长期追踪调查项目，而且对健康进行了非常详尽的测量。同钰莹等学者使用 1997—2009 年中国健康与营养调查数据检验中国省际迁移的"健康移民选择假说"。研究选取的研究对象是各调查年份 16 ~ 35 岁的流动人口。人口健康的测量为健康状况和健康行为，健康的指标还分为主观指标和客观指标。主观指标有自评一般健康状况，在进行自评一般健康状况的评价时，也要求被调查者评价与他同龄的人的健康状况。自评一般健康状况可以作为生理和心理健康的综合评价指标。研究也将慢性病、受伤状况、ADLs、高血压、糖尿病、心脏病和骨折等指标纳入对健康状况的考察中。但是，由于以上健康状况在调查中的发生案例较少，因此，在最终的模型中仅纳入了 ADLs 和骨折情况两项指标。健康行为的指标包括是否吸烟。该研究比较流动人口和流出地的非流动人口的健康状况发现，流动人口在健康的基础上进行流动的积极选择。虽然，随着时间的推进，健康和迁移的关系变得微弱。其中，最强的证据来自流动人口自我报告的健康状况（主观自评健康状况），从中发现了一些健康对流动选择性的影响，研究者推测这些随时间变化的差异可能是由于中国经济改革时期快速的社会、经济和政策的变革所引起的。因此，在研究迁移问题的时候需要特别关注宏观大环境的变化（Tong and Piotrowski，2012）。

流动人口的健康移民效应存在长期健康指标和近期健康指标的差异。易龙飞、亓迪（2014）使用中国健康与营养调查 2006 年、2009 年和 2011 年的数据，建立 cox 模型验证了在流动人口中存在健康移民现象。在此研究中，健康指标分为近期健康指标（近 4 周的包括呼吸道类疾病、关节类疾病、皮肤类疾病、五官类疾病、心脑类疾病、传染类疾病和慢性疾病）和作为长期指标的个体疾病史诊断状况（包括高血压、糖尿病、中风、心脏病、骨折、哮喘）。使用疾病与健康的视角检验流动人口的健康状况，研究表明，流动人口的健康状况普遍优于城市居民，这种差异在控制了年龄、性别、受教育程度、职业、收入和吸烟史等变量后依然显著，尤其是在长期健康指标上更为明显，但在近期指标上未表现出显著性（易龙飞、亓迪，2014）。这一研究主要检验了流动人口在生理健康上的变化情况，从长期健康指标和近期健康指标两方面进行了详细的阐述。

流动人口内部年龄结构正发生变化，这既是社会变迁的结果，也是讨论流动人口健康选择性时需要考虑的问题。学界也在探讨"健康选择性"是否会随着人口流动的普遍性而消失。王伶鑫和周皓（2016）使用中国家庭追踪数据（China Family Panel Studies，CFPS）2010 和 2012 两期追踪数据检验流动人口中是否存在健康选择。研究结果表明，排除了变量的时间因果顺序后，跟踪样本中的新增流动人口确实存在健康选择性；健康选择性可能与年龄选择性同时存在，从而可能会使年龄选择性（或其他可能的选择性）掩盖了健康选择性的真实存在；即使剔除自评健康的内生性（或选择性）问题以后，自评健康对流动决策的实验效应仍然是正向的。这说明，健康选择性依然存在于流动人口的流动决策中，越健康的人口，流动的可能性越大。

在迁移的选择性理论中，健康仍然是迁移与流动的选择性的重要维度。但是对于当前中国频繁流动的现状，年轻群体的健康选择性并未显现。王伶鑫和周皓的研究发现，对于 16 ~ 35 岁的青年人群，他们的健康选择性并不存在。可能的原因是，剧烈的社会变革使得流动趋势加强，35 岁及以上年龄段的人群流动频繁，健康的选择性适用的年龄范围也在不断扩展。另一个可能的原因是对于16 ~ 35 岁年龄段的青年人，他们可能是普遍流动和普遍健康的状况，年龄在其中的作用已经越发微弱。可以说，健康的选择性被年龄所掩盖，但并不能说健康的选择性就不存在了（王伶鑫、周皓，2018）。研究存在的不足之处在于，缺乏对流出地和流入地严格的判断，鉴于样本量的问题，未讨论健康对流动距离的影响。

健康状况不佳对农民工外出务工劳动供给时间产生了显著的负面影响，即农民工自评健康状况较差显著地降低了他们外出劳动务工时间（秦立建等，2012）。研究发现，健康状况显著地正向影响农民工外出打工的收入。相对于自评健康状况较好的农民工，自评健康较差的农民工外出概率下降，其年均外出打工收入仅为健康状况较好的农民工的63%（秦立建等，2013）。以上研究重点关注健康对人口流动的影响，在一定程度上证明了中国人口流动存在"健康移民选择效应"，健康状况好的人口更可能外出流动，获得较高的收入。

基于以上分析可以发现，健康移民的选择性在各国的研究中都得到了一定的验证。但是由于迁移群体的年龄结构、社会环境等差异，验证的结果存在差异性。未来的研究应关注到移民健康状况的复杂性、选择机制和适应状况等因素对健康的影响。

二 迁移流动后，人口健康状况会发生怎样的变化？

根据上文的研究发现，由于迁移具有选择性，健康的人更可能发生迁移。接下来是本书最关注的问题：迁移流动后人口的健康状况会发生怎样的变化？是否存在迁移流动人口的健康损耗？目前的研究结果可以从以下三个方面进行梳理。

（一）迁移流动后，健康状况变好

迁移者的健康状况是环境、经济、基因和社会文化等共同作用的结果，受到迁出地状况、迁入地环境、迁移过程和迁移原因等因素共同影响。迁移者在新环境中如何居住、就业、接受教育和生存，以及医疗卫生资源的获得程度都在影响他们的健康。

埃斯科瓦尔（Escobar）等关于墨西哥移民与心理健康研究认为，迁移者的心理健康好于美国本地出生的墨西哥裔美国人。文章回顾了近期的 5 项大型研究，这些研究调查了在墨西哥出生的移民和在美国出生的墨西哥裔移民的心理健康状况。这些研究结果与传统的移民、文化适应和心理健康之间的关系有所差异。墨西哥出生的移民尽管在社会经济方面具有显著的不利条件，但是比美国出生的墨西哥裔移民具有更好的心理健康状况。对这一结果可能的解释，如选择偏差、传统家庭网络的保护作用，以及他们在美国对"成功"具有更低的期望，等等。同时，墨西哥裔美国人具有较高的心理发病率可能与更容易接触滥用性药物，并且接触频率较高有关（Escobar et al.，2000）。

新西兰的研究发现，人们期待通过迁移来改善他们的健康。以往大量文献表明，移民可能是一个压力重重的过程，对心理健康有潜在的负面影响。那么，迁移到底是一个"痛苦"的过程，还是一件"幸福"的事情呢？斯蒂尔曼（Stillman）等学者使用自然实验的方法关注从汤加到新西兰迁移对移民的影响。申请迁移过程可以看似随机选择的过程，研究者通过比较成功申请的迁移者和申请未成功的人（migration lottery），检验迁移对他们在客观和主观幸福感的影响。研究结果表明，国际迁移能够提高客观幸福感。关于主观幸福的影响较为复杂，虽然心理健康状况得到改善，但幸福感下降，自我评价的福利上升。研究进一步表明，这些变化并不能通过对汤加或新西兰的主观幸福的相互影响来预测（Stillman et al.，2015）。新西兰允许每年通过随机投票的方式来决定移民的数量，而申请者在申请人数过多的情况下是可以选择的。通过比较在随机投票中成功申请移民的移民的精神健康状况，以及那些申请移民的人的心理健康状况，获得对移民心理健康影响的实验估计。总体来看，迁移有助于改善心理健康，尤其是对女性移民和心理健康状况不佳的移民效果更佳（Stillman S et al.，2009）。来自泰国国内迁移的相关研究发现，乡城迁移者的城市迁移经历使他们在心理健康上有了显著提高（Nauman et al. 2015），进一步验证了迁移流动对心理健康的提升作用。

中国学者使用中国农业部农村经济研究中心2003至2006年的面板数据检验中国人口流动对健康的短期和中期影响，对中国乡城流动人口的健康变化状况提供了新的证据。研究通过将倾向值匹配和双重模型相结合，试图克服迁移内生性问题，并进行平均治疗效果处理。研究发现，短期迁移流动者对人口健康的影响是显著的积极的，主要是由于收入的影响。然而，长期的持续迁移流动对健康的影响是微不足道的，近乎零。研究结果通过稳健性检查，具有较高的可靠性（Song and Sun，2016）。

迁移流动对健康的影响不仅涉及迁移者也会给整个家庭、社会带来影响。刘晓昀（2010）使用2009年中国农业大学暑期农户专项调研数据分析农村劳动力流动对农村居民健康的影响。调查地区涉及山东、浙江、河北、河南、安徽、四川、湖南、云南和陕西9个省。健康变量包括自评健康、年龄别身高评分、身体质量指数（BMI）等生理健康指标。研究表明，农村劳动力外出总体上可以显著提高农村居民的健康水平。但是这一结果具有性别差异，男性劳动力外流显著提高家庭成员健康水平，女性外出会显著降低家庭成员健康水平。主要原因是，女性是家庭的主要照料者。

健康损耗效应是迁移与健康领域非常关注的问题。其核心问题表现为，（1）移民的健康相对城市本地工作人员是更好还是更差？（2）随着年龄的增长，移民的健康损耗更严重吗？（3）导致移民健康损耗的因素又有哪些？使用CGSS2010年数据分析中国农村外出务工人员中的"健康移民效应"和"健康损耗效应"，并试图回答以上三个问题。研究发现，农村外出务工人员的身体健康优于城市本地工作人员。随着年龄的增长，农村外出务工人员中制造业建筑业工人的健康损耗更加严重，行政技术管理及服务业人员没有出现损耗效应。健康损耗更为严重的农村外出务工人员以更高的概率回到农村。作者在文章中也明确强调，限于使用截面数据，文章严格而言并不能得出"外出务工导致健康损耗"明确的因果关系结论，外出务工仅是其健康损耗的一种可能解释（周小刚、2014；周小刚、陆铭，2016）。雷阳阳（2015）认为受教育程度、个人月收入、家庭规模和收入对流动人口的健康产生积极影响，积极的心态和健康生活习惯也显著提升流动人口的健康水平。此外，侯建民和赵丹（2020）认为社会融入对流动人口的健康起到重要的影响作用，如积极的社会融入态度和良好的社会保障会提升流动人口的自评健康状况。

以上研究从不同层面的健康指标检验了国际和国内迁移人口的健康变化，从现有研究结果来看，迁移流动在一定程度上提升了迁移流动人口的健康状况，特别是在自评健康状况、心理健康等指标方面存在积极效应。

（二）迁移流动后，健康状况变差

迁移流动对人口健康的影响并非都是积极作用，一些研究结果呈现出迁移流动后，人们健康状况变差的情况，学界称之为移民的"健康损耗"。

加拿大是著名的移民国家，其迁移人口约占本国人口增长的三分之二，占加拿大总人口的 20% 以上。古苏拉克（Gushulak et al.，2011）针对加拿大的移民研究发现，从总体健康状况来看，迁移初期迁移者的健康状况好于加拿大本国居民，但是随着时间的推移，健康移民效果减弱，迁移者的健康优势逐渐消失。甚至在加拿大的一些大城市，迁移者和他们的子女成为患病人口的主要人群。

迁移时长是影响迁移者"健康损耗"的重要因素。学者使用两期墨西哥家庭生活调查数据（Mexico Family Life Survey）比较从墨西哥迁往美国的新迁移者、长期迁移者和非迁移者的健康状况，由于使用追踪数据，可以比较迁移前后迁移者的健康状况的变化状况，并且控制了潜在的健康移民选择性的问题。研究结果表明，相比较于长期迁移者和非迁移者，新迁移者更可能经历健康状况的变化。迁移经历对迁移者健康状况影响的净效果是负的，即迁移使得迁移者的健康状况变差。与没有迁移的人相比，在迁移者迁入城市的 1~2 年内，健康状况变差。因此，迁移过程本身或者是迁移后较近的一段时期内会影响迁移者的健康状况，使其变差（Goldman，2014）。

新加坡每年会接收大量的国际劳工，迁移者的健康状况也受到学界的关注。相关研究关注了新加坡迁移者的心理健康状况，研究使用凯斯特心理疾患量表（K6）测量迁移者的心理健康状况，通过研究新加坡 582 名迁移者的心理健康状况发现，被驱逐出境的威胁是影响迁移者心理健康状况的重要因素之一。职场冲突是对迁移者心理健康的调节因素。研究进一步对 149 名在工作场所与雇主发生冲突的迁移人口进行定性研究，结果表明，移民身份会使那些在工作场所与雇主发生冲突的工人面临更大的心理健康的风险，因为雇主可以利用迁移者的移民身份作为工作谈判中的"筹码"，对迁移者进行"威胁"，以达到个人目的。由于迁移人口，特别是国际迁移者面临身份合法性的问题，当工作中遇到问题时，身份合法性问题就会成为关键的影响因素，从而影响其心理健康状况（Harrigan et al.，2017）。虽然，在本研究中没有涉及人口迁移前后健康的变化状况，但是，作为国际迁移人口，其身份合法性是在发生国际迁移后才会面临的问题。在本研究中，只关注迁移身份为心理健康带来的影响，并未提及生理健康或者其他方面的健康状况。

体质指数作为测量生理健康的重要指标，比如是否超重，被视为反映个体健康状况的重要预测变量。移民在迁入美国时比与他们状况相当的美国人更健康，但是随着时间的推移，健康优势逐渐被削弱。美国的研究使用体质指数（BMI）对健康进行评价时发现，女性迁移者的体质指数（BMI）比当地美国女性低 2 个百分点，男性迁移者的体质指数（BMI）比当地美国男性低 5 个百分点。随着他们在美国居留时间的增长，他们的健康状况出现恶化。同时发现，女性迁移者在抵达美国 10 年后，其体质指数（BMI）几乎完全趋同于美国本地人口，而男性的体质指数（BMI）在 15 年之内就缩小了三分之一的差距（Antecol and Bedard，2006）。在其他研究中，同样得到相似的结论，在不同的移民群体中，在美国居住 10 年后，BMI 指数显著提高。在美国居住了 15 年以上的移民中，与美国出生的成年人面临同样的肥胖问题。早期干预饮食和体育活动可能是一个预防体重增加、降低肥胖和肥胖相关慢性病的方式（Goel et al.，2004）。通过体质指数这一生理指标，验证了美国迁移人口的健康状况随着居留时间的增长，健康优势消失，并逐步趋近于迁入地人口的现象。

在血压、血脂、血糖等生理指标方面也存在健康损耗的现象。近年来，印度的城市化程度不断增强，大量的农村人口迁往城市，这一过程可能会给迁移者带来一些健康风险。研究者对比不同迁移状态的人口生理健康指标后发现，农村男性的血压、血脂和空腹血糖低于城市和迁移的男性，而女性则未表现出显著差异。人口迁移流动增加了其肥胖的可能性，而肥胖作为健康指标会带来其他的健康风险。迁移者来到城市生活，他们具有与城市人口相似的生活方式和健康环境，因此，处于相似的环境中生活，迁移流动人口的饮食和作息习惯会受到影响，从而改变了健康状况，特别是体重等指标会趋于一致。迁移对健康的影响也存在性别差异，仍需要进一步探索（Ebrahim et al.，2010）。总体来看，通过分析印度的国内迁移人口的健康状况后发现，与农村非流动者相比，乡城迁移者肥胖和患糖尿病的可能性更高。

在不同的流动阶段，流动与健康的影响关系不同。健康影响人们是否能够流出户籍地，其健康状况也会影响人们继续流动还是返乡的选择。

中国学者的研究也发现，流动对健康存在显著的负向影响，与城市的非流动人口相比，流动人口的健康状况较差（刘国恩等，2015）。特别是对于省外流动的农民工群体来说，迁移对其健康的负向效应超过了正向效应。这一负面效应存在性别差异，流动对女性造成的负面效应更为明显和复杂。省内迁移对农民工的健康状况没有显著影响（秦立建等，2014c）。这一结果是针对农民工自身健康状况而言，跨省流动使农民工健康状况变差。与此同时，秦立建、陈波和蒋中一（2014）的研究发现，外出打工促进了农村居民的健康水平。外出打工对农民健康的影响效果存在性别差异，具体来看，外出打工对于女性农村居民健康的促进效应大于对男性农村居民的促进效应。外出打工地点相距家乡越远，则对个体健康的促进作用越大。作者强调，外出打工对农村居民的影响是较为复杂的过程，需要长期追踪观察，这一研究主要检验了短期外出打工的影响作用，仍需要更多实证支持（秦立建等，2014b）。

当前人口流动的主要方向和趋势是从欠发达地区流向发达地区。就中国而言，北京、上海、深圳、广州等大城市成为人口流动的主要目的地。相应地，针对北京、上海、深圳地区的流动人口健康研究也较为丰富。中国的现有研究发现，大部分年轻的农民工在相对健康的状态下来到城市，但是回到农村时健康状态大不如前（Chen，2011）。一些学者将此现象描述为"挖掘青春（youth mining）"，亦即中国的农村输出健康的工人，最后带病携伤返回——农村年轻人为获取金钱而被剥削健康（Chamchan et al.，2015）。这一描述也反映了"健康移民选择""健康损耗"和"三文鱼偏误"的过程和影响。

关于北京市城八区的农民工健康的研究发现，农民工在流动后，健康状况变差，出现健康恶化的现象。考虑收入的影响后发现，流动初始健康状况越好，收入越高。个人收入的减少会损耗其健康状况。个人健康状况恶化又导致单位收益率下降，如此循环。社会经济地位越低的农民工健康恶化的可能性越大。此外，心理健康状况、社会保障水平等也影响他们的健康状况（苑会娜，2009）。虽然此项研究使用的是横截面数据，关于健康指标上有迁移前的健康状况回顾以及现在健康状况的评价，在一定程度上能够反映健康状况的变化情况，但是仍不如追踪数据能够确切反映迁移前后的健康变化。同时，研究显示，北京的农民工群体的健康恶化程度不是很严重，忽略了健康恶化严重的农民工回流的可能性

（苑会娜，2009）。Chen（2011）使用 2009 年北京的调查数据
（N = 1474），分析中国国内人口迁移流动对健康的影响作用，对健
康移民现象进行再检验。该研究的健康指标包括自评一般健康状况
和心理健康（凯斯勒心理疾患量表 K10）两方面，研究发现，健
康移民效应在自评一般健康方面得到了验证，在心理健康方面暂未
得到验证。在北京的流动人口比北京本地居民的自评健康状况更
好。然而，这种健康优势随着流动人口的居住时间的延长而消失。
这说明在研究迁移流动对健康影响时，需要考虑居留时间对健康的
影响。由于该研究使用的是横截面数据，在因果关系上不能有较强
的说服力。乡城流动人口与城城流动人口在健康状况上存在差异，
该研究特别关注了城城流动人口的身体健康优势的消失和较高的心
理压力状况。流动初期，流动人口具有较好的身体健康状况，这意
味着，他们在城市仍需要获得平等的健康资源，以保持这种健康优
势。较高的心理压力，意味着他们的心理健康状况较差，在城市中
特别需要为他们提供心理健康促进和精神障碍预防的服务（Chen，
2011）。值得注意的是，在这项研究中，在讨论健康优势消失的时
候，特别强调了乡城流动人口与人口的健康差异及原因，对于深入
了解迁移流动与健康的关系具有重要意义。

上海流动人口的研究发现，流动人口的身心健康状况均优于本
地人口。王桂新、苏晓馨和文鸣（2011）使用上海 2008 年抽样调
查数据分析了上海外来人口（流动人口）的居住条件和健康状况。
其健康状况包括自评一般健康、慢性病、心理健康和总体健康评
价。研究发现，与本地居民相比，外来人口（流动人口）的身心
健康状况均好于本地人口（王桂新等，2011a）。王桂新和苏晓馨
（2011）使用同样的数据进一步分析了社会支持/压力及其对身心
健康的影响，研究发现，外来人口（流动人口）和本地城市居民
在健康状况和社会支持上存在较大的差异。与城市本地人口相比，
外来人口（流动人口）的健康状况更好，社会支持较差。社会支
持对城市外来人口（流动人口）身心健康没有产生显著影响，而
社会支持使上海本地居民的身心健康效果显著提升（王桂新等，
2011b）。

　　以上研究集中讨论北京、上海等大城市的流动人口健康状况，从全国范围来看，中国人口流动也存在明显的"健康移民效应"和"三文鱼偏误"。齐亚强、牛建林等（2012）利用2008年中国流动与健康调查数据检验我国人口流动的"健康移民"和"三文鱼偏误"选择效应。在控制了流动人口的年龄、性别、主要社会经济特征及相关健康行为后，其自评一般健康状况、慢性病、经常性身体不适和肺活量等指标显著优于农村留守人口。乡城流动人口在健康状况方面也优于城市人口（除慢性病和心率过高症状外）（齐亚强等，2012）。牛建林（2013）使用第三期中国妇女社会地位调查数据分析人口流动对城乡居民健康的影响，研究发现，流动经历对流动者的健康状况存在损耗效应。与农村非流动者相比，城乡流动者的健康状况更好，返乡者的健康状况更差，差于城乡流动者和农村非流动者。流动者存在健康选择效应，健康状况好的农村居民选择流动，在健康状况变差后选择返回户籍地。将研究对象分为农村非流动居民、返乡者、城乡流动者、城镇居民四类，选取的指标为自评一般健康状况、慢性病、身体残疾、工作或劳动受伤经历以及妇科或男科疾病五个健康指标。不可否认，研究的局限在于健康状况是可变的，健康与流动的关系也是时变和累积的，截面数据难以直接检验流动与健康关系的因果链条。健康状况为被访者自报健康状况，可能存在个体差异（牛建林，2013）。但是，值得关注的是，城乡流动经历对流动者的健康状况具有明显的不利影响。人口流动的健康选择效应与城乡流动经历的内在健康损耗效应共同发挥作用，深刻地影响着城乡常住居民的健康差异。

　　随着我国老龄化程度不断加深，老年人口的流动与健康状况也受到较大的关注。吉黎（2013）使用"中国老年人健康长寿影响因素调查"（CLHLS）2008年数据探讨城市化对居民健康的影响。健康变量包括自评健康、ADL完好、近两年患重病次数、生病是否得到医院救治。核心自变量为"是否迁移到城镇"。研究结果发现，从农村迁移到城市使个体自评健康状况更好，并且提高了及时就医率，但是他评健康状况更差。进一步将迁移划分为工作迁移和随家属迁移后，随家属迁移个体的自评健康评级对近两年患重病次数影响不显著，而工作迁移增加了两年患重病次数，对自评健康影响不显著。城市化对流动人口来说，既提供了健康机遇，也带来了健康风险。城市化对居民健康可以分为两个层面来看，城市化对身体健康并没有促进作用，但是因为便于获得医疗服务，从而产生了较好的主观心态。由于工作所造成的迁移流动使流动人口的健康状况变差。值得注意的是，农村合作医疗保险在提高居民健康方面起到了重要的作用。这篇文章也存在一些不足之处，研究使用老年人作为研究对象，其平均年龄在 85 岁，他们并不是当今社会流动人口的主体人群。当然我国老龄化趋势不断加强，关注老年流动人口对未来研究有一定的启示意义（吉黎，2015）。虽然，老年人流动与健康的关系可能不同于传统意义上的"健康移民假说"，但是他们作为人口的重要组成部分，深入探讨可能存在的关系，是不断丰富迁移和健康研究的重要环节。

（三）迁移后，人口健康状况暂未发生根本改变

由于健康存在多个维度，在不同的研究中，迁移对健康的影响结果存在差异。迁移对健康的影响除了积极和消极两方面外，还存在健康状况未发生显著变化的情况。对于这样的结果，很大程度上源自迁移流动时间的影响。需要进一步探讨长期迁移流动与短期迁移流动对人口健康的影响机制。

陆（Lu）利用 1997—2000 年印度尼西亚家庭生活调查（Indonesia Family Life Survey，IFLS）的追踪数据，验证了迁移对心理健康产生负面影响，从中期来看（三年），迁移对生理健康的影响还未显现（Lu，2010）。非洲国家的研究证明了健康选择的证据，身体健康的男性和女性更可能迁移，这在一定程度上是因为年轻人更可能迁移。但是，研究发现迁移者、非迁移者的身体健康和心理健康不存在显著差异（Anglewicz et al.，2017）。

诺曼（Nauman）使用泰国 2005—2007 年追踪数据研究国内迁移与健康的关系。研究结果支持健康移民假说，在迁移前后，身体健康方面，迁移者比非迁移者健康，并未发现迁移对健康的影响。另有学者使用 2005—2009 年的纵向数据发现，泰国农村向城市迁移与健康之间存在复杂关系。使用 36 条目简明量表（SF - 36）中

生理和心理健康领域的量表测量人口的健康状况。研究发现，从农村向城市的迁移对个人健康的影响具有选择性，不可一概而论。对于那些生理健康较好但心理健康较差的人而言，从农村向城市的迁移的可能性更高。与城市居民相比，平均而言，迁移者的生理和心理健康在到达城市时或者直到迁移两年后得到好转。从迁移的时长来看，迁移在短期内对个人的生理健康有积极影响，但是长期来看则有消极影响。迁移对心理健康也有相似的影响，但是当控制其他因素时，这些影响就显得微弱和无关紧要了（Chamchan et al.，2015）。

值得注意的是，从迁移对心理健康的影响效果来看，印度尼西亚和泰国的研究所得出的结论并不一致，印度尼西亚的研究认为迁移给人口心理健康带来了负面影响，而泰国的研究认为迁移使得人口的心理健康产生好转。主要的原因可能在于是否区分了迁移流动对健康的长期影响和短期影响。由于健康是一个动态变化的过程，而由于"健康移民选择效应"，迁移人口健康状况具有较强的优势，在短期内，迁移人口自身的健康状况足以抵御迁移过程中的压力，因此迁移对健康的影响作用暂未显现。而长期来看，迁移压力的累积效应，再加上健康的损耗，可能会使迁移对健康的影响效果体现得更加明显。因此，在探讨迁移对健康的影响时，需要特别注意区分长期影响和短期影响。

健康的生活方式直接影响人口的健康状况。研究者对发展中国家的农村—城市移民问题进行了详细的分析，迁移者倾向于逐渐采用较为不健康的生活方式（Peer et al.，2015）。不健康的生活方式主要包括缺乏体育锻炼、酒精和烟草消费，以及富含糖分和脂肪的饮食，这些都是心血管疾病的风险因素。由于缺乏关于发病率和死亡率的数据，现有文献倾向于关注这些移民的心血管疾病的风险因素如何随着他们在城市的居住时间的增加而改变（Lankoande et al.，2017）。

陆铭在《大国大城》一书中提到，在城市里的流动人口与本地居民的健康状况没有显著差异，并没有出现移民"健康损耗"的现象。这是一个沉重的话题，因为健康选择性的存在，掩盖了流动人口的健康问题。"农民工将青春献给城市，换来的是时不时被拖欠的工资，其中一部分人带着不健康的身体回到故乡，这些现象的本意是在城市社会中的身份歧视。"（陆铭，2016）综上所述，迁移流动对健康带来的影响是复杂的。是否存在健康损耗需要区分具体的健康指标，探讨长期迁移还是短期迁移，不可忽视社会支持、社会融入、个人健康行为习惯等因素带来的影响。总体而言，移民的健康损耗不可忽视，因为迁移的健康选择性和因健康问题返乡的行为会淡化健康损耗的表现。

三　"三文鱼偏误"是否得到了验证

"三文鱼偏误"是在迁移流动与健康研究领域中常常被提及的理论，这一理论关注的是返乡人群。迁移者来到迁入地，经过一段时间的适应后，仍然健康的人可能会继续在迁入地生活。健康受损或不能适应的人群则会进行再选择，返回原居住地。如此一来，留在城市的人群会一直显得保持健康的状态。因病返乡的人可能被视为"失败者"或"不成功的迁移者"，当他们的身份由"迁移者"转换为"本地人"后，其健康问题也随之归为迁出地人口的范畴。

各国学者尝试探讨"三文鱼偏误"效应是否存在以及可能带来的影响。目前，学者们在死亡率、慢性病、自评一般健康状况、健康适应与返乡倾向等指标上验证了"三文鱼偏误"效应。主要体现在以下几个方面：

首先，健康状况影响着迁移者的返乡倾向。刘国恩等使用北京的数据表明，健康状况越差，流动人口的返乡倾向越高。该研究使用一般健康状况作为健康变量，研究显示，健康状况与返乡倾向的决策负相关，健康状况越是良好，越倾向于留在当地城市，健康状况越差越倾向于返乡（刘国恩等，2015）。这一研究验证了流动人口的返乡倾向存在"三文鱼偏误"效应。

其次，迁移对健康的影响不仅体现在迁移后，也体现在返迁后的健康适应。迁移人口在城市居住了一段时间之后，由于健康或者个人发展的原因，部分移民回到了家乡。这些返迁的移民一直被认为是移民人口的边缘群体，在最初的迁移过程中被积极地选择，但后来又回到原点，也被称为"不成功的迁移者"（Gerritsen et al.，2013）。例如，在非洲地区，患有艾滋病的移民在外如果不能获得药物治疗，他们可能会回到家乡寻找社会支持，或是选择回家乡，等待死亡（Coming home to die）。随着抗逆转录病毒疗法（ART）的普及，这一现象得到改善，极大地缓解了农村的医疗负担（Levira et al.，2014）。然而，返迁的移民也会在家乡面临新的适应性问题。因为返乡的移民在迁移的过程中已经习得了在迁入地的生活习惯，返回原籍后他们需要再次适应生活，然而再适应过程可能会影响他们的健康。金斯伯格（Ginsburg）的研究团队关注非洲国内迁移与健康的问题。他们将死亡率作为主要的健康指标，证实了迁移在解释死亡率变化中的重要性，研究表明迁移与死亡率的关系呈现出选择效应、传播效应和适应效应（Ginsburg et al.，2016）。南非的研究表明，农村迁出地区表现出较高的死亡率主要是因为不健康的移民迁移回来的结果，迁移人口在城市患病后返乡以便获得照料，导致出现农村地区人口死亡率偏高，这是"三文鱼偏误效应"的直接体现（Clark et al.，2007；Collinson et al.，2009）。

最后，健康变化影响流动人口的迁移距离。农村劳动力面临健康风险的可能性越大，他们向外流动的可能性就越小（刘娟娟，2013）。与此同时，流动人口的健康状况决定了迁移距离，健康状况变差可能产生近距离的迁移流动，验证了"健康移民效应"和"三文鱼偏误效应"。研究发现，农民工的健康状况与劳动力外出距离呈现正相关关系，身体健康状况好的农村居民，打工迁移地点相对离家乡较远。而对于已经外出打工的农民工来说，一旦健康受到冲击，则会发生回流现象（秦立建等，2014a）。验证了中国农村劳动力外出打工迁移地距离存在"三文鱼偏误"效应。

以上研究证实了中国流动人口中确实存在着"三文鱼偏误"效应。虽然在具体的研究模型系数上来看，在迁移选择过程中，健康并不是最重要的决定因素，但是在中国的情境下，证明了健康对迁移具有选择性。对比了中国和发展中国家相似的研究，例如，印度尼西亚的国内迁移研究，中国的健康选择效应比印度尼西亚更为明显（Lu and Qin, 2014）。越来越多的中国研究关注到健康与迁移的问题，便于研究者进行国际比较与对话。

以上研究证明了，在迁移流动过程中存在"三文鱼偏误"的现象。这是迁移流动对人口健康产生负面影响后，带来的迁移再选择。虽然这样的选择有助于城市不断更新新鲜血液，保持充足的健康劳动力，但是从长远来看，农村地区的健康负担会不断加重，不利于国家和地区的全面发展。陈传波等学者使用2007年POVILL项目在中国湖北和四川两省四县的两轮调查数据和深度访谈研究了伤病返乡农民工自身状况及其伤病返乡对家庭和农村社区的影响。研究发现，在湖北和四川所调查的四县中，一半因病返乡的农民工丧失了劳动能力，给自身、家庭和农村带来了沉重的负担。伤病返乡导致农村留守人口承受了更重的负担，伤病返乡者给农村家人及其所在社区带来了资源和劳动供给双重压力。同时，对当地的卫生资源配置也造成了显著的影响（陈传波等，2015）。

这些研究结果表明，在探讨迁移流动与健康的关系时，需要立足于现实。在现实生活中，迁移流动给个人的生活、健康等方面可能带来消极的影响，也可能带来积极的影响，甚至在有些健康指标上，迁移者与非迁移者不存在显著差异，在做出结论时需要具体分析。通过分析不同国家和地区的迁移与健康的研究，能够更进一步了解在不同国情、经济发展条件下的迁移与健康的关系，同时在研究的指标选取、方法应用和调查方式上取长补短。将这些内容与中国流动与健康的研究进行对比，发现异同，弥补不足。

四 研究评述

通过梳理现有国内外关于迁移流动与健康的相关文献，能够大致掌握当前的研究进展情况。迁移流动与健康的研究已经在不同国家和地区开展了较为深入的探讨，虽然在一些研究结论上有所差异，但是在不同程度上验证了经典的"健康移民效应""健康选择效应""健康损耗效应"和"三文鱼偏误"等假说和理论。

从文献梳理来看，目前迁移流动与健康的研究结果较为混杂（mixed results）。一方面是因为，迁移流动与健康的关系较为复杂，很难在一篇论文或者一个研究中阐述清楚，迁移流动存在多个阶段，健康的测量也较为多样，在不同阶段两者的影响作用不尽相同。在探讨影响时，也需要区分长期影响和短期影响。另一方面，由于文化、社会发展阶段的不同，迁移流动与健康的关系可能存在不同的互动关系。因此，很多的研究中也只是从某一个角度或某一个侧面切入进行研究，将它们结合起来，才能共同构成迁移流动与健康研究的完整图像。

现阶段来看，迁移流动与健康的研究主要存在两个问题，也是未来研究需要不断完善和努力的方向。

一是，对健康指标的选取较为多样。健康作为一个综合指标，在评价健康时，有的研究仅使用自评一般健康状况来评价健康，有的研究根据现有调查问卷中的指标进行选取，在结果上可能存在一定的偏差。虽然，指标丰富可以较为全面地反映健康状况，但是在一些研究中，特别是生理健康方面，涉及的健康指标较多，研究者选取的指标相差较大，结论也有所差异，这导致不同研究之间很难进行比较。在未来的研究中需要逐渐形成共识，可以存在针对不同研究目的的指标存在，但是也需要形成较为一致的若干指标方便研究之间的比较和对话。例如，在心理健康方面，统一规范的量表有助于不同研究进行横向和纵向的对比。

二是，评价迁移者健康状况的参照群体的选取问题。出于研究问题和研究目的的考虑，一些研究将迁移者的健康状况与迁出地人口进行对比，用于说明健康具有选择性，健康的人更可能迁移流动；一些研究将迁移者的健康状况与迁入地人口进行对比，用于说明健康移民效应，迁移者更具健康优势。而在探讨迁移流动对健康的损耗效应时，由于部分研究使用的是截面数据，将迁移者与迁入地人口进行对比，以此说明迁移流动对人口健康的影响。当然，在数据有限的情况下，这是一个折中的办法。但是，在实证研究中，更为严谨的做法是通过追踪数据对比人口在迁移流动前后的健康状况，通过个体的健康变化来探讨迁移流动是否对其产生影响。这是验证健康损耗效应最为理想的研究范式，在后续的研究中需要加以补充完善。

从文献梳理来看，大部分国家和地区都有迁移流动与健康的相关研究，说明迁移流动与健康研究的重要性已经得到了普遍认同，但是在研究深度和影响机制的探讨方面仍需要倾注更多的努力。期待通过不断积累，在迁移流动和健康领域形成更多的讨论和深入研究，日益完善和补充理论内涵并用于指导现实生活，丰富人类认识，推动社会有序良性运行。

第三章　迁移流动与健康的研究趋势及热点分析

在频繁迁移流动和全民关注健康的社会背景下，本章从国际视野出发，分析迁移流动与健康研究领域的发展脉络、变化趋势、最新研究进展与热点问题等。以 CiteSpace 为分析工具，以 Web of Science 为平台，收集 1900 至 2019 年发表的研究论文进行文献定量分析和可视化处理，以期全面了解当前该领域的研究状况，为中国人口流动与健康的研究提供参考和借鉴。

第一节　研究方法与数据来源

一　研究方法

科学知识图谱的概念源于 2003 年美国国家科学院组织的一次研讨会，2005 年在中国开始使用。科学知识图谱作为计量学的新方法和新领域，受到中国学者的极大关注。CiteSpace 知识可视化软件是目前最为流行的知识图谱绘制工具之一（陈悦等，2015）。在中国知网上以 CiteSpace 为关键词进行检索，截至 2020 年 1 月 9 日，在期刊上已累计发表相关文章 3642 篇。特别是 2015 年以来，使用 CiteSpace 发表文章的数量急剧上升，2015 年使用 CiteSpace 发表文章数量为 187 篇，2019 年的发文量已经达到 1261 篇。由此可见，知识图谱法和 CiteSpace 可视化软件得到中国学者的认可，相关成果不断涌现。

二　数据来源

本部分的分析文献来源于 Web of Science，该数据库收录了世

界领先的自然科学、社会科学、艺术和人文领域的权威学术文献
（戚淼杰等，2017）。本研究在 Web of Science 核心合集中进行高级
检索，文献类型选择研究论文（article），检索语言为英语（Eng-
lish），检索时间跨度为 1900—2019 年。以 migration health，migrant
health，immigrant health，emigrant health，floating population health
为题目关键词进行检索，检索语句为 TI =（migration health）or
TI =（migrant health）or TI =（immigrant health ）or TI =（emigrant
health）or TI =（floating population health），检索日期为 2020 年 1
月 9 日，最终检索出相关文献 2936 篇。将数据库收录的文献信息
导入 CiteSpace 软件进行文献计量分析和可视化处理。

第二节　迁移流动与健康的研究
趋势、热点与前沿

一　发表文章的总体趋势和地区分布

根据 Web of Science 中的文献统计发现，最早在 1909 年有 2 篇
文章关注了迁移流动与健康的问题。这两篇文章是来自日本长崎、
横滨的移民检查报告，记录了当时的卫生条件和移民的健康状况
（Cumming，1909；Thompson，1909）。19 世纪末 20 世纪初，鼠疫
在世界范围暴发，日本为了防止鼠疫扩散对移民的健康状况进行登
记，记录人员的通行和留观状况，与目前新冠疫情防控的手段和措
施相似。

1909—1989 年，该领域每年发表相关文章的数量在 10 篇左
右。在此期间，有学者比较不同人群在发病率和死亡率上的差异后
发现，有移民背景的人口在以上两方面均优于本地人口，这一结果
引起了学者们的研究兴趣（Kasl，S. V. and Berkman，L.，1983；
Marmot，M. G. and Syme，S. L.，1976；易龙飞、亓迪，2014）。
1990—2009 年，关于迁移流动与健康的研究不断增多，2009 年发
表相关文章 94 篇。2010 年以来，迁移流动与健康的研究得到广泛
关注，呈现出明显的上升趋势，2015—2018 年发文数量均在 200

篇以上，2019 年发表论文数量突破 300 篇，达到 342 篇，如图 3 - 1所示。

　　总体上看，迁移流动与健康的问题早在 20 世纪初就有研究记录，随着时间的推移，迁移流动与健康研究的重要性越发凸显，成为影响社会发展的重要议题，得到学术界的广泛关注。

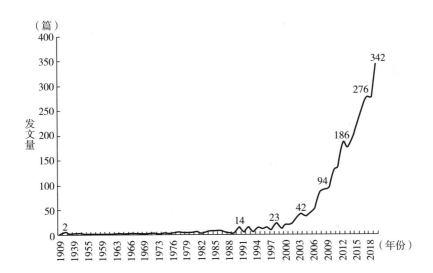

图 3 - 1　迁移流动与健康领域在 Web of Science
中收录的文献数量（1909—2019）

　　在众多研究迁移流动与健康的国家中，美国是发文量最多的国家，总发文量为 1261 篇，占总发表文章量的 42.95%。其次是加拿大，发表文章数量为 345 篇，占总发文量的 11.75%。美国与加拿大两国的发文量之和占整个研究领域的一半以上，比例达到 54.70%。发文量排在第二位的是英国，发表文章数 223 篇，占总发文量的 7.6%。中国也是迁移流动与健康研究领域的主要阵地，排在第四位，发表文章数为 217 篇，占比为 7.40%。澳大利亚作为移民国家，关于迁移流动与健康的研究成果也较为丰富，发文量位居第五，发表文章数 180 篇，占比 6.13%。以瑞典、西班牙、德国、荷兰和意大利为代表的欧洲国家也是该领域研究的主要力量，如表 3 - 1 所示。

表 3 - 1　不同国家在迁移流动与健康研究领域发文量及占比①

序号	国家	发文量（篇）	比例（%）
1	美国	1261	42. 95
2	加拿大	345	11. 75
3	英国	223	7. 60
4	中国	217	7. 40
5	澳大利亚	180	6. 13
6	瑞典	145	4. 94
7	西班牙	133	4. 53
8	德国	116	3. 95
9	荷兰	107	3. 64
10	意大利	85	2. 90

二　论文的产出机构与核心作者分析

分析论文的产出机构发现，发表文章前十位的机构占总发文量的四分之一（25.9%），如表 3 - 2 所示。发表文章最多的前三个机构是加利福尼亚大学、多伦多大学和伦敦大学，发文量分别为176 篇（6.00%）、96 篇（3.27%）和83 篇（2.83%），分别来自美国、加拿大和英国，这一结果与发文量最多的国家保持一致。总体来看，迁移流动与健康研究领域研究机构主要来自美国。在发文量前十位的机构中，有 7 所研究机构来自美国，加拿大、英国和瑞典的科研院校各有 1 所。

表 3 - 2　迁移流动与健康研究领域中发文量前十的机构②

序号	机构名称	发文量（篇）	比例（%）
1	加利福尼亚大学	176	6. 00

① 数据来源：数据来自 Web of Science.

② 数据来源：数据来自 Web of Science.

序号	机构名称	发文量（篇）	比例（%）
2	多伦多大学	96	3.27
3	伦敦大学	83	2.83
4	得克萨斯大学	64	2.18
5	哈佛大学	64	2.18
6	加州大学洛杉矶分校	62	2.11
7	北卡罗来纳大学	57	1.94
8	卡罗林斯卡医学院	54	1.84
9	华盛顿大学	53	1.81
10	西雅图华盛顿大学	51	1.74

通过统计在迁移流动与健康领域发表文章较多的作者可以进一步了解对这一领域具有重要贡献的学者。1900—2019 年累计发表文章在 10 篇及以上的学者共有 11 位。如表 3－3 所示，来自瑞典隆德大学的 Sundquist，Jan 是迁移流动与健康领域的高产作者，累计发文量为 15 篇，占总发文量的 0.51%。紧随其后的是中国中山大学的学者 Ling，Li，总发文量为 14 篇。此外，Dias，Sonia（里斯本大学）、Arcury，Thomas A.（维克森林大学）、Chen，Wen（中山大学）和 Krasnik，Allan（哥本哈根大学）和 Quandt，Sara A（维克森林大学）等学者的发文量均在 10 篇以上，是该领域的重要学者。

表 3－3　迁移流动与健康领域研究的主要研究者及所在机构[①]

序号	作者	所属机构	发文量	比例（%）
1	Sundquist，Jan	隆德大学	15	0.51
2	Ling，Li	中山大学	14	0.48
3	Dias，Sonia	里斯本大学	13	0.44

---

①　1. 本表根据 Web of Science 统计数据整理。2. 当作者署有多个机构时，选取最近年份发表文章中所属的第一个机构为所属机构。

续表

序号	作者	所属机构	发文量	比例（%）
4	Arcury，Thomas A.	维克森林大学	12	0.41
5	Chen，Wen	中山大学	11	0.38
6	Krasnik，Allan	哥本哈根大学	11	0.38
7	Quandt，Sara A	维克森林大学	11	0.38
8	Gagnon，Anita J.	麦吉尔大学	10	0.34
9	de Castro，A. B.	华盛顿大学	10	0.34
10	Lu，Yao	哥伦比亚大学	10	0.34
11	Norredam，Marie	哥本哈根大学	10	0.34

人口迁移流动与健康领域的高产学者合作密切。其中，来自维克森林大学的学者 Arcury，Thomas A. 和 Quandt，Sara A；瑞典隆德大学的 Sundquist，Jan 和卡罗林斯卡学院的 Johansson，Sven－Erik，哥本哈根大学的 Krasnik，Allan 和 Norredam，Marie，中山大学的 Ling，Li 和 Chen，Wen，华盛顿大学的 de Castro，A. B. 和波士顿学院的 Takeuchi，David T.，他们合作发表多篇高质量文章，是关联度较高的作者。

在高产作者的研究成果中，他们主要研究美国、加拿大和欧洲的迁移与健康的问题。其中也有学者关注到中国、印度尼西亚等亚洲国家的国内人口流动与健康问题。例如，中山大学的 Ling，Li 和 Chen，Wen 重点关注中国广东省流动人口的健康状况、医疗保险和社会融合等问题；来自哥伦比亚大学的 Lu，Yao 关注中国和印度尼西亚的国内人口流动与健康问题。通过作者和所属机构分析发现，迁移流动与健康领域的学者通过建立学术共同体，形成了较为紧密的合作研究网络。

三 迁移流动和健康研究热点与前沿

迁移流动与健康的研究主要发表在公共环境与健康领域，近一半的文章发表在该领域的期刊上。此外，生物医学、心理学、社会学和人口学等学科也非常关注迁移流动与健康的研究。本部分通过分析高频关键词、关键词突变和最高被引文献等信息了解该领域的热点与前沿问题。

（一）高频关键词分析

关键词是对文献研究内容的高度凝练，可以直观反映研究主题。高频关键词能够有效识别和描述学科领域的研究热点。基于计量分析的共词分析法则可通过词汇共现模式挖掘各研究主题之间的关系（吴宾、唐薇，2018）。运用 CitesSpace 软件对样本文献的关键词进行共词分析（Node Types = Keyword；Top 50；Time Slices = 1），从结果中提取频数排列在前 50 位的关键词作为迁移流动与健康领域的高频关键词，如表 3 - 4 所示。

表 3 - 4　　　迁移流动与健康研究领域高频关键词统计

序号	关键词	词频	中心性	序号	关键词	词频	中心性
1	immigrant	595	0.08	20	impact	139	0.09
2	migration	514	0.12	21	adolescent	136	0.03
3	mental health	440	0.11	22	disparity	131	0.05
4	care	380	0.07	23	behavior	119	0.02
5	United States	348	0.21	24	self - rated health	117	0.06
6	migrant	327	0.12	25	community	116	0.04
7	acculturation	282	0.07	26	experience	113	0.04
8	mortality	254	0.10	27	barrier	111	0.04
9	depression	236	0.07	28	gender	111	0.04
10	women	219	0.13	29	stress	103	0.05
11	population	218	0.11	30	ethnicity	99	0.09
12	prevalence	200	0.11	31	China	99	0.01
13	access	198	0.07	32	Canada	94	0.06
14	refugee	191	0.08	33	culture	88	0.05
15	service	182	0.16	34	Latino	88	0.05
16	health	173	0.05	35	social support	85	0.04
17	risk	170	0.07	36	discrimination	84	0.04
18	immigration	146	0.13	37	inequality	84	0.07
19	children	145	0.05	38	American	77	0.06

续表

序号	关键词	词频	中心性	序号	关键词	词频	中心性
39	disorder	75	0.01	45	psychological distress	64	0.04
40	determinant	72	0.01	46	obesity	60	0.06
41	worker	71	0.01	47	intervention	57	0.01
42	education	70	0.01	48	family	54	0.03
43	risk factor	67	0.02	49	immigrant health	47	0.01
44	adult	65	0.02	50	public health	44	0.01

通过分析高频关键词发现，跨国移民（immigrant）被使用595次，迁移（migration）被作为关键词的次数为514次，心理健康（mental health）被使用440次，照料（care）被使用380次，美国（United States）被使用348次，以上关键词是迁移流动与健康领域被引次数最多的前五位关键词，被引次数均在300次以上，具有较高的中心性。

将关键词进行MST（Minimum Spanning Tree）图谱修剪处理后，得到迁移流动与健康领域关键词共现图谱，如图3-2所示。通过判断"十"字符号的大小可以基本判断出现频率最高的关键词及其相关性。从关键词共现图谱中可以看出，迁移（migration）、跨国移民（immigrant）、美国（United States）、心理健康（mental health）和照料（care）是出现次数最多的关键词。关键词共现图谱可以将关键词之间的关系可视化，更为清晰地了解关键词的关联情况。

将关键词进一步分类发现，迁移流动与健康研究论文中的关键词可以概括为以下五个主题：

第一，迁移流动是关键事件。在迁移流动这一主题下，跨国迁移（migration）和跨国移民（immigrant/immigration）是最常出现的关键词，研究者关注迁移流动行为，主要以外来移民为研究对象。在迁移流动与健康的研究领域中，主要有两个方面的研究重点：一是，研究迁移流动行为对健康的影响。在研究中需要了解迁移者在迁移前、迁移后的健康状况，通过对比迁移前后的健康状况

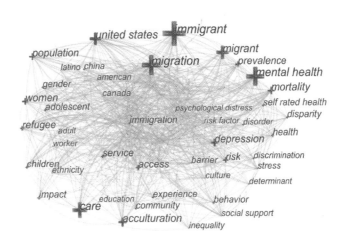

图3-2　迁移流动与健康研究领域关键词共现图谱

来分析迁移流动事件本身对个体健康带来的影响。此类研究需要使用长期追踪数据进行分析，对数据的要求较高。二是，对比迁移者与非迁移者的健康状况的分析。由于缺乏长期追踪数据，被调查者流动性较大，很难得到人口迁移流动前的健康状况，因此，一些学者关注已经发生迁移流动的人口，将他们的健康状况与非迁移者（迁出地人口和迁入地人口）的健康状况做对比，进而分析迁移者的健康状况。需要注意的是，迁移流动行为本身具有"选择性"，迁移流动与健康之间具有双向因果关系，直接对比迁移者与非迁移者的健康状况很难区分迁移流动与健康之间的因果关系。总的来说，迁移流动行为是该研究领域的关键事件。

　　第二，健康问题内涵丰富。健康是一个综合概念。世界卫生组织将健康定义为不仅为疾病或羸弱之消除，而系体格、精神与社会之完全健康状态。它将健康定义为一种在身体上、心理上和社会上的完满状态。因此，在健康研究中也应该多方位了解人口的健康状况。在迁移流动与健康领域中关键词主要涉及心理健康（mental health/psychological distress）、死亡率（mortality）、抑郁（depression）、患病率（prevalence）、健康（health）、自评健康（self-rated health）、压力（stress）、公共卫生（public health）、肥胖（o-besity）、社会支持（social support）等。进一步分类发现，死亡率、患病率、肥胖属于生理健康的指标；抑郁、压力属于心理健康的测量指标；社会支持属于社会健康的测量指标。此外，还包括公共卫生和自评健康等指标。整体来看，该领域的关键词能够较为全面地展现健康定义中所包含的各个方面。从关键词出现的频率来看，心理健康（mental health）的出现频次较高，累计达到 440 次，在一定程度上表明心理健康是迁移流动与健康领域关注的热点问题。

第三，研究对象多样化。随着迁移流动现象越来越普遍，迁移者的类型也呈现出多样化的特点。在这一领域涉及迁移人口的关键词主要有人口（population）、妇女（women）、难民（refugee）、儿童（children）、青少年（adolescent）、成年人（adult）、工人（worker）等。具体来看，通过年龄划分出儿童、青少年和成年人，他们在不同的生命阶段所面临的健康问题各不相同。相关研究表明，迁移家庭的儿童主要面临饮食安全，营养健康等问题（Chilton M, Black M M, Berkowitz C, et al, 2009）；青少年面临社会适应的问题，特别是留守青少年容易习得吸烟、饮酒等不良健康行为（Gao Y, Li L P, Kim J H, et al. , 2010）；成年人面临来自社会的多重压力，可能产生社会适应和心理健康等问题（Finch B K, Vega F W A, 2004）。部分学者关注女性迁移者的健康问题，女性迁移者除了面临生理、心理等方面的健康问题（Meadows L M, 2001），也存在生育、生殖健康方面的健康问题（Echeverria S E, Carrasquillo O, 2006；Siddaiah A, Kant S, Haldar P, et al. , 2018）。通过迁移流动原因可以划分出工人和难民，难民及其子女的社会适应和心理健康问题备受关注（Guarnaccia P J, Lopez S, 1998；Walker P, Jaranson J, 1999；Schweitzer R D, Brough M, Vromans L, et al. , 2011）。

第四，美国和加拿大的迁移与健康问题备受关注。在高频关键词中，出现了美国（United States）、加拿大（Canada）、中国（China）和欧洲（Europe）等国家和地区名称。迁移流动，特别是国际迁移流动行为一经发生就会涉及至少两个国家和地区。世界范围内，美国、加拿大等国是著名的国际迁移国家，因此迁移流动与健康研究方面，美国和加拿大既是迁移流动行为的主要发生国，也是相关研究的高产出国家。其中，在美国墨西哥移民、拉丁美裔的健康方面有丰硕的成果，形成了"拉丁美裔或墨西哥裔悖论"。

中国的迁移流动与健康研究主要集中在流动与健康方面，主要原因在于自 1978 年中国改革开放以来，国内人口流动现象频繁，形成了大量的流动人口，其健康问题也越来越受到重视。虽然从性质上来说，中国的人口迁移受到户籍制度的制约，但是中国流动人口与国际迁移人口所面临的健康问题较为相似，特别是在心理健康、社会适应和医疗卫生资源获得等方面。

欧洲同样关注迁移流动与健康的研究，主要是因为欧洲各国联系紧密，往来频繁，移民在欧洲人口中所占比例不断增长，但是在政治上仍存在诸多问题。在健康方面，迁移初期，移民与欧洲本地人口在健康上不存在显著差异。已有研究表明，移民更容易受到传染病、职业健康危害、伤害、精神健康不佳、糖尿病和母婴健康问题的影响。部分移民群体可能存在肥胖和体力活动不足引起的非传染性疾病的风险。未来欧洲将制定政策，在卫生医疗方面为移民争取更多的服务（Rechel B，Mladovsky P，Ingleby D，et al.，2013）。

第五，影响因素涉及多个方面。在该领域的高频关键词中，照料（care）、文化适应（acculturation）、服务（service）、风险（risk）、社区（community）、不一致（disparity）、社会支持（social support）、行为（behavior）、干预（intervention）等作为迁移流动与健康的影响因素，反映出学者试图从多方面了解影响迁移流动与健康的影响机制。

（二）关键词突变分析

CiteSpace 具有突变词检测功能，突变词是指在较短时间内出现较多或引用频次较高的词。根据突变词的词频变化可以判断研究领域的前沿和趋势（孙晓红、韩布新，2018）。在 CiteSpace 中 Node Types 选择"Keyword"，其他参数设置不变，得到突发性关键词网络图谱。

结合迁移流动与健康研究的发文量可以发现，虽然 1909 年已经有学者开始关注这一领域，但是从 1990 年后相关研究才呈现出逐渐增多的趋势。突发性关键词网络图谱显示，1992 年迁移流动与健康研究出现了关键词突变，如图 3 - 3 所示。从突发性关键词的阶段变化情况来看，可以大致分为四个阶段：第一阶段为研究初期（1992—1998），在此阶段研究热点集中在迁移（migration）、illness（疾病）和死亡率（mortality）方面，多从宏观视角探讨迁移流动与健康的关系；第二阶段（1999—2009），其间的研究热点主要在流行病学（epidemiology）、墨西哥裔美国人（Mexican American）、苏联（Former Soviet Union）、瑞典（Sweden）、荷兰（Netherland）、种族（race）、精神障碍（psychiatric disorder）、自评健康（self - rated health）等方面。在这一阶段，相关研究多从各个国家展开具体的考察，对于健康的关注也更为细化；第三阶段（2010—2013），这一阶段研究热点主要在职业健康（occupational health）、寻求避难者（asylum seeker）、语言（language）等问题。此阶段开始探讨政治、文化等因素的影响，将迁移流动与健康的研究推入更多元的研究视野中；第四阶段（2014—2019），主要集中在 HIV（艾滋病）、护理（nurse）等方面，越来越多的学科关注到迁移流动与健康研究的重要性，关于迁移流动与健康的研究更为具体和深入。

四 共被引文献与高被引文献

通过了解文章之间的共被引情况可以测度文章之间的关系。当两篇（或多篇）文献同时被后来的文献引用时，那么这两篇（或多篇）文献是"共被引"关系。利用同时引用它们论文的篇数作为共被引强度来测算其共被引程度（邱均平，2007）。CiteSpace 的文献共被引分析表明，Rechel, Bernd 等人于 2013 年在 Lancet 上发表的 *Migration and Health in an Increasingly Diverse Europe* 一文在迁移流动与健康领域具有重要影响，共被引次数最高。这篇文章较为全面地介绍了欧洲移民与健康的相关问题，包括国际移民的规模、移民健康的现有数据、获得卫生服务的障碍、改善向移民提供卫生服务的途径以及欧洲各地采取的移民卫生政策。从图 3 - 4 中可以看到，圆圈标识越大，代表着共被引强度越高。圆圈之间的连线代

Top 25 Keywords with the Strongest Citation Bursts

Keywords	Year	Strength	Begin	End	1909—2019
migration	1909	7.6839	1992	1998	
illness	1909	5.276	1994	2013	
ethnicity	1909	4.8194	1995	2007	
mortality	1909	7.4679	1995	2002	
epidemiology	1909	5.0956	1999	2009	
mexican american	1909	11.2672	2000	2009	
former soviet union	1909	5.6681	2001	2009	
african american	1909	4.7217	2001	2007	
race	1909	6.7124	2003	2010	
psychiatric disorder	1909	6.425	2005	2009	
us	1909	5.6781	2005	2009	
language	1909	7.0756	2007	2012	
self-rated health	1909	8.0254	2007	2010	
netherland	1909	6.9913	2007	2013	
risk factor	1909	6.8755	2008	2015	
sweden	1909	9.1746	2008	2011	
medical care	1909	5.1323	2008	2010	
usa	1909	6.79	2009	2012	
asylum seeker	1909	5.5987	2009	2014	
injury	1909	6.9045	2010	2013	
occupational health	1909	5.2669	2010	2012	
quality of life	1909	5.1027	2013	2015	
socioeconomic status	1909	5.9613	2013	2015	
hiv	1909	5.0442	2014	2016	
nurse	1909	7.1013	2014	2015	

图 3 - 3　迁移流动与健康研究领域突发性关键词网络图谱

表着文章之间的共被引关系。整体来看，迁移流动与健康的研究联系紧密，形成了较好的学术互动网络关系。

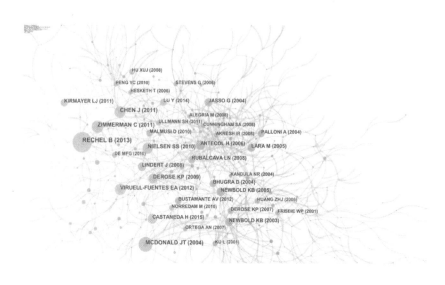

图 3－4　迁移流动与健康研究领域共被引文献

高被引文献也是反映研究热点的重要方面（戚森杰等，2017）。基于 Web of Science 核心合集的引用情况，本研究列出迁移流动与健康领域被引次数最高的前 10 篇文献，这些文献发表年份分布在 2002 至 2013 年间，文献多发表在 *Lancet*、*Social Science & Medicine*、*Demography*、*Health Affairs* 等高质量期刊。*Insights Into the 'Healthy Immigrant Effect'：Health Status and Health Service Use of Immigrants to Canada* 是目前被引次数最高的文章，累计被引 476 次。文章分析了加拿大移民的健康状况和健康服务利用情况，证实了"健康移民效应"这一理论假说（Mcdonald J T，Kennedy S，2004）。*Ethnic-immigrant Differentials in Health Behaviors，Morbidity，and Cause-specific Mortality in the United States：An Analysis of Two National Data Bases* 累计被引 467 次。这篇文章主要对比了美国白人、非洲裔、拉美裔、亚裔和太平洋岛民在癌症、心血管疾病、呼吸系统疾病、传染病和损伤的死亡率以及发病率和健康行为

方面的差异。研究发现，与出生于美国的具有同等社会经济和人口
背景的白人（US - born whites）相比，外国出生的黑人（foreign -
born blacks）、拉美裔（Hispanics）和亚裔/太平洋岛民［Asians/
Pacific Islanders（APIs）］、出生于美国的太平洋岛民（US - born
APIs）、出生于美国的西班牙裔美国人（US - born Hispanics）和
出生于外国的白人（foreign - born whites）的死亡率分别降低了
48%、45%、43%、32%、26% 和 16%。移民的吸烟、肥胖、高
血压和慢性疾病的风险虽然大大低于美国出生的移民，但随着在美
国居住时间的增加而增加，这一结果与文化适应假设（accultura-
tion hypothesis）相一致（Singh G K, Siahpush M, 2002）。

　　在高被引文献中，还涉及美国拉美裔青少年的超重情况，美
国亚裔的心理健康问题，为遭受创伤的拉丁裔移民儿童设立的心
理健康项目，以及移民的医疗保健和健康保险的使用，如表 3 - 5
所示。

表 3 - 5　　　　迁移流动与健康研究领域高被引文献

序号	引用频次	标题	第一作者	期刊	出版年份
1	476	Insights into the 'healthy immigrant effect': Health Status and Health Service Use of Immigrants to Canada	McDonald, JT	*Social Science & Medicine*	2004
2	467	Ethnic - immigrant Differentials in Health Behaviors, Morbidity, and Cause - specific Mortality in the United States: An Analysis of Two National Data Bases	Singh, GK	*Human Biology*	2002
3	415	Unhealthy Assimilation: Why do Immigrants Converge to American Health Status Levels?	Antecol, Heather	*Demography*	2006

续表

序号	引用频次	标题	第一作者	期刊	出版年份
4	408	Acculturation and Overweight – related Behaviors among Hispanic Immigrants to the US: The National Longitudinal Study of Adolescent Health	Gordon – Larsen, P	*Social Science & Medicine*	2003
5	361	Use of Mental Health – related Services among Immigrant and US – born Asian Americans: Results from the National Latino and Asian American Study	Abe – Kim, Jennifer	*American Journal of Public Health*	2007
6	344	Migration and Health in an Increasingly Diverse Europe	Rechel, Bernd	*Lancet*	2013
7	329	Immigrants and Health Care: Sources of Vulnerability	Derose, Kathryn Pitkin	*Health Affairs*	2007
8	277	Left out: Immigrants' Access to Health Care and Insurance	Ku, L	*Health Affairs*	2001
9	237	A School – based Mental Health Program for Traumatized Latino Immigrant Children	Kataoka, SH	*Journal of The American Academy of Child and Adolescent Psychiatry*	2003
10	227	Health, Life Expectancy, and Mortality Patterns among Immigrant Populations in the United States?	Singh, GK; Miller, BA	*Canadian Journalof Public Health – revue Canadienne DeSantePublique*	2003

第三节　结论与讨论

本章使用 CiteSpace 软件分析收录在 Web of Science 中的 2936 篇文献后发现，国际上早在 1909 年就开始研究迁移流动与健康问题，记录鼠疫期间日本移民的健康状况。1990 年后相关研究不断增多，特别是 2010 年后迁移流动与健康的研究得到广泛关注。美国和加拿大是最关注迁移流动与健康研究的国家，两国的研究论文数量占该领域总发文量的一半以上。加利福尼亚大学、多伦多大学和伦敦大学是发文量较多的机构。高产学者之间有较多的合作，形成了较为紧密的合作研究网络。

外来移民、迁移、心理健康、照料和美国是迁移流动与健康研究中使用最多的关键词。根据突发性关键词的变化情况，该领域的发展大致分为四个阶段，第一阶段（1909—1998），学者关注迁移者死亡率的变化情况；第二阶段（1999—2009），关注不同人群之间在各项健康指标上的差异；第三阶段（2010—2013），从政治和文化角度探讨迁移流动与健康的关系；第四阶段（2014—2019），关注迁移人口的照料和健康干预。该领域最高被引的 10 篇文献主要涉及美国不同种族的健康差异、加拿大迁移者的"健康移民效应"、拉丁裔和亚裔的身心健康问题及医疗保健与健康保险问题。

关于迁移流动与健康的国际研究通过 CiteSpace 的可视化分析有了较为全面的了解，反映了这一领域的发展脉络、研究热点和趋势，从中也反映出一些问题，值得深入探讨。

一　理论假说为中国人口流动与健康研究提供了有力理论支持

通过文献计量分析发现，在迁移流动与健康研究领域，美国和加拿大等移民国家积累了大量研究。基于丰富的实证研究，迁移流动与健康的关系可以总结为三个理论假说，分别为健康移民假说、健康损耗效应和三文鱼偏误假说。健康移民假说在国际迁移和国内迁移中都得到了证实。由于健康移民效应不能完全被人口和社会经济特征所解释，从而提出了"流行病学悖论"的说法。这一理论是在试图解释健康移民假说的基础上产生的，通过对比移民者和非移民者发现，尽管一些迁移者的收入水平、受教育程度和健康保障水平较低，但是他们的健康状况仍然高于流入地平均水平。值得注意的是，移民的健康效应并不会长期存在，迁移者在迁入地可能面临健康损耗，也称为健康移民效应的消失（Loss of the healthy migrant effect）。移民的健康优势随着他们在迁入地居住时间的增长而消退，移民的健康状况出现恶化的现象，健康优势消失。

"三文鱼偏误"（Salmon bias）是指对迁移者来说，当健康状况恶化，他们会选择返回迁出地，是迁移者在迁入地健康状况变差后返回迁出地的失败迁移现象。这是对健康移民假说的另一种解释，移民有较低的死亡率可能是由于返迁造成的假象。

以上三个假说贯穿人口迁移流动的始终，在不同的迁移阶段，迁移行为与健康的关系也在发生改变，迁移流动与健康形成互为因果的关系。这是基于西方大量经验事实总结出的理论假说，同样可以用于检验中国人口流动与健康的关系，为中国的研究提供可靠的理论指导。目前，已有多位学者使用中国的数据对以上假说进行验证，证实了中国人口流动存在"健康移民效应"、"健康损耗"和"三文鱼效应"。

二　中国人口流动与健康研究亟待加强

Web of Science 数据库中收录的文献一半以上来源于美国。因此，最具影响力的研究机构也以美国的机构居多，许多研究热点也体现了美国的特色（戚淼杰等，2017）。中国作为人口流动的大国，人口流动与健康的研究也包含在本研究之中，在本研究的分析中也有所体现。已有学者进行了基于中文文献的流动人口与健康的 CiteSpace 分析，研究发现我国流动人口的心理健康、身体健康、健康知识获得与健康教育、健康的影响因素是研究的热点（李红娟、徐乐，2018）。结合本研究的结论，能够更全面了解迁移流动与健康的国际国内研究热点和发展趋势。通过对比发现，心理健康和生理健康在国际上和国内研究中都是最为关注的问题。在健康干预方面，国际上重视提供健康服务，维护移民的健康权利，以及在政策上提供健康支持。国内更强调提供健康知识和健康教育，提升流动人口的健康素养，进而提升他们的健康状况。由于国际、国内环境不同，国际上关于难民的健康问题较为关注，目前，国内研究对此研究不多。

三　新冠疫情影响下的人口迁移流动与健康

人口迁移流动能够拉动经济增长，给城市带来活力，提升了农村剩余劳动力的经济收入，改善其生活水平。随着生育率逐渐降低，人口迁移流动成为主导人口态势的重要力量。2020 年初，突发的新冠肺炎疫情迫使中国的人口流动按下了"暂停键"，部分外出务工者受到疫情影响选择留在家乡，或者就近工作。在疫情的影响下，人口流动与健康的关系变得微妙。在正常社会环境下，迁移流动与健康存在双向因果的关系，两者之间的理论关系已经较为明确。迁移流动人口在短期内存在健康优势，健康的人更可能发生迁移流动，但是长期来看他们存在健康损耗的风险。在疫情防控常态化的社会中，如何保障人口的有序、健康地流动是我们面临的新问题。当社会健康环境发生变化，流动成为"风险"事件，那么疫情对人口迁移流动的意愿和行为会产生怎样的影响。这些都是需要我们进一步探讨和研究的问题。

中国是人口流动大国，未来仍需关注疫情影响下的人口流动，保障流动人口的健康问题。中国正在实施"健康中国 2030"战略，强调"把健康融入所有政策，全方位、全周期保障人民健康，大幅提高健康水平，显著改善健康公平"，流动人口是健康容易受损的群体，也是容易被忽略的群体，在政策制定时需要重点考虑，保障健康公平。

第四章 流动对个体自评健康的影响

本书的第四章至第六章使用中国家庭追踪数据检验流动对个体的自评健康、生理健康、心理健康和社会健康的影响。在进行具体分析之前，先介绍本研究使用的数据、方法、指标选取及模型设定等情况。

第一节 数据与方法

一 数据来源

本研究所使用的数据是由北京大学中国社会科学调查中心（ISSS）实施的中国家庭追踪调查（China Family Panel Studies，CFPS）。CFPS 是一项全国性、综合性、大规模、多学科的社会跟踪调查项目。该调查旨在通过跟踪收集个体、家庭和社区三个层次的数据，反映中国社会、经济、人口、教育和健康的变迁。该调查每两年进行一次追踪，2010 年开展了基线调查，现在已经有 2012 年、2014 年、2016 年和 2018 年四期的追访数据。CFPS 调查基线样本使用城乡一体的抽样框，以多阶段、内隐分层、与人口规模成比例的抽样方式，样本覆盖 25 个省/市/自治区，目标样本规模为 16000 户，调查对象包含样本家户中的全部家庭成员。该项目采用计算机辅助调查技术展开访问，访问效率高，充分保障了数据质量。CFPS 调查问卷包括社区问卷、家庭问卷、成人问卷和少儿问卷四种类型，并在此基础上发展出针对不同性质家庭成员的长问卷、短问卷、代答问卷、电话访问等多种问卷类型，大大提高了问卷的访问效率。CFPS 调查是由权威部门组织实施调查，数据可靠，为学术研究和公共政策分析提供数据基础。①

本研究使用中国家庭追踪调查 2010 年、2012 年、2014 年和2016 年四期数据探讨中国人口流动与健康的关系，主要使用成人问卷数据。该数据的抽样设计科学、调查执行严格，曾有研究者对比使用了 2010 年 CFPS 数据界定出的家庭人口与 2010 年全国人口普查短表的人口，结果显示其性别—年龄结构非常吻合（谢宇等，2014）。本研究重点关注人口迁移流动，在 CFPS 调查中，可以使用家庭成员问卷、家庭经济问卷和成人问卷三类问卷共同界定流动人口，已有研究使用三种界定方式取并集，将符合三种问卷界定之一者算作流动人口，由此得到的流动人口占全部人口的比例为16.7%，这一比例与"六普"数据的跨区县人户分离的比例（16.45%）非常接近（李代、张春泥，2016）。由此可见，使用CFPS 数据进行人口迁移流动的相关研究是非常可靠的。

由于本研究主要探讨人口迁移流动与健康的关系，需要关于迁移流动和健康方面数据信息，因此主要使用成人问卷的调查结果进行数据分析。成人问卷中包括户口所在地和调查居住地等相关信息，可以实现从流入地的视角界定流动人口。CFPS 成人问卷数据库中包括丰富的健康方面的信息，可以满足本研究关于健康指标的操作化。综上所述，使用中国家庭追踪调查进行中国人口流动与健康的研究是非常合适的。

二　研究对象

本研究的研究对象为 16 岁及以上的流动人口，不包括正在上学的学生群体。使用国家统计局对流动人口的界定，其具体指居住地与户口登记地所在的乡镇街道不一致且离开户口登记地 6 个月以上的人口，但不包括直辖市或地级市所辖区内和区与区之间，居住地和户口登记地不在同一乡镇街道的人口。主要从时间和空间两个维度进行筛选，时间上表现为离开户籍地 6 个月以上；空间上表现为跨乡镇街道。

在 CFPS 数据中，由于 2010 年基期调查成人问卷中没有收集

---

① 中国家庭追踪调查数据介绍 http://www.isss.pku.edu.cn/cfps/.

迁移流动的时间信息，因此，在 2010 年识别的流动人口信息中不包含流动时间为"离开户籍地 6 个月以上"这一信息。2012 年、2014 年和 2016 年在识别流动人口时采取现居住地与户口所在地为跨乡镇街道并且离开户籍地 6 个月及以上。需要说明的是，在 2010 年 CFPS 数据中，没有收集关于流动时间的相关变量信息，在本研究中，2010 年界定流动人口时只考虑了空间维度，仅通过识别居民的居住地与户口所在地是否在同一区县来定义流动人口。由于 2010 年是基期调查，数据信息缺失带来的缺陷可能会造成进入基期样本中的流动人口多于预期的流动人口，但是对于整体样本选择过程中的影响较小，具体分析将在本节数据筛选部分详细说明。

筛选出流动人口后，进一步根据户籍与流动情况划分流动人口的类型，分为乡城流动人口、城城流动人口、乡乡流动人口和城乡流动人口。2012 年、2014 年和 2016 年的 CFPS 调查收集了关于人口流动时间的数据，因此，在界定 2012 至 2016 年流动人口时，综合考虑了空间和时间两个维度。具体步骤为：（1）根据被调查者的现居住地和户籍地的信息区分出是否人户居住不一致，若户口在居住地的其他区县（跨县），那么离开户籍地 6 个月及以上的人口被标示为流动人口；（2）根据户籍与流动情况，识别出四类流动人口类型。

三　数据筛选

为了解流动对健康的影响作用，需要获得流动前后人们的健康信息。这意味着，要求被调查者在初次调查时（2010 年）未发生流动，而在后续的追踪过程中（2012 年、2014 年和 2016 年）发生流动。即，在 2010 至 2016 年四期的追踪过程中被调查者的流动状态发生了从未流动到流动的转换。由于流动是一个自主的选择，在追踪期内可以自由转换，由流动到返迁，到再次流动的过程。在不同流动状态下，其健康状况也与流动行为存在不同的影响作用。本研究重点关注从未流动到流动，并在追踪期内持续流动的个体。以期了解流动人口的健康状况发生了怎样的变化。

根据被调查者在不同年份的流动状态转换情况，进行样本筛选，如表 4 - 1 所示。本研究选取在 2010 年未发生流动（未流动记为 0，发生流动记为 1），在 2012 年、2014 年和 2016 年相继发生流动，并在持续流动的被调查者。通过以上筛选原则，得到 2010 至 2016 年间，从未流动到流动并持续流动的人口 474 人，在四期中可观测的样本点为 1896 个。

表 4 – 1　　　　　　　　人口流动状态转换情况

	2010 年	2012 年	2014 年	2016 年
是否流动	0	1	1	1
是否流动	0	0	1	1
是否流动	0	0	0	1
是否流动	0	0	0	1

注：0 表示未流动，1 表示流动。

　　前文已经提到，在 2010 年收集流动信息时，缺失时间信息。这意味着，若被调查者发生跨乡镇街道的空间变化就视为流动人口，不涉及离开户籍地的时间长度。2010 年选取流动人口信息时，从定义上来看包括两部分：其一，在 2010 年未发生人口流动的，视为未流动人口；其二，如果被调查者在 2010 年发生流动，但是截至调查时点，离开户籍地的时间尚未到 6 个月，则不纳入流动人口样本。从样本分布情况来看，第二部分涉及的人口规模和比例都比较小，对整体研究造成的影响较小。

　　需要说明的是，本研究所使用的数据是 2010 至 2016 年追踪数据，在数据筛选时，以 2010 年为基期，选择在 2010 年未发生流动的被调查者[①]，但是现实状况可能是一些被调查者在调查时未发生流动，但是在此之前发生过离开户籍所在地的行为。那么在 2012 年、2014 年和 2016 年陆续发生流动时收集的离开户籍地信息无法确保是本次流动的信息。因此，在本研究中讨论流动时间对健康的

――――――――

　　① 在 CFPS 的 2010 年的基期调查时，缺少流动时间变量。在变量筛选时，选取的是 2010 年未发生流动的被调查者，这就意味着，如果被调查者未离开户籍地或未发生跨乡镇街道流动，那么就认定为未流动人口。按照流动的定义，可能会缺失已经发生空间上的流动，但是离开户籍地不满 6 个月的人群。

影响时，难以区分首次流动时间和本次流动时间。

此外，关于离开户籍地时长的界定。在 2012 年 CFPS 调查的中，在询问人口流动时间时，问卷中使用"您什么时候离开您的户口所在地？"并未具体说明是第一次离开户口所在地还是本次流动离开户口所在地的时间，这样可能在测量流动时间时存在一定的偏差。在 2014 年和 2016 年的调查中弥补了这一不足，在调查员手册中强调"记录最近一次离开户籍所在地的时间"。迁移流动研究的难点之处在于对于流动的过程很难完全掌握，计算离开户口所在地时间（自最近一次离开户口所在地时间至调查时的时间长度）并不能完全代表被调查者的流动时长，人们在离开户口所在地后还可能发生返乡以及再次流动。总的来看，充分结合问卷中的信息，在本研究中能够有效筛选出在 2010 至 2016 年间从未流动转为流动状态的被调查者，并观察在此期间他们健康状况的变化。

四 样本情况

根据第一节设定的样本筛选原则，本研究筛选出流动人口 474 人。其中男性 229 人，女性 245 人，性别比例较为平衡。他们的平均年龄为 46.83 岁，流动人口的年龄偏大。由于 474 位被调查者在 2010 年、2012 年、2014 年和 2016 年四期数据调查时都进行了问卷填答，在个体的流动情况、受教育程度、婚姻状况、工作场所、户口性质和居住地区等变量上可能出现状态的转换。如受教育程度从高中转变为本科，婚姻状况从未婚转变为已婚等。总体上，数据中存在 1896 个样本点，在调查中个别变量也存在缺失的情况。从数据分布上来看，被调查者处于已婚状态为主，发生城城流动和乡城流动的人居多，他们在东部地区流动的比例较高。具体指标情况，如表 4 - 2 所示。

表 4 - 2 样本基本情况

基本情况	总体		组间		组内
	频次	比例	频次	比例	比例
流动类别					
未流动	664	35.02	474	100.00	35.02

续表

基本情况	总体		组间		组内
	频次	比例	频次	比例	比例
乡城流动	343	18.09	147	31.01	58.33
城城流动	549	28.96	233	49.16	58.91
乡乡流动	129	6.80	64	13.50	50.39
城乡流动	211	11.13	88	18.57	59.94
样本量	1896	100.00	1006		47.12
离开户籍地时长	13.07	11.31	13.07	11.06	2.40
样本量	1896	100.00	474		
性别					
女	983	51.85	245	51.69	99.90
男	913	48.15	229	48.31	99.67
样本量	1896	100.00	474	100.00	99.79
年龄	46.83	15.148	46.83	14.991	2.259
样本量	1896	—	474	—	—
受教育程度					
初中及以下	1217	64.19	383	80.80	79.44
高中/中专	381	20.09	175	36.92	54.43
大专/本科及以上	298	15.72	99	20.89	75.25
样本量	1896	100.00	657		72.15
婚姻状况					
未婚	129	6.80	51	10.76	63.24
已婚	1631	86.02	432	91.14	94.39
离婚/丧偶及其他	136	7.17	49	10.34	69.39
样本量	1896	100.00	532		89.10
工作场所					
暂无工作	1153	60.81	455	95.78	63.49
户外/车间/运输工具内	260	13.71	147	31.01	44.22
办公室/营业场所/家里	434	22.89	231	48.73	46.97
其他	49	2.59	41	8.65	29.88

续表

基本情况	总体		组间		组内
	频次	比例	频次	比例	比例
样本量	1896	100.00	874		54.23
收入对数	5.05	4.77	5.05	2.50	4.05
样本量	1896	—	474	—	—
户口性质					
农业户口	749	39.5	232	48.95	80.71
非农户口	1147	60.5	322	67.93	89.05
样本量	1896	100.00	554		85.56
居住地区					
东部地区	767	40.45	195	41.14	98.33
中部地区	476	25.11	121	25.53	98.35
西部地区	312	16.46	78	16.46	100
东北地区	341	17.99	86	18.14	99.13
样本量	1896	100.00	480		98.75
吸烟	0.26	0.438	0.26	0.393	0.192
样本量	1887	—	474	—	—
饮酒	0.16	0.369	0.16	0.297	0.219
样本量	1887	—	474	—	—
午睡	0.54	0.498	0.54	0.371	0.333
样本量	1887	—	474	—	—
锻炼	0.51	0.500	0.51	0.354	0.354
样本量	1892	—	474	—	—
医疗保险	0.83	0.376	0.83	0.235	0.293
样本量	1896	—	474	—	—

第二节　指标选取与模型设定

一　指标选取

根据文献分析和世界卫生组织对健康的界定，本研究将从健康的综合情况、生理健康、心理健康和社会健康四个方面进行分析。根据已有研究中的指标选取情况和 CFPS 数据的相关测量，本研究对健康的测量如下所示：①健康综合变量，使用自评一般健康（Self – rated Health）进行测量；②生理健康，主要包括超重、最近身体不适状况和慢性病情况；③心理健康，主要为抑郁量表（CES – D）和凯斯特心理疾患量表（K6）①、生活满意度和对未来信心程度；④社会健康，主要包括社会参与、社会支持、自评经济地位和自评社会地位②。

控制变量主要包括人口学特征、社会经济特征、健康行为、医疗保险等方面。具体如下：人口学特征包括性别、年龄、受教育程度、婚姻状况、居住地区；社会经济特征包括工作场所、收入对数等；健康行为主要包括是否吸烟、饮酒、锻炼、午睡；是否有医疗保险。

本研究关于各个健康维度的操作化情况如下所示。

1. 自评健康

自评一般健康是对整体健康状况的主观判断、综合评价。通过询问"您认为自己的健康状况如何？"来判断自评健康状况。调查中，选项分为不健康、一般、比较健康、很健康和非常健康五个类型。在本研究中，进一步将自评健康状况合并为不健康（一般、不健康），标记为 0；健康（非常健康、很健康、比较健康），标记为 1。

2. 生理健康

生理健康包括超重、近期身体不适情况和慢性病。

（1）超重。体质指数是用体重公斤数除以身高米数平方得出

---

① 由于问卷设计的原因，2010 年和 2014 年心理健康的测量量表为凯斯勒疾患心理量表（K6），2012 年和 2016 年的心理健康测量量表为抑郁量表（CES – D）。

② 目前，对健康的社会层面的测量尚未得到一致结论。本研究基于已有文献关于社会健康的指标选择，并限于 CFPS 数据中指标变量的可得性，本研究中选取了四个变量，从社会参与、社会支持、自评经济地位和自评社会地位四个维度测量人口的社会健康。其中，社会参与、社会支持作为社会健康的客观测量指标；自评经济地位和自评社会地位作为社会健康的主观测量指标。两方面结合，更有利于了解当前人口的社会健康状况。

的数值，是目前国际上通用的衡量人体胖瘦程度以及是否健康的一个标准，也称为 BMI 指数（Body Mass Index），或身体质量指数，简称体质指数。体质指数是通过人体体重和身高两个数值获得相对客观的参数，并用这个参数所处的范围衡量身体质量。世界卫生组织定义了一套衡量体质指数的标准，但是亚洲人、美洲人、欧洲人、非洲人等不同人种身体状况存在较大差异，这一标准并非十分适合中国人的体质情况。为此，国家卫生健康委员会（原国家卫生和计划生育委员会）制定了一套适合中国人的 BMI 衡量标准①。以体质指数（BMI）为依据对成人体重分类为：体重过低（BMI < 18.5），体重正常（18.5 ≤ BMI < 24.0），超重（24.0 ≤ BMI < 28.0），肥胖（BMI ≥ 28.0）。本研究在分析体质指数（BMI）时，选择更适合中国人身体状况的测量标准。

本研究通过体质指数范围来确定人群是否超重，将体质指数大于等于 24.0 的人群视为超重，标记为 1；将小于 24.0 的人群视为未超重，标记为 0。需要说明的是，本研究更为关注超重这一现象，将体重正常和体重过低合并为一类。虽然，体重过低也是不健康的一种表现，但是相较于体重过低，超重是现代社会更为普遍的一种不健康表现。因此，在处理是否超重时做了上述分类。

（2）近期身体不适。近期身体不适也称为两周患病率，是生理健康的重要表现。通过询问被调查者"过去两周内，您是否有身体不适？"来判断近期身体健康状况。如果有身体不适，标记为 1；如果没有身体不适，标记为 0。

（3）慢性病。慢性病是长期积累形成的疾病，可以视为测量人们生理健康的长期指标。在问卷调查中，对慢性病的询问是通过"过去六个月内，您是否患有经医生诊断的慢性疾病？"来进行数据收集。若回答为"有"，标记为 1；若回答为"无"，标记为 0。

3. 心理健康

心理健康状况的评价指标包括心理疾患情况和抑郁状况、生活

---

① 成人体重判定. 中华人民共和国国家卫生健康委员会. 2013 - 05 - 18http：//www. moh. gov. cn/ewebeditor/uploadfile/2013/08/20130808135715967. pdf.

满意度和对未来的信心程度。在以上指标中，心理疾患和抑郁状况属于评价心理健康的负向指标，心理疾患或抑郁程度越高，其心理健康状况越差；生活满意度和对未来的信心程度是评价心理健康程度的正向指标，生活满意度和对未来的信心程度越高，其心理健康状况越好。

（1）心理疾患/抑郁。心理健康的测量分别使用 K6 心理疾患量表和 CES - D 抑郁量表。以上两个量表是测量心理健康的成熟量表，有较好的信度和效度。但是，由于 CFPS 在问卷设计时采用隔期测量的方式进行调查，即 K6 心理疾患量表在 2010 年和 2014 年使用，CES - D 抑郁量表在 2012 年和 2016 年使用，导致两个量表不能同时在四期数据中作纵向比较。虽然两个量表均反映心理健康的负向状况，但是属于不同维度评价，其原始分值不能直接进行比较。在本研究中，通过转换将两个量表的心理健康状况得分调整为一致方向，总分在 0~24 分之间，分值越高，心理健康越差。考虑到两个量表得分不能直接进行比较，本研究在讨论心理疾患/抑郁时分别将其原始分数标准化后进行对比，并纳入模型进行分析。

（2）生活满意度。生活满意度是对人们当前生活状况的满意程度，表达对当前生活的直接感受。通过询问"您对自己生活状况的满意程度"，从 1~5 分的范围内进行打分，1 为非常不满意，5 为非常满意。

（3）对未来信心程度。对未来信心程度是对未来状况的期待和憧憬，是人们对未来生活与个人发展的信心程度的综合表达。通过"您对自己的未来信心程度"进行测量，1 为非常没有信心，5 为非常有信心。

由于心理健康所涉及的内容较多，为了更好地展示心理健康状况，本研究从正向指标和负向指标两方面考虑，综合考察被调查者的心理健康状况。

4. 社会健康

本研究选取的社会健康指标包括社会参与、社会支持、自评经济地位和自评社会地位四个方面，其中社会参与和社会支持是客观反映社会健康的指标；自评经济地位和自评社会地位是主观评价社会健康的指标。

（1）社会参与。对社会参与的测量主要是通过询问被调查者"您参加了以下哪些组织？"，选项包括中国共产党、民主党派、县/区和县/区及以上人大（代表）、县/区和县/区及以上政协（委员）、工会、共青团、妇联、工商联、非正式的联谊组织（社区、网络、沙龙等）、宗教/信仰团体、私营企业主协会、个体劳动者协会、其他正式注册的社会团体（行业协会/学会/专业协会/联合会/联谊会等）和没有参加上述任何组织。在测量时，按照参加组织的个数计数，没有参加任何组织标记为0；参加过的组织数量大于等于1的情况，标记为1。

需要说明的是，2010年、2012年和2014年使用多项选择的方式进行参与组织的测量，但是在2016年的调查中，问卷设计改变了测量方式，将其变为多个单项选择题，主要包括，"您是不是中国共产党党员""您是不是团员""您是不是工会成员""您是不是宗教信仰团体成员"和"您是不是个体劳动者协会成员"。通过汇总，得到参与组织得分在0~5分之间（汇总2010年、2012年、2014年和2016年四期数据的理论阈值）。虽然，2016年与之前的三期调查数据在测量方式上有所差异，但是2016年所保留的项目是更为普遍的核心项目。因此，对社会参与的测量影响并不大。

（2）社会支持。社会支持的测量是"过去一年，当您身体不舒服或生病时，谁来照顾您？"，选项有父母、配偶、子女或其配偶、孙子女或其配偶、其他家庭成员、朋友、社会服务、保姆、其他人员、没有生病、没有人照顾/不需要人照顾。通过关系亲疏远近依次进行赋值，分值范围在1~9分。

（3）自评经济地位。自评经济地位是通过"您的个人收入在本地属于？"进行测量。被调查者在1~5分中进行打分，1分表示很低，5分表示很高。自评经济状况也是人们在社会中地位的一种表现，从社会层面来看，自评经济地位越高，其社会健康水平越高。

（4）自评社会地位。自评社会地位是通过"您在本地的社会地位属于？"进行测量。被调查者在1~5分中进行打分，1分表示很低，5 分表示很高。自评社会地位也是人们在社会中地位的一种综合表现。整体来看，自评社会地位越高，其社会健康水平越高。

明确变量的基本情况是开展研究的基本前提。以上是本研究关于健康的定义及测量情况，如表 4 - 3 所示。

表 4 - 3　　　　　　　　　　健康指标基本情况

指标	定义	测量
自评健康		
自评一般健康	您认为自己的健康状况如何？	0 不健康（一般、不健康）；1 健康（非常健康、很健康、比较健康）
生理健康		
超重（BMI）	身高/体重的平方	0 未超重（BMI < 24.0），1 超重（BMI≥24.0）
近期身体不适	过去两周内，您是否有身体不适？	0 否；1 是
慢性病	过去六个月内，您是否患有经医生诊断的慢性疾病？	0 否；1 是
心理健康		
心理疾患/抑郁状况	K6 心理疾患量表（2010&2014）CES - D 抑郁量表（2012&2016）	0 ~ 24 分，标准化后使用分值越高，心理健康越差
生活满意度	您对自己生活的满意程度为？	1 ~ 5 分，很不满意—非常满意
对未来信心程度	您对自己未来的信心程度为？	1 ~ 5 分，很没信心—很有信心
社会健康		
社会参与	您目前是下列哪些组织的成员？	0 ~ 5 分（党员、团员、工会等）

续表

指标	定义	测量
社会支持	过去一年，当您身体不舒服时或生病时最主要是谁来照顾？	1~9分（父母、配偶、朋友等）
自评经济地位	您的个人收入在本地属于？	1~5分，很低—很高
自评社会地位	您在本地的社会地位属于？	1~5分，很低—很高

二 模型设定

由于截面调查数据多为单个时间的数据，很难判断数据中所采集的变量发生时间的前后关系，因此无法作出因果关系的判断。为了观测人口流动前后的健康状况的变化，本研究所使用的数据是追踪数据。采用固定效果模型处理追踪数据，一般而言，根据数据模型检验结果选择使用固定效应或是随机效应。本研究对健康的测量可以分为自评健康、生理健康、心理健康和社会健康四个方面。由于具体指标的测量类型不同，本研究根据因变量的数据类型选择线性回归或是二分类 logistic 回归模型进行分析。

在使用追踪数据研究流动对健康的影响时，一个非常重要的环节是模型的选择。固定效果模型和随机效果模型是研究追踪数据时经常使用的方法，固定效果模型将个体之间没有观察到的差别当作固定参数，故即使遗漏，也不会使分析结果产生偏误。随机效果模型中全部自变量或部分自变量都被认为是源于随机因素，即随机效果模型将个体之间没有被观察到的因素当作具有特殊概率分布的随机变量（杨菊华，2012）。

在使用追踪数据做研究时，究竟该选择固定效果模型还是随机效果模型是一个根本问题。最常用的检验方式是使用豪斯曼检验进行检验，如果统计量大于临界值，则拒绝原假设，使用随机效果模型。但是使用豪斯曼检验也存在一些缺点，因为它假设在 H_0 成立的情况下，效果是最有效率的（fully efficient），如果扰动项存在异方差，则固定效果模型并非最有效率的估计量。在这种情况下，豪斯曼检验并不适用于异方差的情形（陈强，2014）。一些学者也展开了固定效果模型和随机效果模型该如何选择的讨论，Andrew 和 Kelvyn 认为随机效果模型可以解释一切固定效果模型可以解释的效果，甚至能够解释得更多（A well – specified RE model can be used to achieve everything that FE models achieve, and much more besides.）（Andrew and Kelvyn，2015）。需要说明的是，模型不是万能的，在使用和解释模型时需要特别注意可能存在偏差。综合以上分析，在本研究中，主要使用随机效果模型处理追踪数据，能够有效处理模型中存在的异方差问题，使得估计结果的有效性提高。

本研究所采用的模型如下：

$$Y_{it} = \beta X_{it} + \delta Z_i + \mu_i + \varepsilon_{it}$$

（i = 1，2，…，n；t = 1，2，…，T）

其中，$X_i t$ 为个体随时间变化的特征，Z_i 为个体不随时间变化的特征。由于面板数据包含被访者两期或两期以上的数据，模型中的扰动项由两部分构成，分别为个体不随时间变化的扰动项 μ_i，以及随个体和时间而变化的扰动项 ε_{it}。

本研究关注流动人口的健康问题，其中包括自评健康、生理健康、心理健康及社会健康多方面的指标测量。在以上健康维度中，自评一般健康为分类变量，抑郁状况、心理疾患状况等心理健康变量为连续性变量。因此，在本研究中，将采用这两种分析策略，分别采用随机效应 Logit 模型和随机效应广义最小二乘法回归模型进行数据分析。

第三节　数据分析结果

自评健康状况作为健康的综合反映，在现有研究中得到较为广泛的应用。受现实条件的限制，自评一般健康状况成为学者了解健康状况的主要分析指标。特别是在国际上，关于自评健康状况的探讨已经非常丰富。在国内，相关研究也证明，自评一般健康具有较好的信度，同时该指标能够有效反映被访者自我感知的综合健康状态和个体既有关于健康的知识，但是不能良好地反映个体无法感知的机体变化等健康问题（齐亚强，2014）。在大多数研究中，由于在调查时健康指标的获得较为困难，例如，血压、血脂、糖尿病等生理指标的测量需要使用专业仪器进行检查，在大型调查中难以操作。因此，采用自评健康指标使被调查者主观评价自己的健康状况，能够综合反映个人的生理和心理等多方面的健康状况。本研究首先使用自评一般健康状况作为健康的综合评价指标，探讨流动前后被调查者健康状况的变化情况。

基于前文的理论梳理和数据准备，健康损耗理论（Loss of the healthy migrant effect）认为，随着时间的推移，健康移民效应的选择性会逐渐消失，其健康优势也会随之减弱。即迁移流动对个体的健康存在一定的负向影响，从自评一般健康出发，可以提出以下假设。

假设1　与流动前相比，流动后个体的自评健康状况变差。

（1）自评一般健康基本情况

表4-4展示了2010年、2012年、2014年和2016年被调查者的流动状况与自评一般健康的分布情况。正如前文所述，本研究重点关注的对象是在2010年未发生流动，而在2012年、2014年和2016年陆续发生流动的群体。因此，在描述他们的基本状况时既需要关注他们在不同年份发生的流动情况，又需要考虑其自评健康状况的变化情况。

从人口流动与自评一般健康状况的分布来看，2010年，本研究所观察的474人均处于未流动状态。他们的自评健康状况表现为健康的比例为47.26%，自评不健康的比例为52.74%。总体来看，自评健康状况为不健康的比例略高于健康的比例。2012年，351人发生了流动，123人处于未流动状态。在发生流动的人群中，64.10%的人自评健康状况为健康，35.90%的人自评健康状况为不健康；在未流动人群中，61.79%的人自评健康状况为健康，38.21%的人自评健康状况为不健康。

　　整体来看，与 2010 年相比，2012 年被调查者自评健康状况为健康的比例有所增长。2014 年，流动者为 421 人，未流动者为 53 人。流动者的自评健康状况为健康的比例为 72.45%，未流动者的自评健康状况为健康的比例为 77.36%，两者较 2012 年自评健康的比例均有所提高。在 2016 年的调查中，所有观察者（474 人）均发生了流动，流动后自评健康状况为健康的比例为 65.82%，自评健康为不健康的比例为 34.18%。

表 4 - 4　　　　　　　　　自评一般健康状况分布　　　　　单位：人，%

自评一般健康	2010 年	2012 年		2014 年		2016 年
	未流动	未流动	流动后	未流动	流动后	流动后
健康	224(47.26)	76(61.79)	225(64.10)	41(77.36)	305(72.45)	312(65.82)
不健康	250(52.74)	47(38.21)	126(35.90)	12(22.64)	116(27.55)	162(34.18)
人数	474	123	351	53	421	474

注：括号内为比例。

　　从 2010 至 2016 年四期人口流动状态与自评健康状况的变化趋势来看，自评健康状况为健康的比例有所提升。特别是在 2010 年人口流动前，自评健康状况为健康的比例为 47.26%，到 2016 年全部观察对象发生流动后，自评健康状况为健康的比例为 65.82%，提升了近 20 个百分点，如图 4 - 1 所示。

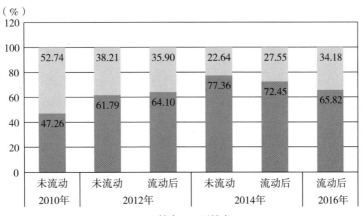

图 4 - 1　2010 至 2016 年自评一般健康状况分布

（2）流动行为对自评一般健康的影响

从自评一般健康状况的分布来看，人口流动后，自评健康状况呈现上升趋势。这是总体的呈现结果，可能混杂着其他因素影响个体对自评健康状况的评价。因此，仍需要进行回归分析进一步探讨流动对健康的影响。

本部分通过随机效果模型对 2010 至 2016 年的追踪数据进行回归分析。选取自评一般健康状况为因变量，是否发生流动、离开户籍地时长为核心自变量。进一步将发生流动区分为乡城流动、城城流动、乡乡流动和城乡流动四种流动类型，将其纳入回归模型，探讨不同流动类型人口的健康变化。

本研究通过逐步回归的方式检验人口流动对自评一般健康的影响作用。首先将"是否流动"和"离开户籍地时长"两个流动变量加入模型 1-1 中，检验流动因素对自评一般健康状况的影响作用。模型结果显示，与流动前相比，人口流动后自评一般健康状况为健康的可能性有所提升，发生比为 2.723，并在统计学上具有显著影响。

模型 1-1 仅考虑了流动因素对自评一般健康状况的影响，为了控制其他因素的影响作用，需要进一步控制人口的基本情况。因此，在模型 1-2 中加入了年龄、性别、受教育程度、婚姻状况、工作场所、收入对数和居住地区等基本变量进行控制。加入以上人口学的基本特征后发现，流动对自评一般健康状况的影响仍然显著。如模型 1-2 显示，流动后个体自评一般健康状况为健康的可能性显著提升，发生比为 2.781。随着离开户籍地年限的增加，自评健康的可能性提升。年龄对一般自评状况产生显著影响，但其方向为负向影响，发生比为 0.975。这意味着，随着年龄的增长，自评一般健康状况为不健康的可能性增大。受教育程度较高的个体自评一般健康状况为健康的可能性更高，相对于初中及以下受教育程度的个体来说，大专/本科及以上的被调查者自评健康状况为健康的发生比为 1.576，在统计上达到边缘显著（ +p < 0.1 ）。

婚姻状况对自评一般健康状况也产生显著的影响。具体来看，相对于未婚状态，进入婚姻的人自评一般健康状况为不健康的可能

性增加，发生比为 0.467，并具有统计学意义上的显著影响。一般
而言，婚姻对于健康具有保护作用，已婚人群的健康水平高于未婚
者。但是，流动人口的特殊性在于人口流动也存在阶段性，即人口
流动从个体流动逐渐转变为夫妻共同流动，然后是家庭流动。在这
一过程中，已婚流动者虽然处于已婚状态，但是他们可能并没有共
同居住。从这一角度来看，已婚流动者的健康状况可能受到损耗。
经历了离婚、丧偶等事件的人，其自评一般健康状况也发生了较大
的改变，自评健康为不健康的可能性增强，发生比为 0.250，并在
统计学意义上显著。

人们发生流动后，在流入地可能习得当地的生活习惯和健康行
为，这些对其健康状况会产生重要的影响。因此，在模型 1-3 中
加入健康行为和医疗保险等作为控制变量，进行回归分析。当控制
了人口基本特征、健康行为和医疗保险等变量后发现，流动依然显
著影响着自评一般健康状况。如模型 1-3 所示，发生流动后，被
调查者自评一般健康状况为健康的可能性显著提升，发生比为
2.700。同样发现年龄对自评一般健康状况仍然有着显著的负向影
响，随着年龄的增加，一般健康状况为不健康的可能性上升。婚姻
对自评一般健康状况的影响是负向影响，对于经历了离婚、丧偶等
事件的人来说，其自评一般健康状况变得不健康的可能性增加。工
作场所为办公室/营业场所/家里的流动人口，自评健康状况较好。
健康行为显著地影响被调查者的自评一般健康水平，特别是有锻炼
习惯的人被调查者自评健康状况为健康的可能性显著地提升，其发
生比为 1.459，并具有统计学意义上的显著性，如表 4-5 所示。

表 4-5　　　　　　　　流动对自评一般健康的影响

自评一般健康	模型 1-1		模型 1-2		模型 1-3	
	发生比	标准误	发生比	标准误	发生比	标准误
流动（参照：流动前）	2.723***	0.361	2.781***	0.389	2.700***	0.385
离开户籍地时长	0.989	0.008	1.006	0.008	1.006	0.008

续表

自评一般健康	模型 1-1		模型 1-2		模型 1-3	
	发生比	标准误	发生比	标准误	发生比	标准误
年龄			0.975***	0.007	0.973***	0.007
男性（参照：女性）			1.321	0.242	1.363	0.290
受教育程度（参照：初中及以下）						
高中/中专			1.326	0.253	1.315	0.251
大专/本科及以上			1.576+	0.408	1.510	0.391
婚姻状况（参照：未婚）						
已婚			0.467*	0.170	0.505+	0.186
离婚/丧偶及其他			0.250**	0.120	0.278**	0.133
工作场所（参照：未工作）						
户外/车间/运输工具内			1.142	0.259	1.165	0.265
办公室/营业场所/家里			1.420+	0.287	1.418+	0.287
其他			1.219	0.507	1.260	0.532
收入对数			0.972+	0.016	0.973	0.016
居住地区（参照：东部地区）						
中部地区			1.190	0.260	1.200	0.262
西部地区			0.789	0.199	0.803	0.202
东北地区			1.480	0.369	1.539+	0.384
健康行为与保险						
吸烟（参照：否）					0.935	0.195
饮酒（参照：否）					1.037	0.214
午睡（参照：否）					0.913	0.130
锻炼（参照：否）					1.459**	0.205
医疗保险（参照：否）					1.014	0.183
截距	1.246	0.185	5.019***	2.209	4.471***	2.016
Rho	0.423	0.038	0.359	0.039	0.352	0.039
样本量	1896		1896		1887	
人数	474		474		474	

注：***p<0.001，**p<0.01，*p<0.05，+p<0.1。

一　随着年龄增加，流动人口的自评健康变差

健康与年龄密切相关。通过上述模型发现，年龄显著地负向影响着自评健康状况。为了进一步区分年龄对健康的影响作用与流动对年龄的影响作用，需要考虑年龄与流动的交互项。

模型1-4加入了年龄与流动的交互项后发现，在控制了人口基本特征和健康行为之后，流动依然显著地影响着自评健康状况。如模型1-4所示，流动后与流动前相比，自评一般健康状况为健康的可能性发生了显著的提升，其发生比为4.500。与此同时，年龄也依然显著地负向影响着自评一般健康状况，发生比为0.980。流动和年龄均显著地影响被调查者的自评一般健康，流动与年龄交互项的发生比为0.989，但在统计学意义上并不显著。这意味着随着年龄的增长，流动人口自评一般健康状况变差的可能性增加。

婚姻状况和锻炼行为依然显著地影响着自评健康状况的结果，当人们经历了离婚、丧偶事件后，自评一般健康状况为不健康的可能性增加。有锻炼行为的流动人口，其自评一般健康状况为健康的可能性增加。

二　流动对自评健康的影响存在性别差异

由于男性和女性在健康上存在一定的差异，因此在讨论流动对健康的影响时，需要区分性别进行讨论。因此在基础模型上加入性别与流动的交互项，进一步讨论流动对健康的影响作用在性别之间的差异。

在控制其他变量的前提下，流动后，被调查者的自评一般健康状况为健康的可能性显著提高，发生比为2.901，并具有统计学意义上的显著性。随着年龄的增长，被调查者的自评一般健康状况为不健康的可能性显著提升，发生比为0.973，并具有显著意义。与女性相比，男性自评健康状况健康的可能性较高，发生比为1.505，同时考虑性别的流动的交互项后发现，交互项的发生比为0.857，性别、性别与流动的交互项对自评一般健康状况的影响均不显著，如模型1-5所示。

婚姻状况、锻炼行为显著影响着被调查者自评一般健康状况，具体来说，已婚或者经历离婚、丧偶的被调查者的自评健康状况为

不健康的可能性增加；有锻炼习惯的人，其自评一般健康状况为健康的可能性增加，并且具有统计学上的显著意义。

同时将流动与年龄的交互项和流动与性别的交互项纳入模型1-6后发现，流动、年龄、婚姻状况、锻炼行为显著地影响被调查者的自评健康状况。发生流动后与流动前相比，人们的自评健康状况为健康的可能性显著提升，发生比为4.566；年龄显著地负向影响人们的自评健康，随着年龄的增长，自评健康状况为不健康的可能性显著增加，发生比为0.979；有婚姻经历的人，自评健康状况为不健康的概率增加，已婚者和离婚、丧偶的人的发生比分别为0.468和0.261；有锻炼行为的人，自评健康状况为健康的可能性显著提升，发生比为1.454，以上变量对自评一般健康状况的影响均通过统计学上的检验，详见表4-6。

流动与年龄的交互项、流动与性别的交互项均未通过显著性检验，但是在影响方向上发生了变化。例如，流动正向影响被调查者的自评一般健康状况，但是加入流动与年龄的交互项后发现，交互项负向影响其自评一般健康状况。这一现象表明，被调查者流动后，自评一般健康状况随年龄的增长，自评不健康的可能性增加。虽然这一系数在模型中未显示出统计学意义上的显著性，可能是由于本研究对人口流动的观察期较短，而年龄对流动人口的自评健康状况的影响需要较长时间才能突显其作用。

表4-6　分年龄和性别的流动对自评一般健康状况的影响

自评一般健康	模型1-4		模型1-5		模型1-6	
	发生比	标准误	发生比	标准误	发生比	标准误
流动（参照：流动前）	4.500***	1.940	2.901***	0.532	4.566***	1.976
离开户籍地时长	1.006	0.008	1.006	0.008	1.006	0.008
年龄	0.980*	0.009	0.973***	0.007	0.979*	0.009
男性（参照：女性）	1.368	0.291	1.505	0.400	1.456	0.388
受教育程度（参照：初中及以下）						
高中/中专	1.296	0.248	1.316	0.252	1.299	0.249

续表

自评一般健康	模型 1-4		模型 1-5		模型 1-6	
	发生比	标准误	发生比	标准误	发生比	标准误
大专/本科及以上	1.492	0.388	1.510	0.391	1.493	0.388
婚姻状况（参照：未婚）						
已婚	0.462*	0.174	0.510+	0.187	0.468*	0.176
离婚/丧偶及其他	0.258**	0.125	0.280**	0.134	0.261**	0.126
工作场所（参照：未工作）						
户外/车间/运输工具内	1.166	0.265	1.164	0.264	1.166	0.265
办公室/营业场所/家里	1.410+	0.286	1.415+	0.287	1.408+	0.286
其他	1.230	0.518	1.263	0.533	1.233	0.520
收入对数	0.973	0.016	0.972+	0.016	0.972+	0.016
居住地区（参照：东部地区）						
中部地区	1.196	0.261	1.196	0.261	1.194	0.261
西部地区	0.800	0.202	0.805	0.203	0.801	0.202
东北地区	1.535+	0.383	1.540+	0.384	1.536+	0.383
健康行为与保险						
吸烟（参照：否）	0.928	0.193	0.934	0.194	0.928	0.193
饮酒（参照：否）	1.032	0.213	1.037	0.214	1.032	0.213
午睡（参照：否）	0.915	0.130	0.917	0.131	0.918	0.131
锻炼（参照：否）	1.452**	0.204	1.461**	0.205	1.454**	0.204
医疗保险（参照：否）	0.997	0.180	1.013	0.182	0.997	0.180
交互项						
流动*年龄	0.989	0.009			0.990	0.009
流动*男性			0.857	0.214	0.906	0.230
截距	3.603**	1.733	4.251**	1.945	3.533**	1.708
Rho	0.351	0.039	0.351	0.039	0.351	0.039
样本量	1887		1887		1887	
人数	474		474		474	

注：***p<0.001，**p<0.01，*p<0.05，+p<0.1。

（3）流动类型对自评一般健康的影响

总的来说，人口流动按照户口所在地与流入地类型可以划分为乡城流动、城城流动、乡乡流动和城乡流动。以上四类流动类型，无论从人员构成、流动目的，还是从其个人自身的健康状况、经济水平来看，都存在着较大的差异。由于人口流动越发频繁，人员构成也趋于多样化。本研究在讨论流动对健康的影响时，需要区分流动类型，探讨发生不同类型的流动后，被调查者自评一般健康状况的变化情况。

从逐步回归模型中发现，模型1-7中考虑四类流动类型和离开户籍地时长两个流动变量。研究结果表明，无论发生何种类型的流动，被调查者的自评一般健康状况为健康的可能性显著增加，乡城流动、城城流动、乡乡流动和城乡流动对被调查者自评一般健康为健康的发生比分别为2.692、2.791、1.966和2.380，均具有统计学意义上的显著性。

考虑性别、年龄、受教育程度、婚姻、收入对数、工作场所等人口学变量后，不同流动类型的被调查者发生流动后，自评健康状况为健康的可能性依然显著提升，发生比分别为2.645、2.870、2.116和2.520，并具有统计学意义上的显著性。同时发现，年龄显著地负向影响自评健康状况，随着年龄的增长，自评健康状况为不健康的可能性增加，发生比为0.975。已婚、离婚和丧偶显著负向影响自评一般健康状况，发生比分别为0.475和0.252，具有显著意义。工作场所为办公室、营业场所和家里的被调查者，其自评一般健康状况为健康的可能性更高，发生比为1.455，在统计学上边缘显著。随着收入对数的增加，被调查者自评健康状况为健康的可能性显著降低，发生比为0.970。从流动人口的居住地点来看，相对于流入地在东部地区的被调查者来说，流入地在东北地区的人自评一般健康状况为健康的可能性更高，发生比为1.529。

在模型1-8的基础上，进一步控制健康行为和健康保险等变量后发现，不同流动类型的被调查者发生流动后与流动前相比，自评健康状况为健康的可能性依然显著增加，年龄依然使得人们的自评健康状况有所降低。在健康行为和健康保险变量中，锻炼行为显著提升被调查者自评健康状况，发生比为 1.454，具有统计学上的显著意义，如表 4 – 7 所示。

表 4 – 7　　　流动类型对自评一般健康状况的影响

自评一般健康	模型 1 – 7		模型 1 – 8		模型 1 – 9	
	发生比	标准误	发生比	标准误	发生比	标准误
流动类型（参照：流动前）						
乡城流动	2.692***	0.539	2.645***	0.543	2.573***	0.533
城城流动	2.791***	0.468	2.870***	0.500	2.780***	0.492
乡乡流动	1.966*	0.563	2.116*	0.612	2.067*	0.598
城乡流动	2.380***	0.584	2.520***	0.620	2.445***	0.604
离开户籍地时长	0.990	0.008	1.007	0.008	1.007	0.008
年龄			0.975***	0.007	0.973***	0.007
男性（参照：女性）			1.308	0.240	1.353	0.288
受教育程度（参照：初中及以下）						
高中/中专			1.319	0.253	1.308	0.252
大专/本科及以上			1.588+	0.413	1.502	0.393
婚姻状况（参照：未婚）						
已婚			0.475*	0.173	0.514+	0.189
离婚/丧偶及其他			0.252**	0.120	0.280**	0.134
工作场所（参照：未工作）						
户外/车间/运输工具内			1.156	0.263	1.180	0.269
办公室/营业场所/家里			1.455+	0.296	1.453+	0.296
其他			1.257	0.526	1.301	0.548
收入对数			0.970+	0.016	0.970+	0.016
居住地区（参照：东部地区）						
中部地区			1.204	0.265	1.213	0.267
西部地区			0.831	0.214	0.846	0.218
东北地区			1.529+	0.381	1.589+	0.397
健康行为与保险						
吸烟（参照：否）					0.931	0.194
饮酒（参照：否）					1.039	0.214
午睡（参照：否）					0.914	0.130

续表

自评一般健康	模型 1-7		模型 1-8		模型 1-9	
	发生比	标准误	发生比	标准误	发生比	标准误
锻炼（参照：否）					1.454**	0.204
医疗保险（参照：否）					1.012	0.182
截距	1.277+	0.189	5.060***	2.233	4.523**	2.046
Rho	0.420	0.038	0.356	0.039	0.350	0.040
样本量	1896		1896		1887	
人数	474		474		474	

注：***p<0.001，**p<0.01，*p<0.05，+p<0.1。

三 流动类型对流动人口健康的影响不存在年龄效应

在模型 1-10 中加入流动类型、年龄以及年龄与流动类型的交互项、人口学变量、健康行为和健康保险等控制变量后发现，发生乡城流动、城城流动和乡乡流动的被调查者，与流动之前的健康状况相比，均发生了显著的提升。乡城流动后被调查者的自评一般健康状况为健康的可能性增加，发生比为 3.284；城城流动者健康状况为健康的发生比为 6.522；乡乡流动者自评一般健康状况为健康的可能性也有较大的提升，发生比为 6.606。城乡流动者自评健康状况变好的可能性也有所提升，但并未得到显著性的验证。加入交互项后，年龄依然显著地负向影响自评一般健康状况，发生比为 0.979，具有统计学意义上的显著性。而年龄与不同流动类型的交互项并没有显著地影响流动前后的健康状况。值得注意的是，已婚、离婚、丧偶等婚姻状况，收入对数负向影响被调查者的自评一般健康状况，而工作场所为办公室、营业场所和家里、有锻炼行为显著地正向影响被调查者的自评一般健康状况。

模型 1-11 加入了性别与流动类型的交互项，分析男性和女性在发生不同类型的流动后，其自评健康状况可能发生的变化情况。除了流动类型（城城流动、乡乡流动）、年龄显著影响自评健康状况外，性别对自评一般健康状况的影响并不显著，但是性别与乡乡流动与性别的交互项显著影响被调查者的自评健康状况。具体来看，男性发生乡乡流动后，其自评健康状况为不健康的可能性显著增加，发生比为 0.315；城城流动的男性在发生流动后自评健康状况不健康的可能性有所增加，但是并未得到统计学上的显著检验。而发生乡城流动和城乡流动的男性，其自评健康状况为健康的可能性有所提升，但未得到统计学意义上的显著检验。

四 流动类型对自评一般健康的影响存在性别调节效应

在模型 1 - 12 中同时加入流动类型与年龄和流动类型与性别的交互项后发现，城城流动者和乡乡流动者，与流动前相比，其自评健康状况为健康的可能性显著提升，发生比分别为 6.738 和 6.479，并通过了统计学意义上的显著检验。年龄和婚姻状况显著负向影响被调查者的自评一般健康状况，居住地为东北地区和有锻炼行为的被调查者，自评健康状况为健康的可能性显著提升，如表 4 - 8 所示。

表 4 - 8　分年龄性别看流动类型对自评一般健康状况的影响

自评一般健康	模型 1 - 10		模型 1 - 11		模型 1 - 12	
	发生比	标准误	发生比	标准误	发生比	标准误
流动类型（参照：流动前）						
乡城流动	3.284 +	2.184	2.385 ***	0.612	2.931	1.988
城城流动	6.522 **	3.814	3.031 ***	0.705	6.738 **	3.992
乡乡流动	6.606 *	5.744	2.849 **	0.980	6.479 *	5.635
城乡流动	1.234	1.109	2.180 +	0.929	1.225	1.122
离开户籍地时长	1.006	0.008	1.008	0.008	1.007	0.008
年龄	0.979 *	0.009	0.973 ***	0.007	0.979 *	0.009
男性	1.337	0.285	1.483	0.391	1.425	0.377
受教育程度（参照：初中及以下）						
高中/中专	1.276	0.247	1.313	0.253	1.282	0.248
大专/本科及以上	1.495	0.394	1.498	0.391	1.489	0.392
婚姻状况（参照：未婚）						
已婚	0.463 *	0.173	0.518 +	0.190	0.470 *	0.176
离婚/丧偶及其他	0.262 **	0.126	0.282 **	0.135	0.265 **	0.128

续表

自评一般健康	模型 1-10		模型 1-11		模型 1-12	
	发生比	标准误	发生比	标准误	发生比	标准误
工作场所（参照：未工作）						
户外/车间/运输工具内	1.177	0.269	1.190	0.271	1.186	0.271
办公室/营业场所/家里	1.424 +	0.292	1.453 +	0.296	1.429 +	0.292
其他	1.256	0.528	1.268	0.539	1.246	0.524
收入对数	0.971 +	0.019	0.970 +	0.016	0.971 +	0.016
居住地区（参照：东部地区）						
中部地区	1.207	0.266	1.191	0.262	1.192	0.263
西部地区	0.861	0.221	0.874	0.225	0.884	0.228
东北地区	1.562 +	0.390	1.589 +	0.396	1.569 +	0.391
健康行为与保险						
吸烟（参照：否）	0.928	0.194	0.895	0.187	0.896	0.188
饮酒（参照：否）	1.053	0.217	1.041	0.214	1.053	0.217
午睡（参照：否）	0.930	0.133	0.926	0.132	0.938	0.134
锻炼（参照：否）	1.437 *	0.202	1.460 **	0.205	1.446 **	0.204
医疗保险（参照：否）	1.005	0.181	1.007	0.181	1.000	0.180
交互项						
乡城流动 * 年龄	0.995	0.014			0.995	0.014
城城流动 * 年龄	0.983	0.012			0.983	0.011
乡乡流动 * 年龄	0.973	0.019			0.980	0.019
城乡流动 * 年龄	1.011	0.016			1.011	0.017
乡城流动 * 男性			1.223	0.485	1.263	0.501
城城流动 * 男性			0.822	0.263	0.874	0.283
乡乡流动 * 男性			0.315 +	0.194	0.364	0.232
城乡流动 * 男性			1.140	0.575	1.054	0.543
截距	3.767 **	1.807	4.294 **	1.965	3.362 **	1.773
Rho	0.348	0.040	0.347	0.040	0.346	0.040
样本量	1887		1887		1887	
人数	474		474		474	

注：***p＜0.001，**p＜0.01，*p＜0.05，+p＜0.1。

第四节 本章小结

本章验证了流动对个体自评一般健康状况的影响，以及发生不同类型（乡城流动、城城流动、乡乡流动和城乡流动）的流动对其自评健康状况的影响。同时讨论了年龄和性别对其自评一般健康状况的影响机制。本章的主要发现可以总结为以下几个方面：

（一）流动后，个体的自评一般健康状况显著提升

在控制人口基本特征、经济社会特征、健康行为和健康保险等变量后，流动后与流动前相比，个体自评一般健康状况为健康的可能性显著提升。这表明，流动对个人的自评健康状况有了显著提升，流动这一行为改善了个体的自评一般健康状况。

进一步探讨不同类型流动对个体的自评健康状况的影响发现，无论何种类型的流动，其自评一般健康状况与流动前相比，均显示出自评健康状况提升的结果。特别是城城流动和乡乡流动者，自评健康状况为健康的可能性显著提升。

健康损耗理论认为，随流动时间的增长，流动人口的健康状况发生损耗，健康优势消失。本章的研究结果与研究假设的预期并不一致，流动行为并没有带来流动者自评健康状况的恶化。确切地说，在2010至2016年间，流动暂未表现出对自评健康状况的"损耗"作用。相关研究表明，对农民工群体而言，省外流动务工对健康产生了负向影响，但是这种负向影响在省内流动人群并未显现（秦立建等，2014）。另有一些研究探讨了农民工群体存在自评健康恶化的情况，但是健康恶化程度不严重（苑会娜，2009），将流动人口与本地人口对比发现，流动人口的健康状况优于本地人口（王桂新等，2011），以上两个研究是从截面数据的角度分析，不能代表流动对人口健康的损耗作用。本研究通过实证分析发现，流动对人口的自评健康状况未产生损耗作用，与研究假设预期不一致。对于这一结果，结合现实生活可以发现，当前社会流动的方式越来越多元化，以往的研究主要关注乡城流动，但是近年来，城城流动人口不断增加，

城乡流动逐渐成为一种生活方式，这些现象改变着中国流动人口的结构。对于城城流动人口而言，他们所处的环境和生活状况与传统的乡城流动者相比大不相同，对自评健康的影响也会发生变化。

（二）随着年龄的增长，流动者的自评健康状况显著变差

在所有模型中，年龄均显著地负向影响个体的自评健康状况。在年龄与流动的交互项、年龄与流动类型的交互项中发现，个体发生流动（主要是乡城、城城和乡乡流动）后，其自评健康状况随着年龄的增长，表现为不健康的可能性增加的趋势。虽然在模型中，未得到统计学意义上的显著检验，但是这种趋势需要加以重视。

年龄对健康的负向影响在研究中都得到了验证，流动与健康交互后，发生流动后，个体的健康状况随年龄增长逐渐变差，年龄对健康负向影响的主效应显著。不可否认，年龄是影响健康的重要因素，自评健康状况也会随之变差。

（三）流动前后，男性与女性的自评健康变化不存在显著差异

通过检验性别在流动对自评健康状况的影响作用后发现，在本研究中，男性和女性在流动前后其自评健康状况上的表现未见显著差异。性别与流动（性别与流动类型）的交互项显示出流动后，女性比男性在自评一般健康上更具有健康优势，但是也未得到统计学意义上的显著检验。

（四）婚姻对自评健康状况产生负向影响

婚姻状况显著地影响个体自评一般健康状况。数据分析显示，相对于未婚状态的人，已婚和离婚、丧偶的人其自评健康状况为不健康的可能性更大。这体现出了婚姻对自评健康状况的负向影响作用。在前文中已经强调，流动人口不同于本地人口的地方在于，他们流动的过程往往存在阶段性，从个体流动到夫妻流动，再到举家流动，在这一个过程中可能出现夫妻不能共同流动。这导致婚姻对健康的"保护"作用被削弱。

（五）锻炼行为显著提升个体的自评健康状况

有锻炼行为的人的自评一般健康状况为健康的可能性更高。锻炼习惯作为有益的健康行为显著提升了个体的自评健康状况。因此，需要重视良好的生活习惯对健康的影响作用。

第五章　流动对个体生理健康的影响

　　生理健康是个体健康的最基本层次，主要表现为完整的人体结构和正常的生理功能。在医学研究中，常用体检指标评价个体的生理健康状况。在社会学研究中，很难获取体检数据进行量化分析。因此，社会调查中常用身高、体重、慢性病等指标测量个体的生理健康状况。本章重点讨论流动对个体生理健康的影响。在本研究中，生理健康选取了BMI/是否超重、近期身体不适状况和慢性病情况三个指标进行测量。

　　超重能够反映个人的健康状况，在研究中常用体质指数（Body Mass Index，BMI）作为测量生理健康的重要指标。体质指数是用体重公斤数除以身高米数平方得出的数值，是目前国际上使用的衡量人体胖瘦程度以及是否健康的一个标准，也称为BMI指数（Body Mass Index），或身体质量指数，简称体质指数。在迁移流动与健康的相关研究中，BMI是经常入选的生理健康的测量指标（Goel et al.，2004；Antecol and Bedard，2006；Ullmann et al.，2011；刘晓昀，2010）。已有研究将体质指数作为衡量健康的客观指标对青年流动人口的健康状况展开分析。研究发现，流动时间小于1年的流动人口，其超重的比例为12.5%，要低于当地人口超重的18.9%。随着流动时间的延长，青年流动人口超重及肥胖的比例逐渐接近当地人口；当流动时间超过5年以上时，超重/肥胖的比例达到27.8%，高于当地人口（和红等，2018）。由此可知，随着流动时间的增加，流动人口超重的可能性有所提升。

　　身体不适是个体感知身体健康状况的一个重要方面，常被视为疾病的先兆表现。重视身体不适，及时调整和治疗能够防止病症进一步加重。慢性病是长期积累形成疾病形态的损害疾病的总称，常见的慢性病包括心脑血管疾病、糖尿病等。患有慢性病会严重影响生命质量，使劳动能力减弱，并且给家人带来较大的经济负担。在测量生理健康时，慢性病是常用的指标。本研究也选择慢性病作为评价个体健康状况的指标之一。

基于第二章的文献梳理，本章提出以下研究假设：

假设 2a　与流动前相比，流动后个体超重（BMI≥24）的可能性增强。

假设 2b　与流动前相比，流动后个体近期身体不适的可能性增加。

假设 2c　与流动前相比，流动后个体患慢性病的可能性增加。

第一节　流动对超重的影响

本研究对是否超重的判断是基于体质指数（BMI）的数值划分。体质指数（BMI）通过人体体重和身高两个数值获得相对客观的参数，并用这个参数所出范围衡量身体质量。根据国家卫生健康委制定的适合中国人的标准，以 BMI 为依据对成人体重分类为：体重过低（BMI < 18.5），体重正常（18.5 ≤ BMI < 24.0），超重（24.0 ≤ BMI < 28.0），肥胖（BMI ≥ 28.0）。本研究通过体质指数范围来确定人群是否超重，因此在界定时，将体质指数大于等于 24.0 的标记为超重，将小于 24.0 的标记为未超重。需要说明的是，本文更为关注超重这一现象，将体重正常和体重过低合并为一类。虽然，体重过低也是不健康的一种表现，但是超重是现代社会更为普遍的一种不健康表现。因此，在处理是否超重时采取上述分类。

通过分析 2010 至 2016 年被调查者的超重状况后发现，2010年，在发生流动前 474 人中，31.22% 的人表现出超重现象，68.78% 未超重。2012 年，发生流动的 351 位流动人口中，35.61% 的人发生了超重现象；未流动的 123 人，40.65% 有超重现象。2014 年，发生流动的有 421 人，超重的比例为 39.67%，未流

动的 53 人中，超重的比例为 37.74%；2016 年，474 人均发生了
流动，出现超重的比例升高至 40.93%，如表 5 - 1 所示。

表 5 - 1　　　　　　被调查者是否超重情况　　　　　单位:%，人

| 是否超重 | 2010 年 | 2012 年 | | 2014 年 | | 2016 年 |
	未流动	未流动	流动后	未流动	流动后	流动后
超重	148(31.22)	50(40.65)	125(35.61)	20(37.74)	167(39.67)	194(40.93)
未超重	326(68.78)	73(59.35)	226(64.39)	33(62.26)	254(60.33)	280(59.07)
人数	474	123	351	53	421	474

注：括号内为比例。

　　总体来看，流动后的被调查者超重的比例提升了近 10 个百分
点，如图 5 - 1 所示。但是，能够引起超重现象的因素比较多，如
年龄、生活习惯等方面。因此，需要控制相关因素后，再进一步探
讨流动对个体超重的影响作用。

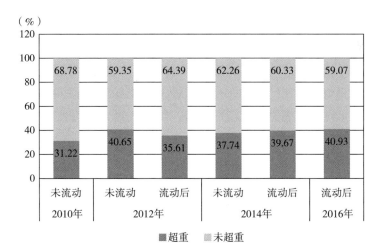

图 5 - 1　被调查者超重情况

一　流动行为对超重的影响

　　模型 2 - 1 检验了流动和离开户籍地时长对是被调查者否超重
的影响作用。数据分析显示，被调查者流动后，超重的可能性显著

增加，发生比为 1.674。随着个体离开户籍地时间的增长，发生超重的可能性也在增加，发生比为 1.075，以上两个变量具有统计学意义上的显著性。

模型 2-2 在模型 2-1 的基础上加入了年龄、性别、受教育程度等人口学基本特征变量后发现，流动行为和离开户籍地时长依然显著地增加了被调查者超重的可能性。数据显示，流动后，被调查者体重超重的可能性显著增加，发生比为 1.503，在统计学意义上显著。随着离开户籍地时间的增长，被调查者发生超重的可能性也在增加，发生比为 1.041，具有统计学显著意义。在模型中，年龄显著地影响是否超重，发生比为 1.051。婚姻状况也显著地影响是否超重。具体来看，与未婚者相比，已婚者更可能发生超重，发生比为 8.258。

模型 2-3 进一步控制健康行为和医疗保险等变量后发现，流动和离开户籍地时长显著地影响被调查者是否超重，发生比为 1.458 和 1.041。流动后与流动前相比，被调查者超重的可能性显著增加。年龄也依然显著地影响是否超重，发生比为 1.049。随着年龄的增长，被调查者超重的可能性越大。已婚者超重的可能性更大，发生比为 11.203。在模型 2-3 中，居住地区的不同，也可能带来生理健康状况的变化。相对于居住在东部地区的人来说，居住在东北地区的人超重的可能性更高，发生比为 3.217。以上变量对超重的影响均在统计学上具有显著意义，如表 5-2 所示。

表 5-2　　　　　　　　　流动对是否超重的影响

是否超重	模型 2-1		模型 2-2		模型 2-3	
	发生比	标准误	发生比	标准误	发生比	标准误
流动（参照：流动前）	1.674 **	0.327	1.503 +	0.318	1.458 +	0.317
离开户籍地时长	1.075 ***	0.020	1.041 *	0.021	1.041 +	0.022
年龄			1.051 **	0.018	1.049 **	0.018
男性（参照：女性）			1.723	0.772	2.028	1.002

续表

是否超重	模型 2 - 1		模型 2 - 2		模型 2 - 3	
	发生比	标准误	发生比	标准误	发生比	标准误
受教育程度（参照：初中及以下）						
高中/中专			1.073	0.341	1.028	0.331
大专/本科及以上			1.117	0.563	1.019	0.525
婚姻状况（参照：未婚）						
已婚			8.258 **	5.494	11.203 ***	8.085
离婚/丧偶及其他			1.768	1.604	2.339	2.210
工作场所（参照：未工作）						
户外/车间/运输工具内			1.208	0.409	1.262	0.432
办公室/营业场所/家里			0.704	0.218	0.723	0.227
其他			0.629	0.429	0.661	0.453
收入对数			1.006	0.025	1.009	0.026
居住地区（参照：东部地区）						
中部地区			1.485	0.789	1.642	0.903
西部地区			0.513	0.325	0.528	0.340
东北地区			2.639	1.595	3.217 +	1.987
健康行为与保险						
吸烟（参照：否）					0.745	0.274
饮酒（参照：否）					1.133	0.395
午睡（参照：否）					1.116	0.264
锻炼（参照：否）					1.160	0.259
医疗保险（参照：否）					1.598	0.463
截距	0.055 *	-0.019	0.001 ***	0.001	0.000 ***	0.000
Rho	0.847	0.021	0.847	0.021	0.851	0.021
样本量	1896		1896		1887	
人数	474		474		474	

注：*** $p < 0.001$，** $p < 0.01$，* $p < 0.05$，+ $p < 0.1$。

（1）年龄效应

体重的增加可能受到年龄增加的影响，在生物医学角度来看，随着年龄的增长，人体新陈代谢速度放缓，体重增加的可能性大大提高，进而超重的可能性有所提高。因此，本研究在探讨流动对是否超重的影响时，需要进一步控制年龄的影响作用。

为了区分年龄和流动对是否超重的影响机制，在模型 2 - 3 的基础上加入年龄与流动的交互项。模型 2 - 4 是加入年龄和流动交互后的结果，研究发现，流动后与流动前相比，超重的可能性显著增加，发生比为 9.661。随着离开户籍地时间的增加，体重超重的可能性也有所增加，发生比为 1.042。年龄仍然显著地影响被调查者超重的可能性，随着年龄的增加，超重的可能性也在增加，发生比为 1.081，均具有统计学意义上的显著影响。

流动与年龄的交互项显著地负向影响被调查者超重的概率，发生比为 0.960。这意味着流动对超重的影响和年龄对超重的影响之间存在着相互削弱的关系。当个体发生流动后，随着年龄的增长，超重的可能性减弱。相对于未婚状态的人来说，已婚的人超重的可能性更高，发生比为 8.058，以上变量对超重的影响均具有统计学上的显著意义。

（2）性别效应

男性和女性在对体重的要求上存在一定的差异。特别是受到当今社会审美观念的影响，大多数女性对身材（体重）的管理较为严格。同样，在男性群体中，他们也十分重视健康和个人身材的管理，避免超重、肥胖等现象。在探讨超重现象时，也需要考虑性别差异及其与流动的交互作用。

模型 2 - 5 将流动与性别的交互项纳入模型中，流动、年龄、性别和流动与性别的交互项显著影响着被调查者是否超重。具体来说，随着年龄的增长，超重的可能性增加，发生比为 1.049；流动后与流动前相比，超重的可能性增加，发生比为 2.153；相对于女性来说，男性超重的可能性更大，发生比为 3.623。流动与性别的交互项负向影响超重的可能性，发生比为 0.441，并具有统计学意义上的显著性。这意味着，流动和性别对超重的影响存在相互削弱的作用。发生流动后，女性相对于男性，超重的概率更高。婚姻状况也显著影响被调查者的超重情况，已婚者比未婚者超重的可能性更高，发生比为 11.871。

　　同时考虑流动与年龄的交互项和流动与性别的交互项后，模型 2-6 显示，流动、年龄、性别、流动与年龄的交互项和流动与性别的交互项均显著影响是否超重。简单来说，流动后与流动前相比，超重的可能性增加，发生比为 11.292；随着年龄的增长，超重的可能性增加，发生比为 1.078；相对于女性来说，男性超重的可能性更大，发生比为 3.495；流动与年龄的交互项负向影响超重的可能性，发生比为 0.964；流动与性别的交互项负向影响超重的可能性，发生比为 0.514，以上变量对超重的影响均在统计学上具有显著意义。

　　总体来说，流动、年龄、性别（男性相对于女性）均增大了超重的可能性，但是它们的交互项对超重的影响具有削弱作用。此外，离开户籍地时长和已婚状况显著正向影响超重的可能性，发生比分别为 1.042 和 8.577，如表 5-3 所示。

表 5-3　　　　　分年龄性别看流动对是否超重的影响

是否超重	模型 2-4		模型 2-5		模型 2-6	
	发生比	标准误	发生比	标准误	发生比	标准误
流动（参照：流动前）	9.661***	6.653	2.153**	0.622	11.292***	7.905
离开户籍地时长	1.042*	0.022	1.042*	0.022	1.042*	0.022
年龄	1.081***	0.022	1.049**	0.018	1.078***	0.022
男性（参照：女性）	2.189	1.094	3.623*	2.057	3.495*	2.009
受教育程度（参照：初中及以下）						
高中/中专	0.933	0.305	1.006	0.326	0.928	0.304
大专/本科及以上	0.883	0.463	1.041	0.537	0.909	0.477
婚姻状况（参照：未婚）						
已婚	8.058**	5.959	11.871***	8.602	8.577**	6.361
离婚/丧偶及其他	1.759	1.694	2.396	2.278	1.829	1.767
工作场所（参照：未工作）						
户外/车间/运输工具内	1.297	0.449	1.250	0.428	1.282	0.443
办公室/营业场所/家里	0.708	0.224	0.717	0.226	0.704	0.224

续表

是否超重	模型 2-4		模型 2-5		模型 2-6	
	发生比	标准误	发生比	标准误	发生比	标准误
其他	0.653	0.450	0.668	0.462	0.663	0.460
收入对数	1.007	0.026	1.007	0.026	1.005	0.026
居住地区（参照：东部地区）						
中部地区	1.668	0.930	1.661	0.917	1.676	0.935
西部地区	0.527	0.342	0.538	0.347	0.536	0.348
东北地区	3.377 +	2.115	3.337 +	2.076	3.438 *	2.162
健康行为与保险						
吸烟（参照：否）	0.680	0.253	0.721	0.264	0.666	0.247
饮酒（参照：否）	1.123	0.395	1.134	0.395	1.126	0.395
午睡（参照：否）	1.132	0.271	1.139	0.270	1.150	0.276
锻炼（参照：否）	1.150	0.258	1.173	0.262	1.163	0.261
医疗保险（参照：否）	1.475	0.433	1.585	0.463	1.473	0.435
交互项						
流动 * 年龄	0.960 ***	0.013			0.964 **	0.013
流动 * 男性			0.441 *	0.169	0.514 +	0.202
截距	0.000 **	0.000	0.000 ***	0.000	0.000 ***	0.000
Rho	0.855	0.021	0.856	0.021	0.853	0.021
样本量	1887		1887		1887	
人数	474		474		474	

注：***$p<0.001$，**$p<0.01$，*$p<0.05$，+$p<0.1$。

二 流动类型对超重的影响

随着流动日益多元化，不同流动类型的人在健康上的表现也存在差异性。本部分将流动分为乡城流动、城城流动、乡乡流动和城乡流动四个类型进行讨论，探讨发生不同流动类型后对个体生理健康可能产生怎样的影响。

模型 2-7 中纳入不同流动类型和离开户籍地时长探讨其对超重的影响。结果显示，随着离开户籍地时长的增加，流动人口超重的可能性显著增加，发生比为 1.073。无论何种类型的流动，与流动前相比，超重的可能性都有所上升。但是，只有乡城流动和乡乡流动的人超重的可能性具有统计学意义，发生比分别为 2.069 和 2.393。进一步将年龄、性别等人口学变量纳入模型中后发现，乡城流动和乡乡流动的人群比流动前更容易超重，发生比为 1.914 和 2.504，具有统计学意义上的显著性。随着年龄的增长，超重的可能性增加；已婚状态的人超重的可能性更高。

在模型 2-9 中，进一步控制了健康行为和健康保险等变量，研究结果与 2-8 大致相同，乡城流动与乡乡流动的人在流动后，超重的可能性显著增加。随着离开户籍地时间的增长，被调查者超重的可能性增加；随着年龄的增长，超重的可能性增加；已婚状态的人超重的可能性更高；居住在东北地区的人超重的可能性更高，如表 5-4 所示。

表 5-4　　　　　　　　　　流动类型对是否超重的影响

是否超重	模型 2-7		模型 2-8		模型 2-9	
	发生比	标准误	发生比	标准误	发生比	标准误
流动类型（参照：流动前）						
乡城流动	2.069*	0.646	1.914*	0.627	1.897+	0.635
城城流动	1.511	0.385	1.300	0.352	1.253	0.348
乡乡流动	2.393*	1.026	2.504*	1.113	2.520*	1.139
城乡流动	1.736	0.680	1.493	0.605	1.406	0.578
离开户籍地时长	1.073***	0.020	1.039+	0.021	1.039+	0.022
年龄			1.053**	0.018	1.051**	0.018
男性（参照：女性）			1.800	0.811	2.155	1.070
受教育程度（参照：初中及以下）						
高中/中专			1.094	0.349	1.045	0.338
大专/本科及以上			1.184	0.598	1.081	0.559
婚姻状况（参照：未婚）						
已婚			7.920**	5.299	10.796**	7.839
离婚/丧偶及其他			1.677	1.528	2.221	2.109
工作场所（参照：未工作）						

续表

是否超重	模型2-7		模型2-8		模型2-9	
	发生比	标准误	发生比	标准误	发生比	标准误
户外/车间/运输工具内			1.140	0.389	1.185	0.409
办公室/营业场所/家里			0.676	0.211	0.691	0.218
其他			0.594	0.407	0.620	0.427
收入对数			1.009	0.026	1.013	0.026
居住地区（参照：东部地区）						
中部地区			1.438	0.770	1.597	0.885
西部地区			0.453	0.291	0.463	0.303
东北地区			2.596	1.576	3.171 +	1.967
健康行为与保险						
吸烟（参照：否）					0.738	0.274
饮酒（参照：否）					1.112	0.389
午睡（参照：否）					1.140	0.270
锻炼（参照：否）					1.145	0.256
医疗保险（参照：否）					1.576	0.459
截距	0.054 ***	0.019	0.001 ***	0.001	0.000 ***	0.000
Rho	0.848	0.021	0.847	0.021	0.851	0.021
样本量	1896		1896		1887	
人数	474		474		474	

注：***p<0.001，**p<0.01，*p<0.05，+p<0.1。

（1）年龄效应

模型2-10加入流动类型和年龄的交互项后发现，乡城流动、城城流动的人发生超重的可能性显著提升，发生比分别为15.131和12.117。随着离开户籍地时长的增加，超重的可能性增大，发生比为1.038；随着年龄的增长，超重的可能性增大，发生比为1.081。年龄与乡城流动的交互项负向影响被调查者是否超重，发生比为0.955；城城流动与年龄的交互项也负向影响被调查者是否超重，发生比为0.954，以上变量对超重的影响均具有统计学上的显著意义。研究表明，发生乡城流动和城城流动与年龄对超重的影响存在相互削弱的作用。

（2）性别效应

考虑流动类型与性别的交互项对超重的影响，研究结果显示，发生乡城流动、城城流动和乡乡流动后增大了超重的可能性，城城流动与性别的交互项、乡乡流动与性别的交互项显著负向影响是否超重，年龄和性别显著地对是否超重产生影响，如模型 2－11 所示。

在模型 2－12 中，同时考虑了流动与年龄的交互项、流动与性别的交互项，模型结果显示，乡城流动和城城流动后，被调查者超重的可能性增加，发生比分别为 16.529 和 16.428。在流动类型与年龄的交互项中，乡城流动与年龄的交互项、城城流动与年龄的交互项负向显著影响被调查者是否超重，发生比分别为 0.956 和 0.957，这说明，乡城流动、城城流动对健康的影响与年龄对健康的影响存在相互削弱的作用。在流动与性别的交互项中，乡乡流动和城乡流动与性别的交互项显著负向影响被调查者是否超重，同样说明，乡乡流动和城乡流动与性别之间存在相互削弱的作用，如表 5－5 所示。

表 5－5　　　　分年龄性别看流动类型对是否超重的影响

是否超重	模型 2－10		模型 2－11		模型 2－12	
	发生比	标准误	发生比	标准误	发生比	标准误
流动类型（参照：流动前）						
乡城流动	15.131 *	16.545	2.265 *	0.941	16.529 *	18.647
城城流动	12.117 **	11.722	2.185 *	0.840	16.428 **	16.255
乡乡流动	7.278	9.602	4.623 **	2.547	8.401	11.546
城乡流动	3.654	5.811	0.871	0.671	2.631	4.421
离开户籍地时长	1.038 +	0.022	1.039 +	0.022	1.039 +	0.022
年龄	1.081 ***	0.022	1.049 **	0.019	1.077 ***	0.022
男性	2.169	1.095	3.877 *	2.212	3.730 *	2.167
受教育程度（参照：初中及以下）						
高中/中专	0.945	0.311	0.989	0.323	0.905	0.300
大专/本科及以上	0.944	0.502	1.064	0.554	0.922	0.494
婚姻状况（参照：未婚）						

续表

是否超重	模型 2-10		模型 2-11		模型 2-12	
	发生比	标准误	发生比	标准误	发生比	标准误
已婚	7.719**	5.758	12.158***	8.905	8.830**	6.637
离婚/丧偶及其他	1.691	1.643	2.450	2.350	1.866	1.828
工作场所（参照：未工作）						
户外/车间/运输工具内	1.269	0.444	1.217	0.422	1.298	0.456
办公室/营业场所/家里	0.695	0.222	0.695	0.221	0.699	0.225
其他	0.631	0.438	0.629	0.437	0.645	0.451
收入对数	1.008	0.026	1.009	0.026	1.005	0.026
居住地区（参照：东部地区）						
中部地区	1.586	0.895	1.521	0.852	1.515	0.864
西部地区	0.479	0.317	0.485	0.319	0.497	0.331
东北地区	3.297+	2.084	3.206+	2.011	3.350+	2.141
健康行为与保险						
吸烟（参照：否）	0.699	0.263	0.664	0.247	0.632	0.239
饮酒（参照：否）	1.125	0.398	1.126	0.395	1.134	0.402
午睡（参照：否）	1.154	0.278	1.204	0.289	1.213	0.294
锻炼（参照：否）	1.143	0.257	1.146	0.258	1.144	0.259
医疗保险（参照：否）	1.452	0.429	1.550	0.456	1.430	0.427
交互项						
乡城流动*年龄	0.955*	0.022			0.956+	0.022
城城流动*年龄	0.954*	0.018			0.957*	0.018
乡乡流动*年龄	0.975	0.028			0.986	0.030
城乡流动*年龄	0.980	0.028			0.977	0.028
乡城流动*男性			0.313*	0.164	0.356+	0.190
城城流动*男性			0.111*	0.110	0.116*	0.119
乡乡流动*男性			1.801	1.608	1.999	1.809
城乡流动*男性			0.313*	0.164	0.356+	0.190
截距	0.000***	0.000	0.000***	0.000	0.000***	0.000
Rho	0.855	0.021	0.853	0.021	0.856	0.020
样本量	1887		1887		1887	
人数	474		474		474	

注：***p<0.001，**p<0.01，*p<0.05，+p<0.1。

第二节 流动对近期身体不适的影响

在本研究中，近期身体不适是指被调查者在两周内是否有身体不适的现象，主要包括发烧、疼痛、腹泻、咳嗽、上不来气、无法集中注意力、步行困难、心慌/心悸/心口痛等其他状况。近期身体不适作为衡量个体近期生理健康状况的指标，能够反映某一人群近期的健康状况，了解其当前的健康状态。

通过数据分析发现，在 2010 年未发生流动的 474 人中，25.95% 的人有近期身体不适的情况。2012 年追踪调查时，未流动人口有 119 人，发生流动的人口有 351 人。在未流动人口中35.29% 的人有身体不适的现象，在流动人口中近期身体不适的比例为36.47%。2014 年，未发生流动的人口为 53 人，发生流动的人口为 421 人。其中，39.62% 的未流动人口有近期身体不适的现象，流动人口中近期身体不适的比例为 34.45%。在 2016 年的追踪数据中，被调查者均发生了流动，近期身体不适的比例为32.49%，如表 5-6 所示。

表 5-6　　　　　　　被调查者近期身体不适情况　　　　单位:%，人

近期身体不适	2010 年	2012 年		2014 年		2016 年
	未流动	未流动	流动后	未流动	流动后	流动后
是	123(25.95)	43(35.29)	128(36.47)	21(39.62)	145(34.45)	154(32.49)
否	351(74.05)	81(64.71)	223(63.53)	32(60.38)	276(65.55)	320(67.51)
人数	474	119	351	53	421	474

注：括号内为比例。

总体来看，从 2010 年未发生流动到 2016 年所观察的样本均发生流动，近期身体不适的比例分别为 25.95% 和 32.49%，增加了近 7 个百分点，如图 5-2 所示。但是，从汇总数据来看，身体不适的增加并不能完全归因于流动对身体不适的影响，其中还可能存

在年龄、流动类型等因素对身体不适产生的影响作用。为了探讨具体的影响因素，仍需要使用回归模型进一步探讨流动对身体不适的影响机制。

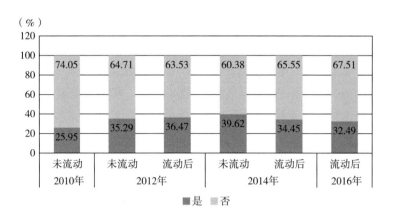

图 5 - 2　被调查者近期身体不适状况

一　流动行为对近期身体不适的影响

模型 3 - 1 将流动和离开户籍地时长纳入回归模型中发现，流动后被调查者发生近期身体不适的可能性显著提升，发生比为1. 364。加入人口学基本特征变量后，流动仍然对近期身体不适产生显著影响，流动后被调查者近期身体不适的可能性有所提升，发生比为1. 368。年龄显著影响近期身体不适，随着年龄的增长，被调查者发生近期身体不适的可能性增加，发生比为1. 025。近期身体不适的发生存在显著的性别差异。与女性相比，男性发生近期身体不适的可能性显著降低，发生比为0. 559。这意味着，女性比男性更可能发生近期身体不适的状况。从居住地区来看，流入到西部地区的人与流入到东部地区的人相比，发生近期身体不适的可能性更高，发生比为1. 571，详见模型 3 - 2。

在以上模型基础上加入健康行为和医疗保险等变量后发现，与流动前相比，被调查者近期身体不适的可能性仍然显著提升，发生比为1. 376，并随着年龄的增长，近期身体不适的可能性显著提升，发生比为 1.026，与女性相比男性发生身体不适的可能性显著降低，发生比为 0.632。以上结论与模型 3 - 2 所呈现的结果一致，详见模型 3 - 3。

表 5 - 7　　　　　　　　流动对近期身体不适的影响

近期身体不适	模型 3 - 1		模型 3 - 2		模型 3 - 3	
	发生比	标准误	发生比	标准误	发生比	标准误
流动（参照：流动前）	1.364 *	0.174	1.368 *	0.187	1.376 *	0.191
离开户籍地时长	1.011	0.007	1.004	0.008	1.005	0.008
年龄			1.025 ***	0.007	1.026 ***	0.007
男性（参照：女性）			0.559 ***	0.097	0.632 *	0.128
受教育程度（参照：初中及以下）						
高中/中专			1.224	0.224	1.193	0.218
大专/本科及以上			1.177	0.286	1.175	0.288
婚姻状况（参照：未婚）						
已婚			1.464	0.514	1.559	0.550
离婚/丧偶及其他			1.794	0.817	1.874	0.856
工作场所（参照：未工作）						
户外/车间/运输工具内			0.744	0.171	0.721	0.166
办公室/营业场所/家里			1.214	0.235	1.191	0.232
其他			0.788	0.325	0.769	0.318
收入对数			1.022	0.017	1.026	0.017
居住地区（参照：东部地区）						
中部地区			1.016	0.210	1.044	0.217
西部地区			1.571 +	0.372	1.530 +	0.363
东北地区			1.271	0.293	1.214	0.282
健康行为与保险						
吸烟（参照：否）					0.980	0.197
饮酒（参照：否）					0.631 *	0.131
午睡（参照：否）					0.820	0.113
锻炼（参照：否）					0.962	0.131
医疗保险（参照：否）					0.985	0.174
截距	0.269 ***	0.039	0.061 ***	0.027	0.064 ***	0.029

续表

近期身体不适	模型 3 - 1		模型 3 - 2		模型 3 - 3	
	发生比	标准误	发生比	标准误	发生比	标准误
Rho	0.328	0.038	0.307	0.038	0.305	0.039
样本量	1889		1889		1887	
人数	474		474		474	

注：＊＊＊p＜0.001，＊＊p＜0.01，＊p＜0.05，+p＜0.1。

（1）年龄效应

加入流动与年龄的交互项后发现，流动后与流动前相比，身体不适的可能性显著增加，发生比为2.342。随年龄的增长，被调查者近期身体不适的可能性也显著增加，发生比为1.034，均通过统计学上的显著检验。但流动与年龄的交互项对近期身体不适的影响不显著，发生比为0.989。性别对近期身体不适的影响存在显著差异，男性近期身体不适的可能性显著低于女性，发生比为0.636，如模型3-4所示。

（2）性别效应

将流动与性别的交互项纳入模型3-5，研究结果表明，流动和离开户籍地时长虽然依然正向影响近期身体不适的发生，但是在模型检验中并不显著。年龄、性别依然显著影响人口近期身体不适的发生，随着年龄的增加，近期身体不适的可能性增加，发生比为1.026；女性相对于男性发生近期身体不适的可能性增加，发生比为0.584，以上变量均具有统计学意义上的显著性。

同时将流动与年龄、流动与性别的交互项纳入模型3-6中，结果显示，流动、年龄和性别均显著影响近期身体不适情况，与流动前相比，流动后发生近期身体不适的可能性显著增加，发生比为2.292；随着年龄的增长，发生近期身体不适的可能性增加，发生比为1.036；相比于男性，女性发生近期身体不适的可能性显著增加，发生比为0.558。流动与年龄的交互项负向影响近期身体不适的发生，虽然未达到统计学意义上的显著，但是也显示出流动和年龄对近期身体不适的影响存在相互削弱的作用；而流动与性别的交互项对近期身体不适产生正向影响，虽然也为显现出统计学意义上的显著性，但是表现出流动和性别对近期身体不适的影响之间存在相互加强的作用，如表 5 - 8 所示。

表 5 - 8 分年龄性别看流动对个体身体不适的影响

近期身体不适	模型 3 - 4		模型 3 - 5		模型 3 - 6	
	发生比	标准误	发生比	标准误	发生比	标准误
流动（参照：流动前）	2.342 **	1.014	1.309	0.232	2.292 +	0.995
离开户籍地时长	1.004	0.008	1.005	0.008	1.004	0.008
年龄	1.034 ***	0.010	1.026 ***	0.007	1.036 ***	0.010
男性（参照：女性）	0.636 *	0.129	0.584 *	0.157	0.558 *	0.152
受教育程度（参照：初中及以下）						
高中/中专	1.178	0.216	1.192	0.218	1.174	0.215
大专/本科及以上	1.158	0.284	1.173	0.288	1.155	0.283
婚姻状况（参照：未婚）						
已婚	1.475	0.526	1.552	0.548	1.458	0.520
离婚/丧偶及其他	1.795	0.823	1.864	0.852	1.772	0.813
工作场所（参照：未工作）						
户外/车间/运输工具内	0.724	0.167	0.721	0.166	0.724	0.167
办公室/营业场所/家里	1.190	0.232	1.193	0.232	1.194	0.233
其他	0.750	0.311	0.769	0.318	0.748	0.310
收入对数	1.025	0.017	1.026	0.017	1.026	0.017
居住地区（参照：东部地区）						
中部地区	1.041	0.216	1.045	0.217	1.042	0.217
西部地区	1.528 +	0.362	1.530 +	0.363	1.528 +	0.362
东北地区	1.211	0.281	1.213	0.282	1.209	0.281
健康行为与保险						
吸烟（参照：否）	0.973	0.196	0.982	0.198	0.976	0.197
饮酒（参照：否）	0.629 **	0.130	0.631 *	0.131	0.629 *	0.130
午睡（参照：否）	0.822	0.114	0.817	0.113	0.818	0.113
锻炼（参照：否）	0.955	0.130	0.960	0.130	0.951	0.129
医疗保险（参照：否）	0.970	0.172	0.986	0.174	0.970	0.172

近期身体不适	模型 3-4		模型 3-5		模型 3-6	
	发生比	标准误	发生比	标准误	发生比	标准误
交互项						
流动*年龄	0.989	0.009			0.988	0.009
流动*男性			1.121	0.284	1.206	0.313
截距	0.048 ***	0.025	0.067 ***	0.031	0.049 ***	0.025
Rho	0.304	0.039	0.305	0.039	0.304	0.039
样本量	1887		1887		1887	
人数	474		474		474	

注：***p<0.001，**p<0.01，*p<0.05，+p<0.1。

二　流动类型对近期身体不适的影响

模型 3-7 考察不同流动类型和离开户籍地时长对近期身体不适的影响，模型结果表明，乡城流动和城城流动显著地增加了身体不适的可能性，发生比分别为 1.463 和 1.324，并具有统计学意义上的显著性。

模型 3-8 显示，发生乡城流动后，近期身体不适的可能性显著升高，发生比为 1.562。随着年龄的增长，近期身体不适的可能性也有所增加，发生比为 1.026。相对于男性来说，女性近期身体不适的可能性增加，发生比为 0.567。相对于东部地区的人，西部地区的人发生近期身体不适的可能性增加，发生比为 1.565，以上变量对近期身体不适的影响均具有统计学意义上的显著性。

在模型 3-8 的基础上，进一步加入健康行为和医疗保险等控制变量后发现，流动后与流动前相比，乡城流动者近期身体不适的可能性显著地增加，发生比为 1.589。随着年龄的增长，近期身体不适的可能性显著增加，发生比为 1.027。相对于男性，女性的近期身体不适的可能性显著增加，发生比为 0.644，详见模型 3-9，如表 5-9 所示。

表 5 - 9　　　　　　　流动类型对近期身体不适的影响

近期身体不适	模型 3 - 7		模型 3 - 8		模型 3 - 9	
	发生比	标准误	发生比	标准误	发生比	标准误
流动类型（参照：流动前）						
乡城流动	1.463 *	0.273	1.562 *	0.309	1.589 *	0.318
城城流动	1.324 +	0.207	1.305	0.216	1.304	0.220
乡乡流动	1.359	0.370	1.351	0.379	1.348	0.379
城乡流动	1.214	0.286	1.203	0.290	1.216	0.295
离开户籍地时长	1.012	0.007	1.005	0.008	1.005	0.008
年龄			1.026 ***	0.007	1.027 ***	0.007
男性（参照：女性）			0.567 **	0.099	0.644 *	0.131
受教育程度（参照：初中及以下）						
高中/中专			1.251	0.231	1.221	0.226
大专/本科及以上			1.227	0.303	1.228	0.306
婚姻状况（参照：未婚）						
已婚			1.446	0.509	1.541	0.545
离婚/丧偶及其他			1.786	0.815	1.870	0.856
工作场所（参照：未工作）						
户外/车间/运输工具内			0.726	0.168	0.702	0.163
办公室/营业场所/家里			1.190	0.232	1.166	0.228
其他			0.783	0.323	0.764	0.316
收入对数			1.023	0.017	1.027	0.017
居住地区（参照：东部地区）						
中部地区			1.013	0.212	1.039	0.219
西部地区			1.565 +	0.380	1.524 +	0.371
东北地区			1.279	0.296	1.222	0.285
健康行为与保险						
吸烟（参照：否）					0.972	0.196
饮酒（参照：否）					0.629 *	0.131
午睡（参照：否）					0.821	0.114
锻炼（参照：否）					0.959	0.131
医疗保险（参照：否）					0.979	0.173

续表

近期身体不适	模型 3－7		模型 3－8		模型 3－9	
	发生比	标准误	发生比	标准误	发生比	标准误
截距	0.270 ***	0.039	0.058 ***	0.026	0.062 ***	0.028
Rho	0.327	0.038	0.307	0.038	0.305	0.039
样本量	1889		1870		1868	
人数	474		474		474	

注：＊＊＊p＜0.001，＊＊p＜0.01，＊p＜0.05，＋p＜0.1。

（1）年龄效应

加入流动类型与年龄的相互项后发现，与流动之前相比，乡城流动和乡乡流动后身体不适的可能性显著地增加，发生比分别为3.580和3.878。随着年龄的增长，近期身体不适的可能性变高，发生比为1.035。性别对近期身体不适的影响存在显著差异。相对于男性，女性更可能产生近期身体不适的情况，如模型3－10所示。

（2）性别效应

模型3－11加入流动与性别的交互项，发生乡城流动后，近期身体不适的可能性有所增加，发生比为1.787。随着年龄的增长，近期身体不适的可能性也在显著增加，发生比为1.027。相对于男性，女性近期身体不适的可能性更高，发生比为0.553，统计结果均具有显著意义。乡乡流动与性别的交互项显著正向影响近期发生身体不适的可能性，发生比为3.439，而乡乡流动对个体近期身体不适的主效应是负向影响，发生比为0.959，这说明乡乡流动和性别对近期身体不适的影响存在相互促进的作用。

模型3－12将流动类型和年龄的交互项，流动类型和性别的交互项同时纳入模型中，两种效应叠加后发现，乡城流动显著地影响近期身体不适的可能性，发生比为4.174，在统计学意义上显著。乡乡流动人口近期身体不适的可能性也显著提升，在统计上存在边缘显著。性别和年龄对近期身体不适的影响依然显著，如表5－10所示。

表5－10 分年龄性别看流动类型对身体不适的影响

近期身体不适	模型 3－10		模型 3－11		模型 3－12	
	发生比	标准误	发生比	标准误	发生比	标准误
流动类型（参照：流动前）						
乡城流动	3.580 *	2.254	1.787 *	0.436	4.174 *	2.672
城城流动	1.316	0.747	1.092	0.239	1.209	0.688
乡乡流动	3.878 +	3.059	0.959	0.318	3.690 +	2.923
城乡流动	2.924	2.612	1.269	0.511	2.822	2.534
离开户籍地时长	1.006	0.008	1.004	0.008	1.005	0.008
年龄	1.035 ***	0.010	1.027 ***	0.007	1.036 ***	0.010
男性（参照：女性）	0.642 *	0.132	0.553 *	0.147	0.527 *	0.143
受教育程度（参照：初中及以下）						
高中/中专	1.228	0.229	1.216	0.224	1.219	0.227
大专/本科及以上	1.255	0.317	1.226	0.304	1.256	0.316
婚姻状况（参照：未婚）						
已婚	1.480	0.533	1.536	0.542	1.452	0.521
离婚/丧偶及其他	1.842	0.851	1.851	0.844	1.821	0.839
工作场所（参照：未工作）						
户外/车间/运输工具内	0.713	0.166	0.696	0.162	0.704	0.165
办公室/营业场所/家里	1.178	0.232	1.164	0.228	1.174	0.231
其他	0.753	0.313	0.780	0.322	0.761	0.316
收入对数	1.024	0.017	1.027	0.017	1.025	0.017
居住地区（参照：东部地区）						
中部地区	1.034	0.219	1.069	0.224	1.064	0.224
西部地区	1.530 +	0.374	1.486	0.360	1.486	0.363
东北地区	1.207	0.283	1.221	0.282	1.199	0.279
健康行为与保险						
吸烟（参照：否）	0.965	0.196	1.034	0.210	1.030	0.210
饮酒（参照：否）	0.622 *	0.130	0.629 *	0.130	0.622 *	0.129
午睡（参照：否）	0.823	0.114	0.806	0.111	0.809	0.112
锻炼（参照：否）	0.948	0.130	0.950	0.129	0.935	0.128
医疗保险（参照：否）	0.967	0.172	0.983	0.174	0.972	0.173

续表

近期身体不适	模型 3 – 10		模型 3 – 11		模型 3 – 12	
	发生比	标准误	发生比	标准误	发生比	标准误
交互项						
乡城流动 * 年龄	0.982	0.013			0.981	0.013
城城流动 * 年龄	0.999	0.011			0.997	0.011
乡乡流动 * 年龄	0.976	0.017			0.968 +	0.017
城乡流动 * 年龄	0.983	0.016			0.983	0.016
乡城流动 * 男性			0.704	0.271	0.737	0.286
城城流动 * 男性			1.487	0.466	1.531	0.489
乡乡流动 * 男性			3.439 *	2.084	4.279 *	2.635
城乡流动 * 男性			0.980	0.479	1.116	0.564
截距	0.046 ***	0.023	0.067 ***	0.031	0.048 ***	0.025
Rho	0.308	0.039	0.298	0.039	0.301	0.039
样本量	1887		1887		1887	
人数	474		474		474	

注：＊＊＊p＜0.001，＊＊p＜0.01，＊p＜0.05，＋p＜0.1。

第三节　流动对患慢性病的影响

慢性病作为人口健康的重要衡量指标，常作为生理健康的测量指标。在本研究中，通过询问"近半年内是否有医生诊断的慢性疾病"来判断被调查者是否患有慢性病。慢性病作为生理健康的重要方面，是长期累积形成的疾病形态损害的总称，不具有传染性，但是病程长且病情迁延不愈。患有慢性疾病会降低人口的生命质量，严重时会危及生命。常见的慢性病包括心脑血管疾病（高血压、冠心病、脑卒中等）、癌症、糖尿病、慢性呼吸系统疾病等。吸烟、过量饮酒、缺乏锻炼、高盐高脂的不良饮食习惯是促成慢性病的主要危险因素。

2010—2016 年的数据显示，在未流动的 474 人中，15.61% 的人患有医生确诊的慢性疾病。2012 年 351 人发生流动，患有慢性病的比例为 17.95%；在未流动的 119 人中，患有慢性疾病的比例为 18.49%；2014 年，418 人发生了流动，其中 22.25% 患有慢性疾病，在未流动的 53 人中，18.87% 的人患有慢性疾病；2016 年，追踪调查的 474 人均发生了流动，患有慢性疾病的比例为 19.62%，如表 5–11 所示。

表 5–11　　　　　　被调查者流动前后患慢性病情况　　　　单位:%，人

慢性病	2010 年	2012 年		2014 年		2016 年
	未流动	未流动	流动后	未流动	流动后	流动后
是	74(15.61)	23(18.49)	63(17.95)	10(18.87)	93(22.25)	93(19.62)
否	400(84.39)	100(81.51)	288(82.05)	43(81.13)	324(77.75)	381(80.38)
人数	474	119	351	53	418	474

注：括号内为比例。

通过对比被调查者流动前后患慢性疾病的比例发现，流动后与流动前相比，患慢性疾病的比例增加了 4 个百分点，呈现增长趋势，如图 5–3 所示。

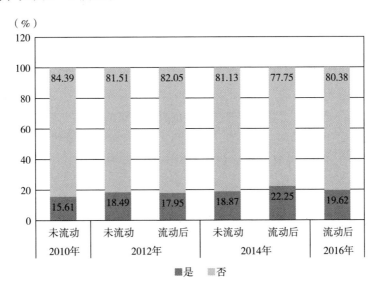

图 5–3　被调查者流动前后患慢性病情况

一 流动行为对个体患慢性病的影响

模型 4-1 中显示，与流动前相比，流动后被调查者患慢性疾病的可能性增加，发生比为 1.200，在统计学上未达到显著意义。值得注意的是，随着离开户籍地时间的增加，患慢性病的可能性显著增加，发生比为 1.029。

模型 4-2 在此基础上纳入年龄、性别等人口学基本变量后，结果显示，流动后患慢性疾病的可能性增加，随着离开户籍地时间的增加，被调查者患慢性病的可能性增加，但是未在统计学意义上达到显著。与此同时，年龄对患慢性疾病产生了显著的正向影响，即随着年龄的增长，患有慢性疾病的可能性显著增加，发生比为 1.051，并具有统计学意义上的显著性。从居住地区层面来看，相较于东部地区，中部地区和东北地区发生慢性病的概率较低，发生比为 0.547 和 0.473，具有统计学上的显著意义。

世界卫生组织调查显示，慢性病的发病原因最主要来自个人的生活方式，其比重占 60% 左右。在生活方式中，膳食不合理、身体活动不足、烟草使用和有害使用酒精是慢性病的四大危险因素。因此需要考虑健康行为、生活方式等对慢性疾病的影响。模型 4-3 中加入是否吸烟、是否经常饮酒、是否有午睡习惯、是否有锻炼习惯等健康行为变量和是否有医疗保险等控制变量。研究结果显示，流动对被调查者患慢性疾病呈现正向影响，发生比为 1.097，但是流动对慢性病的影响并不显著。而年龄依旧显著地影响被调查者是否患慢性疾病，发生比为 1.050，并具有统计学上的意义。同时发现，婚姻状况对是否患慢性病也有显著正向影响，主要体现在相对于未婚状态的人，离婚、丧偶的人患慢性病的可能性较高，发生比为 2.805，并具有显著意义，如 5-12 表所示。

表 5-12   **流动对个体患慢性病的影响**

慢性病	模型 4-1		模型 4-2		模型 4-3	
	发生比	标准误	发生比	标准误	发生比	标准误
流动（参照：流动前）	1.200	0.182	1.092	0.175	1.097	0.179

续表

慢性病	模型 4-1		模型 4-2		模型 4-3	
	发生比	标准误	发生比	标准误	发生比	标准误
离开户籍地时长	1.029***	0.008	1.006	0.008	1.007	0.008
年龄			1.051***	0.008	1.050***	0.008
男性（参照：女性）			0.847	0.159	1.083	0.235
受教育程度（参照：初中及以下）						
高中/中专			1.098	0.233	1.086	0.231
大专/本科及以上			1.382	0.378	1.343	0.372
婚姻状况（参照：未婚）						
已婚			1.687	0.837	1.904	0.956
离婚/丧偶及其他			2.368	1.387	2.805+	1.659
工作场所（参照：未工作）						
户外/车间/运输工具内			0.734	0.210	0.791	0.227
办公室/营业场所/家里			0.865	0.204	0.910	0.216
其他			1.265	0.557	1.340	0.590
收入对数			1.010	0.019	1.008	0.019
居住地区（参照：东部地区）						
中部地区			0.547**	0.126	0.553*	0.128
西部地区			1.227	0.299	1.275	0.312
东北地区			0.473**	0.128	0.507*	0.138
健康行为与保险						
吸烟（参照：否）					0.644*	0.144
饮酒（参照：否）					0.853	0.193
午睡（参照：否）					1.157	0.185
锻炼（参照：否）					1.161	0.183
医疗保险（参照：否）					0.850	0.181
截距	0.084***	0.016	0.009***	0.005	0.008***	0.005
Rho	0.376	0.045	0.267	0.047	0.262	0.047
样本量	1889		1887		1887	
人数	474		474		474	

注：***$p<0.001$，**$p<0.01$，*$p<0.05$，+$p<0.1$。

（1）年龄效应

年龄显著地影响被调查者患有慢性病的可能性。为进一步甄别流动和年龄对慢性病的影响作用，在模型4-4中加入了流动与年龄的交互项，研究结果显示，流动和离开户籍地时长对患慢性病没有显著的影响作用，而年龄始终是个体患慢性病的重要的影响因素。流动与年龄的交互项正向影响患慢性病的可能性，发生比为1.001，虽然统计检验不显著，但是从影响方向上可以表明流动和年龄对慢性病的影响存在相互加强影响的作用。

（2）性别效应

在模型4-5中，进一步控制了流动与性别的交互项，结果显示性别和流动对被调查者是否患有慢性疾病不存在显著的性别差异。由此可见，是否患慢性病主要受到年龄的影响。从现有数据来看，流动对慢性病的影响作用不显著，或者是说短期的流动并不能直接作用于一个人是否患慢性病。值得注意的是，当人一旦患上慢性病，对健康的影响是长期的，不容易恢复。而慢性病在城市的发病率比较高，也被称为"富贵病"，例如患有高血压、高血脂等疾病大多缘于饮食过于营养。对于流动人口这一较为年轻、有活力的群体来说，其本身存在健康的选择性，他们患慢性疾病的可能性也比较低，因此在探讨流动对慢性病影响时，并未发现显著的影响。健康是多维的、综合的指标，慢性病也是作为健康状况的一个非常重要的评价方面。因此，慢性病是从健康的一个侧面反映了流动对健康影响的可能性。

表5-13　　　　　　　　分年龄性别看流动对慢性病的影响

慢性病	模型4-4		模型4-5		模型4-6	
	发生比	标准误	发生比	标准误	发生比	标准误
流动（参照：流动前）	1.030	0.592	1.151	0.251	1.053	0.609
离开户籍地时长	1.007	0.008	1.007	0.008	1.007	0.008
年龄	1.049 ***	0.012	1.050 ***	0.008	1.049 ***	0.012
男性（参照：女性）	1.083	0.235	1.164	0.352	1.169	0.355

续表

慢性病	模型 4－4		模型 4－5		模型 4－6	
	发生比	标准误	发生比	标准误	发生比	标准误
受教育程度（参照：初中及以下）						
高中/中专	1.087	0.232	1.086	0.231	1.088	0.232
大专/本科及以上	1.344	0.372	1.342	0.371	1.344	0.372
婚姻状况（参照：未婚）						
已婚	1.917	0.970	1.916	0.963	1.936	0.981
离婚/丧偶及其他	2.823 +	1.677	2.826 +	1.672	2.855 +	1.698
工作场所（参照：未工作）						
户外/车间/运输工具内	0.791	0.227	0.790	0.226	0.789	0.226
办公室/营业场所/家里	0.909	0.216	0.907	0.215	0.907	0.215
其他	1.340	0.591	1.339	0.590	1.340	0.590
收入对数	1.008	0.019	1.008	0.019	1.008	0.019
居住地区（参照：东部地区）						
中部地区	0.553 *	0.128	0.552 *	0.127	0.553 *	0.128
西部地区	1.275	0.313	1.275	0.312	1.275	0.312
东北地区	0.507 *	0.138	0.508 *	0.138	0.508 *	0.138
健康行为与保险						
吸烟（参照：否）	0.644 *	0.144	0.643 *	0.144	0.644 *	0.144
饮酒（参照：否）	0.853	0.193	0.853	0.193	0.853	0.193
午睡（参照：否）	1.157	0.185	1.160	0.186	1.160	0.186
锻炼（参照：否）	1.162	0.183	1.163	0.183	1.164	0.183
医疗保险（参照：否）	0.851	0.182	0.849	0.181	0.850	0.182
交互项						
流动 * 年龄	1.001	0.011			1.002	0.011
流动 * 男性			0.903	0.270	0.897	0.271
截距	0.008 ***	0.006	0.008 ***	0.005	0.008 ***	0.006
Rho	0.262	0.047	0.262	0.047	0.262	0.047
样本量	1887		1887		1887	
人数	474		474		474	

注：＊＊＊p＜0.001，＊＊p＜0.01，＊p＜0.05，＋p＜0.1。

二 流动类型对个体患慢性病的影响

从人口流动类型和离开户籍地时间对慢性病的影响来看，发生城城流动的被调查者患慢性病的可能性显著增加，随着离开户籍地时间的增加，患慢性病的可能性显著增加。但是加入年龄等基本变量后，流动因素对患慢性病的影响消失。年龄仍是影响慢性病的重要因素。

模型4-7检验了不同流动类型和离开户籍地时长对慢性病的影响作用，研究显示，发生城城流动的人与流动前相比，其患慢性病的可能性增加，发生比为1.368，并具有统计学意义上的显著性。

模型4-8进一步加入年龄、性别、受教育程度、婚姻状况等基本人口学特征后发现，无论何种类型的流动，其流动后与流动前相比，对慢性病并没有显著的影响。离开户籍地时长对被调查者患慢性病的可能性也不具有显著影响。而年龄始终是作为影响个体是否患慢性病的重要影响因素，发生比为1.051。进一步加入健康行为和医疗保险等控制变量后发现，流动类型仍然对个体是否患有慢性病未产生显著的影响作用，年龄仍然是正向且显著地影响个体是否患慢性病的最主要因素。

表5-14　　　　　　　　　流动类型对慢性病的影响

慢性病	模型4-7		模型4-8		模型4-9	
	发生比	标准误	发生比	标准误	发生比	标准误
流动类型（参照：流动前）						
乡城流动	0.958	0.222	1.068	0.255	1.097	0.264
城城流动	1.368 +	0.249	1.162	0.219	1.160	0.223
乡乡流动	1.141	0.382	1.108	0.380	1.109	0.382
城乡流动	1.351	0.363	1.068	0.284	1.068	0.286
离开户籍地时长	1.028 **	0.008	1.006	0.008	1.007	0.008
年龄			1.051 ***	0.008	1.050 ***	0.008
男性（参照：女性）			0.849	0.160	1.085	0.236
受教育程度（参照：初中及以下）						

续表

慢性病	模型 4-7		模型 4-8		模型 4-9	
	发生比	标准误	发生比	标准误	发生比	标准误
高中/中专			1.092	0.234	1.084	0.232
大专/本科及以上			1.360	0.377	1.331	0.373
婚姻状况（参照：未婚）						
已婚			1.683	0.835	1.898	0.954
离婚/丧偶及其他			2.346	1.374	2.779 $^+$	1.644
工作场所（参照：未工作）						
户外/车间/运输工具内			0.735	0.211	0.788	0.227
办公室/营业场所/家里			0.867	0.206	0.909	0.216
其他			1.274	0.561	1.344	0.592
收入对数			1.010	0.019	1.009	0.019
居住地区（参照：东部地区）						
中部地区			0.558 *	0.130	0.562 *	0.132
西部地区			1.247	0.313	1.295	0.327
东北地区			0.479 **	0.129	0.512 *	0.139
健康行为与保险						
吸烟（参照：否）					0.646	0.145
饮酒（参照：否）					0.854	0.193
午睡（参照：否）					1.155	0.185
锻炼（参照：否）					1.155	0.182
医疗保险（参照：否）					0.846	0.181
截距	0.085 ***	0.016	0.009 **	0.005	0.008 **	0.005
Rho	0.360	0.045	0.265	0.047	0.260	0.047
样本量	1889		1889		1887	
人数	474		474		474	

注：$***p<0.001$，$**p<0.01$，$*p<0.05$，$+p<0.1$。

（1）年龄效应

如表 5-15 所示，模型 4-10 中加入了流动类型和年龄的交互项发现，不同流动类型的被调查者在流动前后，其患慢性病的可能性并没有发生显著的作用，年龄依然是显著地影响是否患慢性病的主要因素，发生比为 1.049。

表 5 - 15　　分年龄性别看流动对慢性病的影响

慢性病	模型 4 - 10		模型 4 - 11		模型 4 - 12	
	发生比	标准误	发生比	标准误	发生比	标准误
流动类型（参照：流动前）						
乡城流动	1.430	1.184	1.040	0.317	1.334	1.131
城城流动	0.861	0.614	1.221	0.314	0.885	0.632
乡乡流动	1.212	1.240	0.947	0.403	1.139	1.183
城乡流动	1.082	1.273	1.627	0.724	1.149	1.365
离开户籍地时长	1.007	0.008	1.007	0.008	1.007	0.008
年龄	1.049 ***	0.011	1.050 ***	0.008	1.049 ***	0.011
男性	1.079	0.235	1.133	0.340	1.138	0.342
受教育程度（参照：初中及以下）						
高中/中专	1.099	0.237	1.092	0.234	1.109	0.239
大专/本科及以上	1.364	0.386	1.348	0.377	1.388	0.392
婚姻状况（参照：未婚）						
已婚	1.888	0.955	1.900	0.953	1.878	0.947
离婚/丧偶及其他	2.778 +	1.647	2.795 +	1.650	2.794 +	1.652
工作场所（参照：未工作）						
户外/车间/运输工具内	0.791	0.228	0.776	0.224	0.778	0.224
办公室/营业场所/家里	0.911	0.217	0.913	0.217	0.913	0.217
其他	1.362	0.600	1.356	0.597	1.377	0.606
收入对数	1.008	0.019	1.009	0.019	1.008	0.019
居住地区（参照：东部地区）						
中部地区	0.560 *	0.131	0.574 *	0.134	0.572 *	0.133
西部地区	1.292	0.326	1.276	0.322	1.275	0.322
东北地区	0.510 *	0.138	0.517 *	0.140	0.515 *	0.139
健康行为与保险						
吸烟（参照：否）	0.647 +	0.145	0.643 *	0.144	0.647	0.145
饮酒（参照：否）	0.851	0.193	0.852	0.192	0.852	0.192

续表

慢性病	模型 4-10		模型 4-11		模型 4-12	
	发生比	标准误	发生比	标准误	发生比	标准误
午睡（参照：否）	1.154	0.185	1.154	0.184	1.158	0.185
锻炼（参照：否）	1.154	0.182	1.153	0.182	1.150	0.182
医疗保险（参照：否）	0.844	0.180	0.842	0.180	0.842	0.180
交互项						
乡城流动 * 年龄	0.995	0.016			0.995	0.016
城城流动 * 年龄	1.006	0.013			1.006	0.013
乡乡流动 * 年龄	0.998	0.020			0.996	0.020
城乡流动 * 年龄	1.000	0.020			1.007	0.021
乡城流动 * 男性			1.168	0.533	1.148	0.522
城城流动 * 男性			0.905	0.324	0.884	0.319
乡乡流动 * 男性			1.703	1.190	1.732	1.212
城乡流动 * 男性			0.546	0.294	0.519	0.292
截距	0.008 ***	0.006	0.008 ***	0.005	0.008 ***	0.006
Rho	0.259	0.047	0.256	0.047	0.253	0.047
样本量	1887		1887		1887	
人数	474		474		474	

注：***p < 0.001，**p < 0.01，*p < 0.05，+p < 0.1。

（2）性别效应

在模型 4-11 中加入流动与性别的交互项，模型 4-12 同时考虑流动与年龄的交互项和流动与性别的交互项，其结果一致表明，随着年龄的增加，被调查者患慢性病的可能性显著增加。基于以上模型分析，可以发现是否患慢性病主要受到年龄的影响，其他因素在年龄的影响作用下都并未显现出显著的影响作用。不同类型的流动也没有对被调查者是否患有慢性病产生显著的影响作用。

第四节　本章小结

本章检验了流动对生理健康的影响作用，并在此基础上验证了不同流动类型的个体在发生流动后生理健康的变化情况。主要有以下几点发现。

（一）流动削弱了个体的生理健康状况

从本研究选取的三个生理健康指标的检验结果来看，流动后个体超重的可能性显著增大；流动后个体近期身体不适的可能性也发生了显著提升；而流动后个体患慢性疾病的概率有增加的趋势，但是未达到统计学的显著意义。综合来看，流动后使得个体的生理健康产生了削弱，这与本研究的研究假设一致。流动对个体生理健康的削弱作用得到部分验证。

从已有研究的结果来看，流动对生理健康的损耗作用较为明显。美国的研究表明，迁移者在美国居住 10 年后，BMI 指数显著提高。在美国居住了至少 15 年的移民，与美国出生的成年人面临同样的肥胖问题（Goel et al.，2004）。印度的研究表明，迁移流动增大了个体肥胖的可能性，而肥胖作为健康指标会带来其他的健康风险（Ebrahim et al.，2010）。关于近期身体不适这一指标，更多的研究关注的是流动人口与本地人口相比，具有较大的健康优势。然而，在健康损耗方面，较少对比流动前后，个体的近期身体不适状况。在慢性病方面，迁移流动人口优于城市人口，在加拿大的研究中得到验证（Gushulak et al. 2011）。同时，中国的乡城流动者的慢性病患病情况差于农村非流动者（牛建林，2013）。综合以上信息可以发现，流动人口在生理健康方面的确存在较为严重的健康损耗。

（二）乡城流动人口的生理健康状况需要给予更多关注

研究检验不同流动类型的个体的生理健康状况发现，乡城流动和乡乡流动的人比流动前更容易超重；发生乡城流动的人近期身体不适的可能性较高；慢性病在不同类型的流动人口的影响未见显著差异。从以上结果中发现，在超重、近期身体不适和慢性病三个生理健康指标上，乡城流动人口均表现出显著的健康变差的可能性。国内的相关研究主要关注的是乡城流动人口，或者是农民工群体，他们在生理健康上存在较为严重的损耗（苑会娜，2009；秦立建等2014）。因此，在生理健康方面需要给予乡城流动人口更多的关注。

（三）流动和年龄对生理健康（超重和近期身体不适）的影响存在相互削弱的作用

年龄显著地影响个体超重、近期身体不适和患有慢性疾病的可能性。随着年龄的增长，超重的可能性也在增加，近期身体不适的可能性也在显著增加，患有慢性病的概率也显著增加。考虑了流动与年龄对生理健康的交互作用后发现，流动和年龄对超重的影响存在相互削弱的作用，流动后，随着年龄的增长，超重的可能性有所减弱。流动与年龄的交互项对近期身体不适的影响也存在相同的影响，但是未见统计显著性。

流动和年龄对慢性病的影响存在相互加强的作用，即流动后，随着年龄的增长，患慢性病的可能性增加，但这一结果也未得到统计上的显著检验。

（四）流动对生理健康的影响存在显著的性别差异

性别显著地影响生理健康。男性超重的可能性显著地高于女性，而女性近期身体不适的可能性显著高于男性。男性患慢性疾病的可能性高于女性但是未见统计显著性。从以上结果可以看出，男性和女性在不同生理指标上表现出不同的脆弱性。

第六章　流动对个体心理健康的影响

　　迁移流动是一种社会现象，它影响着人们的生活和周围的环境。迁移流动不仅对个人产生影响，对环境也产生影响。生育、死亡、迁移是决定人口变动的三大组成部分。迁移流动也是一个适应的过程，当迁移者从一个地方迁移到另一个新的地方时，陌生的生活环境、语言沟通的困难、文化差异等都会给迁移者带来心理的负担和压力，这将对他们的健康产生影响（Virupaksha and Kumar，2014）。因此，在探讨迁移流动对健康的影响时，不能忽略对心理健康造成的影响。

　　西方社会的移民潮是随着工业化与全球化的过程而逐渐兴起的，特别是第二次世界大战之后，国际移民以较大的规模实现跨国流动。在这种背景下，移民作为一个特殊的群体，在进入一个新的国家或社会之后必然要面临诸如就业、教育、社会关系交往等问题（梁波等，2010）。移民的社会融入被认为是一个充满压力的过程，家人和朋友的缺失、较低的社会经济地位、语言障碍、文化障碍、歧视等是影响移民心理健康的危险因素（邱培媛等，2010）。移民为了适应充满压力的生活环境，必须付出必要的资源对抗压力，将会直接影响他们的健康和社会支持（Cohen & Wills，1985）。

　　心理健康已经被视为工业化社会衍生的一个社会问题，在欠发达国家也逐渐受到关注（Miller，2006）。移民中最为常见的心理问题是抑郁，这导致移民的生活质量不断降低，也会威胁到他们的健康，引发诸如吸烟等不健康行为（Sullivan & Rehm，2005）。伴随在迁移过程中的生活环境压力、家庭分离的生活状态或者长期生活压力，带给流动人口心理压力，导致流动人口心理和生理健康有所降低（Lin & Ensel，1989；Aneshensel，1992）。

　　国外关于移民的心理健康研究可以得到一些启示：首先，移民的心理健康是一个动态变化的过程，不仅受移民前的个人身体以及心理健康的影响，同时也受迁入地社会环境因素的影响。其次，迁移对心理健康的影响可能与移民本身的异质性有关，如来自不同的国家、民族以及信仰不同的宗教等。有关中国流动人口心理健康的调查研究主要集中在流动人口一般的心理健康状态、精神疾病患病等情况，以及相关的影响因素等方面。国内关于流动人口心理健康的测量大多使用 SCL - 90 量表、抑郁量表、自评健康量表等测量手段。现有研究在重庆市、上海市和深圳市用 SCL - 90 量表对流动人口心理健康状况进行评价，其研究表明流动人口存在一定的心理问题，其心理健康水平显著低于全国正常人均水平，流动人口的心理问题包括焦虑、人际关系敏感、偏执以及敌意，流动人口在 SCL - 90 的总得分、强迫因子得分、人际关系敏感因子得分，以及恐惧因子得分上高于当地人。他们的健康状况较差主要表现为两周内患病、性格内向、无知心朋友、感觉有压力、失眠、自感健康差等（蒋善等，2007；何江江等，2008；Shen et al.，1998）。陈再芳等学者用自评抑郁量表以及自测健康评定量表对无锡市流动人口进行调查显示，流动人口抑郁自评得分高于全国常模。流动人口的健康得分与年龄、性别、婚姻状况、外出打工年限有一定关系（陈再芳等，2006）。

　　但是，有些研究人员也提出了不一样的观点。如 Li L 等用 5 条目心理健康问卷，SF - 36 生命质量问卷对浙江省的流动人口和当地居民进行了深入调查，对比发现，流动人口的心理健康状况好于与他们处于同样社会经济地位的当地人。在控制年龄、性别以及婚姻因素后，两个人群的心理健康状况并没有统计学差异。农村人口的心理健康状况好于流动人口以及当地城市人口。研究者认为，浙江省的流动人口以提高经济收入为目的，他们流动的原因是务工经商。在流入地的生活因为收入提高而生活得更好，对他们的心理健康状况影响不大，流动人口与本地居民的心理差异不大，可以视为潜在地保护了他们的心理健康（Li L et al.，2007）。

　　在国外，也有一些关于移民时间对移民心理健康产生影响的研究。研究表明：移民在迁入地的生活时间越久，其适应性越好，心理问题的发生率就越低。但也有研究得出移民时间与心理健康呈负相关的关系。第二代移民的心理健康状况较第一代移民差。产生这些现象可能的解释如下：（1）在移民的初期阶段，由于其年龄结构比较好，移民前的健康状况较佳，产生心理问题的状况相对较少。当移民开始考虑定居时，各种经济及社会因素就有可能对其心理健康产生影响。（2）精神疾病的患病情况在移民初期与迁出地的情况相类似，随着时间的推移，移民的患病情况会逐渐与迁入地的整体患病情况相接近。（3）第二代移民所面临的文化冲突会比第一代移民所面临的情况更为严重（邱培媛等，2010）。

综上所述，迁移流动对人口健康的影响可以分为两个方向。一是，流动本身是一个充满竞争与压力的过程，语言、文化上的差异、迁移社会网络的变化以及社会支持的减弱等情况可能使得流动人口的心理健康状况较一般人群差。二是，流动性创造了更多的工作机会，并增加了流动人口的经济收入，对其心理健康也起到了一定的保护作用。

本章将心理健康分为心理疾患情况/抑郁状况、生活满意度和未来信心程度三个部分，分别探讨流动/流动类型对它们的影响作用。需要说明的是，心理疾患/抑郁代表心理健康的负向指标；生活满意度和未来信心程度表示心理健康的正向指标。基于流动对健康可能产生的损耗效应，本研究提出以下三个研究假设，通过数据分析进行验证。

假设 3a 与流动前相比，流动后个体的心理疾患/抑郁的可能性增强。

假设 3b 与流动前相比，流动后个体的生活满意度降低。

假设 3c 与流动前相比，流动后个体的对未来信心程度降低。

第一节　流动对心理疾患/抑郁的影响

在本研究中，我们使用凯斯勒心理疾患量表（K6）测量心理疾患情况。该量表有 6 个关于精神状态的描述，根据被访问者最近 1 个月内的情况进行选择，（1）几乎每天，（2）经常，（3）一半时间，（4）有一些时候，（5）从不。测量题目如下所示：（1）最近一个月，您感到情绪沮丧、郁闷、做什么事情都不能振奋的频率；（2）最近一个月，您感到精神紧张的频率；（3）最近一个月，您感到坐卧不安、难以保持平静的频率；（4）最近一个月，您感到未来没有希望的频率；（5）最近一个月，您做任何事情都感到困难的频率；（6）您认为生活没有意义的频率。根据题项得分进行加总，并进行负向转换，得分越高，心理疾患程度越高，心理健康状况越差。2010 年和 2014 年，个体心理疾患得分情况如图 6 - 1 所示。

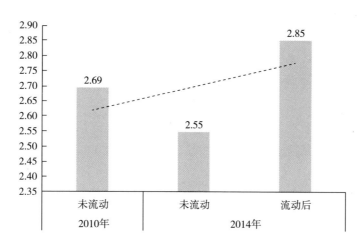

图 6 - 1　人口流动前后个人心理疾患得分情况

2010 年和 2014 年关于人口流动前后个人心理疾患状况的数据显示，2010 年人口未流动时，个人心理疾患的平均得分为 2.69

分，标准差为 0. 161；2014 年，未流动人口的心理疾患的平均得分为 2. 55 分，标准差为 0. 472，流动人口的心理疾患的平均得分是 2. 85 分，标准差为 0. 172。通过 2010 年和 2014 年流动前后心理疾患平均得分的对比可以发现，流动后，个人的心理疾患得分有所提高，既高于流动前的心理疾患平均得分，也高于同一时期未流动人口的心理疾患平均得分，如表 6 – 1 所示。

表 6 – 1　　　　　　人口流动前后个人心理疾患得分情况　　　　单位：人

心理疾患状况	2010 年	2014 年	
	未流动	未流动	流动后
均值	2. 69	2. 55	2. 85
标准差	0. 161	0. 472	0. 172
人数	470	53	415

抑郁量表使用的是八道题的简要量表，通过访问者回答过去一周内相关感受或行为的发生频率，（1）几乎没有（不到一天），（2）有些时候（1 – 2 天），（3）经常有（3 – 4 天），（4）大多数时候有（5 – 7 天）。主要测量题目有：（1）我感到情绪低落；（2）我觉得做任何事情都很费劲；（3）我的睡眠不好；（4）我感到愉快；（5）我感到孤独；（6）我生活快乐；（7）我感到悲伤难过；（8）我觉得生活无法继续。其中，（4）和（6）项需要进行负向转换，将以上八个题项得分加总，得分越高，表明抑郁程度越高，心理健康状况越差。

如图 6 – 2 所示，通过对比 2012 年和 2016 年的追踪数据发现，流动后，被调查者抑郁水平有所提高。具体来看，2012 年，已经发生流动的 350 人，抑郁的平均得分为 4. 87 分，标准差为 0. 197；未发生流动的 119 人，抑郁的平均得分为 4. 74 分，标准差为 0. 330。2016 年，所有人均发生了流动，抑郁的平均得分为 5. 22 分，标准差为 0. 178。数据表明，流动后与流动前相比，抑郁水平有所升高。与两年前已经发生流动的人相比，流动后抑郁平均水平也有所提高。如表 6 – 2 所示。

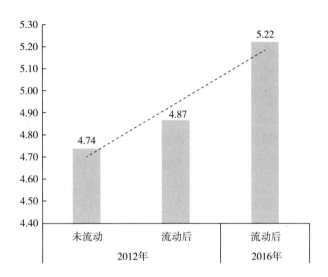

图 6 – 2 人口流动前后抑郁得分情况

表 6 – 2		人口流动前后抑郁得分情况	单位：人
抑郁状况	2012 年		2016 年
	未流动	流动后	流动后
均值	4. 74	4. 87	5. 22
标准差	0. 330	0. 197	0. 178
人数	119	350	474

由于在 CFPS 问卷设计中对个人的心理健康的测量采用心理疾患量表和抑郁量表，并且进行隔年测量。虽然以上两个量表是心理学中成熟的量表，但是它们分别反映心理健康的不同维度，不能直接进行比较。因此，本章对其分布情况分别进行描述。在回归分析部分，本章将各量表得分汇总，将其得分转化为方向一致，得分范围一致。将总分标准化，再进行回归分析。

一 流动行为对心理疾患/抑郁水平的影响

首先检验流动对心理疾患/抑郁的影响。从流动和离开户籍地时长对心理疾患/抑郁的影响来看，两者均未对心理疾患产生显著影响。流动后与流动前相比，心理疾患/抑郁水平有所提升，回归系数为 0.058，但并未通过显著性检验。

模型 5 - 2 在此基础上，加入了年龄、性别等人口学基本特征后发现，流动后，心理疾患/抑郁水平有所上升，回归系数为 0.039，但是也并不显著。性别显著地影响心理疾患/抑郁情况。相对于女性，男性的心理疾患/抑郁程度更低，回归系数为 - 0.140，并在统计学上具有显著意义。这意味着男性比女性的心理健康状况更好。相对于初中及以下受教育水平的被调查者来说，受教育程度为高中/中专的人，其心理疾患/抑郁得分更低。离婚/丧偶的人心理疾患/抑郁水平得分更高，这意味着他们的心理健康状况更差，回归系数为 0.344，具有显著的统计学意义。

模型 5 - 3 进一步控制了健康行为和医疗保险后发现，流动正向影响着个人的心理疾患/抑郁水平，回归系数为 0.054，但是统计学意义上不具有显著性。性别和受教育程度也显著地影响心理疾患水平/抑郁状况，男性的心理疾患/抑郁水平相对于女性来说更低，受教育程度较高的人比受教育程度较低的人的心理疾患/抑郁水平更低。在健康行为方面，研究发现，吸烟显著地提升了个人的心理疾患/抑郁水平，回归系数为 0.124，而锻炼身体显著地降低了心理疾患/抑郁水平得分，回归系数为 - 0.085，如表 6 - 3 所示。这表明，健康行为对心理健康产生显著的影响，吸烟作为不良的健康行为，不仅对生理健康产生恶性影响，在一定程度上也负向影响着心理健康。锻炼作为一种健康行为，可以在身心方面给予人们支持和保护。

表 6 - 3　　　　　　　　　　流动对心理疾患/抑郁的影响

心理疾患/抑郁	模型 5 - 1		模型 5 - 2		模型 5 - 3	
	回归系数	标准误	回归系数	标准误	回归系数	标准误
流动（参照：流动前）	0.058	0.039	0.039	0.041	0.054	0.042
离开户籍地时长	0.000	0.003	0.001	0.003	0.001	0.003
年龄			- 0.002	0.002	- 0.002	0.002
男性（参照：女性）			- 0.140 *	0.064	- 0.185 **	0.072
受教育程度（参照：初中及以下）						

续表

心理疾患/抑郁	模型 5-1		模型 5-2		模型 5-3	
	回归系数	标准误	回归系数	标准误	回归系数	标准误
高中/中专			-0.189 **	0.060	-0.187 **	0.060
大专/本科及以上			-0.132	0.082	-0.112	0.082
婚姻状况（参照：未婚）						
已婚			-0.150	0.105	-0.158	0.106
离婚/丧偶及其他			0.344 *	0.149	0.323 *	0.149
工作场所（参照：未工作）						
户外/车间/运输工具内			0.034	0.069	0.022	0.069
办公室/营业场所/家里			0.060	0.060	0.054	0.061
其他			0.025	0.127	0.003	0.128
收入对数			-0.004	0.005	-0.004	0.005
居住地区（参照：东部地区）						
中部地区			-0.041	0.076	-0.044	0.076
西部地区			0.188 *	0.089	0.179 *	0.089
东北地区			0.019	0.086	0.000	0.086
健康行为与保险						
吸烟（参照：否）					0.124 +	0.066
饮酒（参照：否）					-0.046	0.065
午睡（参照：否）					0.014	0.044
锻炼（参照：否）					-0.085 *	0.043
医疗保险（参照：否）					-0.062	0.055
截距	-0.105 **	0.049	0.214	0.139	0.273 +	0.141
Rho	0.378		0.355		0.348	
样本量	1881		1881		1881	
人数	474		474		474	

注：*** p<0.001，** p<0.01，* p<0.05，+ p<0.1。

（1）年龄效应

模型 5-4 加入了流动与年龄的交互项。研究发现，流动、年龄以及流动与年龄的交互项对健康的影响均不显著。性别显著地影响着抑郁水平，男性的抑郁水平低于女性。离婚、丧偶的人的心理疾患得分和抑郁水平增高，心理健康状况更差。由此可见，心理疾患和抑郁程度具有显著的年龄差异。

（2）性别效应

模型5-5控制了流动与性别的交互项。研究发现，性别显著地影响个人的心理疾患/抑郁水平，相对于女性，男性心理疾患/抑郁得分较低，心理健康状况较好，回归系数为-0.154，具有统计学意义上的显著性。而流动与性别的交互项也负向地影响个人的心理疾患/抑郁水平，回归系数为-0.043，但未通过显著性检验。这说明，流动对心理疾患/抑郁水平的影响和性别对心理疾患/抑郁水平的影响之间存在"相互削弱"的关系。

模型5-6同时纳入流动与年龄的交互项和流动与性别的交互项发现，性别显著地影响个人的心理疾患/抑郁水平。受教育程度越高，心理疾患/抑郁水平越低，高中/中专受教育程度和大专/本科及以上的受教育程度的人的回归系数分别为-0.182和-0.105。相对于未婚者，经历了离婚/丧偶的人，其心理疾患/抑郁水平得分更高，心理健康状况越差，回归系数为0.346，具有统计学意义上的显著性。从健康行为方面来看，有吸烟行为的人，心理疾患/抑郁水平更高，回归系数为0.127；有锻炼习惯的人，其心理疾患/抑郁水平更低，心理健康状况越好，回归系数为-0.083，以上变量均通过了统计学的显著检验，如表6-4所示。

表6-4　　　　分年龄性别看流动对心理疾患/抑郁的影响

心理疾患/抑郁	模型5-4		模型5-5		模型5-6	
	回归系数	标准误	回归系数	标准误	回归系数	标准误
流动（参照：流动前）	-0.075	0.125	0.076	0.055	-0.062	0.126
离开户籍地时长	0.002	0.003	0.002	0.003	0.002	0.003
年龄	-0.004	0.003	-0.002	0.002	-0.004	0.003
男性（参照：女性）	-0.187**	0.072	-0.154+	0.088	-0.145+	0.088
受教育程度（参照：初中及以下）						
高中/中专	-0.182**	0.060	-0.186**	0.059	-0.182**	0.060

续表

心理疾患/抑郁	模型 5 - 4		模型 5 - 5		模型 5 - 6	
	回归系数	标准误	回归系数	标准误	回归系数	标准误
大专/本科及以上	- 0.106	0.083	- 0.112	0.082	- 0.105	0.082
婚姻状况（参照：未婚）						
已婚	- 0.136	0.108	- 0.156	0.106	- 0.130	0.108
离婚/丧偶及其他	0.341 *	0.150	0.325 *	0.149	0.346 *	0.150
工作场所（参照：未工作）						
户外/车间/运输工具内	0.021	0.069	0.022	0.069	0.021	0.069
办公室/营业场所/家里	0.056	0.061	0.054	0.061	0.055	0.061
其他	0.009	0.128	0.004	0.128	0.011	0.128
收入对数	- 0.004	0.005	- 0.005	0.005	- 0.004	0.005
居住地区（参照：东部地区）						
中部地区	- 0.044	0.076	- 0.045	0.076	- 0.045	0.076
西部地区	0.179 *	0.089	0.179 *	0.089	0.179 *	0.089
东北地区	0.000	0.086	0.000	0.086	0.001	0.086
健康行为与保险						
吸烟（参照：否）	0.127 +	0.066	0.124 +	0.066	0.127 +	0.066
饮酒（参照：否）	- 0.045	0.065	- 0.046	0.065	- 0.045	0.065
午睡（参照：否）	0.013	0.044	0.015	0.044	0.015	0.044
锻炼（参照：否）	- 0.084 +	0.043	- 0.085 *	0.043	- 0.083 +	0.043
医疗保险（参照：否）	- 0.058	0.055	- 0.063	0.055	- 0.058	0.055
交互项						
流动 * 年龄	0.003	- 0.003			0.003	- 0.003
流动 * 男性			- 0.043	- 0.076	- 0.058	- 0.077
截距	0.332 +	0.151	0.258 +	0.143	0.319 *	0.152
Rho	0.348		0.345		0.345	
样本量	1881		1881		1881	
人数	474		474		474	

注： * * * p < 0.001， * * p < 0.01， * p < 0.05， + p < 0.1。

二 流动类型对心理疾患/抑郁水平的影响

流动状态进一步分为乡城流动、城城流动、乡乡流动和城乡流动四种类型。模型 5 - 7 检验不同流动类型和离开户籍地时长对心理疾患和抑郁水平的影响发现，乡城流动者的心理疾患/抑郁水平显著升高，心理健康状况变差，回归系数为 0.118，并具有统计学意义上的显著性。

在模型 5-8 中加入了人口学基本变量后发现，流动类型和离开户籍地时长对心理健康的影响变得不再显著。性别显著地影响个人的心理疾患/抑郁水平，相对于女性来说，男性的心理疾患得分更低，心理健康状况更好。受教育程度显著地影响心理疾患和抑郁得分情况，特别是高中/中专受教育程度的人相对于初中受教育程度的人来说，心理健康状况更好。经历了离婚、丧偶事件的人，其心理健康状况更差，抑郁水平更高，心理疾患/抑郁得分更高。

模型 5-9 在模型 5-8 的基础上加入健康行为和医疗保险变量后发现，流动类型对心理疾患/抑郁的影响不显著。女性较之于男性，心理疾患/抑郁水平较高。受教育程度和婚姻状况，与模型 5-8 的结果基本一致，值得注意的是，在健康行为方面，吸烟和锻炼行为显著地影响着心理健康状况。有吸烟习惯，个人的心理疾患/抑郁水平显著提升，回归系数为 0.119，心理健康状况恶化；有锻炼行为之后，心理疾患得分/抑郁程度降低，回归系数为 -0.086，心理健康状况显著得到改善，均具有统计学意义上的显著性，如表 6-5 所示。

表 6-5　　　　　　　流动类型对心理疾患/抑郁的影响

心理疾患/抑郁	模型 5-7		模型 5-8		模型 5-9	
	回归系数	标准误	回归系数	标准误	回归系数	标准误
流动类型（参照：流动前）						
乡城流动	0.118 *	0.060	0.084	0.062	0.099	0.063
城城流动	0.025	0.049	0.020	0.052	0.039	0.052
乡乡流动	0.081	0.089	0.002	0.090	0.018	0.090
城乡流动	0.071	0.076	0.079	0.077	0.089	0.077
离开户籍地时长	0.000	0.003	0.001	0.003	0.001	0.003
年龄			-0.003	0.002	-0.002	0.002

续表

心理疾患/抑郁	模型5-7		模型5-8		模型5-9	
	回归系数	标准误	回归系数	标准误	回归系数	标准误
男性（参照：女性）			-0.143*	0.064	-0.186*	0.072
受教育程度（参照：初中及以下）						
高中/中专			-0.186**	0.060	-0.184**	0.060
大专/本科及以上			-0.127	0.083	-0.106	0.083
婚姻状况（参照：未婚）						
已婚			-0.150	0.105	-0.158	0.106
离婚/丧偶及其他			0.348*	0.149	0.326*	0.149
工作场所（参照：未工作）						
户外/车间/运输工具内			0.029	0.069	0.016	0.069
办公室/营业场所/家里			0.055	0.061	0.050	0.061
其他			0.023	0.128	0.002	0.128
收入对数			-0.004	0.005	-0.004	0.005
居住地区（参照：东部地区）						
中部地区			-0.049	0.077	-0.051	0.077
西部地区			0.184*	0.091	0.176+	0.091
东北地区			0.017	0.086	-0.002	0.086
健康行为与保险						
吸烟（参照：否）					0.119+	0.066
饮酒（参照：否）					-0.046	0.065
午睡（参照：否）					0.014	0.044
锻炼（参照：否）					-0.086*	0.043
医疗保险（参照：否）					-0.064	0.055
截距	-0.106*	0.049	0.218	0.140	0.276+	0.142
Rho	0.376		0.355		0.349	
样本量	1881		1881		1881	
人数	474		474		474	

注：***p<0.001，**p<0.01，*p<0.05，+p<0.1。

（1）年龄效应

将流动类型与年龄的交互项放入模型后发现，流动类型、年龄与流动类型的交互项均未发生显著影响。心理疾患/抑郁存在明显的性别差异，离婚/丧偶加剧了人的心理疾患/抑郁水平。吸烟加剧了人的心理疾患/抑郁水平，锻炼行为显著地降低心理疾患/抑郁水平，心理健康状况得到一定的保护和提升作用，详见模型 5-10。

（2）性别效应

模型 5-11 将流动类型与性别的交互项纳入模型中发现，性别显著地影响心理疾患/抑郁水平，而流动类型性别与流动类型的交互项对心理疾患/抑郁的影响作用并不显著，详见模型 5-11。

在模型 5-12 中，同时考虑了流动类型与年龄的交互项、流动类型与性别的交互项，结果表明，受教育程度、婚姻状况、吸烟和锻炼显著地影响心理疾患/抑郁水平，如表 6-6 所示。

表 6-6　　分年龄性别看流动类型对心理疾患/抑郁的影响

心理疾患/抑郁	模型 5-10		模型 5-11		模型 5-12	
	回归系数	标准误	回归系数	标准误	回归系数	标准误
流动类型（参照：流动前）						
乡城流动	0.139	0.194	0.095	0.079	0.126	0.199
城城流动	-0.110	0.169	0.086	0.071	-0.077	0.172
乡乡流动	-0.311	0.251	0.068	0.105	-0.297	0.252
城乡流动	-0.104	0.273	0.072	0.135	-0.102	0.279
离开户籍地时长	0.001	0.003	0.001	0.003	0.001	0.003
年龄	-0.004	0.003	-0.002	0.002	-0.004	0.003
男性	-0.191 **	0.072	-0.146 +	0.087	-0.139	0.088
受教育程度（参照：初中及以下）						
高中/中专	-0.178 **	0.060	-0.185 **	0.060	-0.178 **	0.060
大专/本科及以上	-0.098	0.084	-0.107	0.083	-0.099	0.084
婚姻状况（参照：未婚）						
已婚	-0.145	0.108	-0.156	0.106	-0.137	0.108
离婚/丧偶及其他	0.331 *	0.150	0.331 *	0.149	0.340 *	0.150
工作场所（参照：未工作）						
户外/车间/运输工具内	0.018	0.069	0.018	0.069	0.021	0.070

续表

心理疾患/抑郁	模型 5 – 10		模型 5 – 11		模型 5 – 12	
	回归系数	标准误	回归系数	标准误	回归系数	标准误
办公室/营业场所/家里	0.051	0.061	0.050	0.061	0.052	0.061
其他	0.016	0.128	0.000	0.128	0.015	0.128
收入对数	− 0.004	0.005	− 0.004	0.005	− 0.004	0.005
居住地区（参照：东部地区）						
中部地区	− 0.049	0.077	− 0.056	0.077	− 0.054	0.077
西部地区	0.177 +	0.091	0.180 *	0.091	0.182 *	0.091
东北地区	0.001	0.086	− 0.002	0.086	0.002	0.086
健康行为与保险						
吸烟（参照：否）	0.126 +	0.067	0.111 +	0.067	0.116 +	0.067
饮酒（参照：否）	− 0.047	0.065	− 0.046	0.065	− 0.047	0.065
午睡（参照：否）	0.011	0.044	0.017	0.044	0.014	0.044
锻炼（参照：否）	− 0.086 *	0.043	− 0.086 *	0.043	− 0.084 +	0.043
医疗保险（参照：否）	− 0.062	0.055	− 0.066	0.055	− 0.064	0.055
交互项						
乡城流动 * 年龄	− 0.001	0.004			− 0.001	0.004
城城流动 * 年龄	0.003	0.003			0.004	0.003
乡乡流动 * 年龄	0.008	0.006			0.009	0.006
城乡流动 * 年龄	0.004	0.005			0.004	0.005
乡城流动 * 男性			0.012	0.120	0.001	0.120
城城流动 * 男性			− 0.098	0.097	− 0.111	0.098
乡乡流动 * 男性			− 0.177	0.196	− 0.236	0.200
城乡流动 * 男性			0.015	0.160	− 0.011	0.163
截距	0.338 *	0.151	0.259 +	0.144	0.323 *	0.152
Rho	0.350		0.347		0.348	
样本量	1881		1881		1881	
人数	474		474		474	

注：＊＊＊p＜0.001，＊＊p＜0.01，＊p＜0.05，+p＜0.1。

第二节 流动对生活满意度的影响

生活满意度是评估个体生活质量和心理健康的一项重要指标，是个人按照自己选择的标准，对持续一定时间的生活状况的总体性的认知评估（杨青松等，2015；和红、王硕，2016）。已有相关学者探讨了不同流入地青年的生活满意度状况，居住地点、教育程度、经济融入状况和健康状况对青年的生活满意度存在显著影响（和红、王硕，2016），与非流动青年相比，流动青年人口的生活满意度较低，在经济和健康方面存在劣势（郭静、王秀彬，2013）。本节重点关注流动行为与流动类型对个体生活满意度的影响。

2010 年，人口在流动前生活满意度的平均得分为 3.48，标准差为 0.048。2012 年，未流动的人口有 118 人，其生活满意度平均得分为 3.36，标准差为 0.090；流动人口有 351 人，生活满意度平均得分为 3.34，标准差为 0.054。2014 年，未流动的人口仅有 53 人，生活满意度平均得分为 3.72，标准差为 0.138；流动人口有418 人，生活满意度平均得分为 3.83，标准差为 0.048。2016 年，所有被观察者均发生了流动，生活满意度平均得分为 3.53，标准差为 0.047，如表 6 - 7 所示。

表 6 - 7　　　　流动前后被调查者的生活满意度情况　　　　单位：人

生活满意度	2010 年	2012 年		2014 年		2016 年
	未流动	未流动	流动后	未流动	流动后	流动后
均值	3.48	3.36	3.34	3.72	3.83	3.53
标准差	0.048	0.090	0.054	0.138	0.048	0.047
人数	473	118	351	53	418	474

整体来看，与流动前相比，流动后个人生活满意度平均得分有所提升。虽然，与 2010 年相比，2012 年生活满意度有所下降，而

2014年个人的生活满意度平均得分又有提升。从2016年所有被观查者发生流动后的生活满意度得分与2010年所有人未流动时的生活满意度得分的对比来看，呈现出上升的趋势，如图6-3所示。

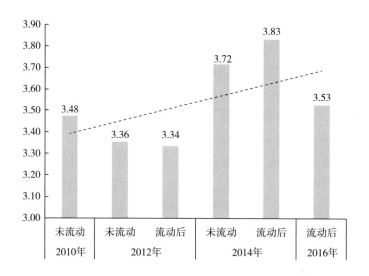

图6-3 流动前后被调查者的生活满意度情况

一 流动行为对个人生活满意度的影响

生活满意度是人们对现有生活状况的综合评价，被视为心健康状态的表现之一。模型6-1探讨了流动和离开户籍地时长对生活满意度的影响，结果显示，流动后与流动前相比，被调查者的生活满意度有显著的提升，回归系数为0.096，并在统计学意义上显著。模型6-2在此基础上控制年龄、性别、受教育程度等基本的人口学变量。结果表明，流动后被调查者的生活满意度明显提高，回归系数为0.078，并具有统计学意义。同时，年龄、婚姻状况、工作场所也显著影响生活满意度。具体来看，随着年龄的增加，被调查者的生活满意度有所提高，回归系数为0.011；发生离婚、丧偶的人群，其生活满意度较低，回归系数为 -0.505；工作场所为户外/车间/运输工具内的人，其生活满意度较低，回归系数为 -0.188。相较于居住在东部地区的人，居住在东北地区的人的生活满意度较低，回归系数为 -0.163，如模型 6-2 所示。

　　模型 6-3 进一步控制了健康行为和医疗保险等相关变量后，流动仍然提升了个人的生活满意度，随着离开户籍地时间增长，生活满意度有所下降，但是两者不具有统计学意义上的显著性。年龄、婚姻状况、工作场所依然显著地影响生活满意度。随着年龄的提高，生活满意度越来越高，回归系数为 0.010，并在统计学意义上具有显著性。离婚/丧偶和在户外/车间/运输工具内等工作的人对生活满意度的评价较低。从健康行为和医疗保险上来看，锻炼、参加医疗保险和适量饮酒显著地提升了生活满意度。有锻炼行为的人，生活满意度较高，回归系数为 0.129。有医疗保险的人，对生活的满意程度较高，回归系数为 0.157，详见表 6-8。

表 6-8　　　　　　　　流动对生活满意度的影响

生活满意度	模型 6-1		模型 6-2		模型 6-3	
	回归系数	标准误	回归系数	标准误	回归系数	标准误
流动（参照：流动前）	0.096 *	0.044	0.078 +	0.047	0.048	0.048
离开户籍地时长	0.005	0.003	-0.001	0.003	-0.001	0.003
年龄			0.011 ***	0.003	0.010 ***	0.003
男性（参照：女性）			-0.066	0.067	-0.086	0.076
受教育程度（参照：初中及以下）						
高中/中专			0.100	0.066	0.100	0.066
大专/本科及以上			0.202 *	0.089	0.163 +	0.089
婚姻状况（参照：未婚）						
已婚			0.009	0.116	-0.012	0.116
离婚/丧偶及其他			-0.505 **	0.163	-0.504 **	0.162
工作场所（参照：未工作）						
户外/车间/运输工具内			-0.188 *	0.078	-0.173 *	0.078
办公室/营业场所/家里			-0.046	0.069	-0.045	0.069
其他			-0.070	0.145	-0.052	0.145
收入对数			-0.003	0.006	-0.004	0.006
居住地区（参照：东部地区）						

续表

生活满意度	模型 6 - 1		模型 6 - 2		模型 6 - 3	
	回归系数	标准误	回归系数	标准误	回归系数	标准误
中部地区			0.114	0.080	0.104	0.079
西部地区			- 0.054	0.094	- 0.055	0.092
东北地区			- 0.163 +	0.091	- 0.128	0.089
健康行为与保险						
吸烟（参照：否）					- 0.032	0.073
饮酒（参照：否）					0.133 +	0.072
午睡（参照：否）					0.039	0.049
锻炼（参照：否）					0.129 **	0.048
医疗保险（参照：否）					0.157 *	0.062
截距	3.417 ***	0.053	3.048 ***	0.149	2.947 ***	0.151
Rho	0.329		0.295		0.276	
样本量	1887		1887		1885	
人数	474		474		474	

注：$*** p < 0.001$，$** p < 0.01$，$* p < 0.05$，$+ p < 0.1$。

（1）年龄效应

在上述模型中发现，年龄显著地影响被调查者的生活满意度。随着年龄的增长，被调查者的生活满意度出现了显著的提升。在模型 6 - 4 中，加入了流动与年龄的交互项后，结果显示，流动后人的生活满意度有所提升，回归系数为 0.200，但是并未通过统计学意义上的显著检验。年龄显著地影响被调查者的生活满意度，回归系数为 0.012。流动与年龄的交互项对生活满意度的影响为负向，回归系数为 - 0.003，这意味着流动对生活满意度的影响和年龄对生活满意度的影响之间存在相互削弱的作用。

（2）性别效应

在模型 6 - 5 中，考虑加入了流动与性别的交互项，结果显示，流动、性别和流动与性别的交互项对生活满意度的影响均未到达统计学意义上的显著性。模型 6 - 6 同时考虑了流动与年龄的交互项、流动与性别的交互项，研究发现，年龄对生活满意度产生显著影响。在模型中，离婚/丧偶、工作场所在户外/车间/运输工具内等对生活满意度产生显著的负向影响，而经常锻炼和有医疗保险对个体的生活满意度产生显著的正向影响，详见表6-9。

表6-9　　　　分年龄性别看流动对生活满意度的影响

生活满意度	模型6-4		模型6-5		模型6-6	
	回归系数	标准误	回归系数	标准误	回归系数	标准误
流动（参照：流动前）	0.200	0.142	0.010	0.063	0.179	0.144
离开户籍地时长	-0.001	0.003	-0.001	0.003	-0.001	0.003
年龄	0.012***	0.003	0.010***	0.003	0.012***	0.003
男性（参照：女性）	-0.084	0.076	-0.139	0.095	-0.150	0.095
受教育程度（参照：初中及以下）						
高中/中专	0.095	0.066	0.099	0.066	0.094	0.066
大专/本科及以上	0.158+	0.089	0.163*	0.089	0.156+	0.089
婚姻状况（参照：未婚）						
已婚	-0.035	0.118	-0.015	0.116	-0.044	0.118
离婚/丧偶及其他	-0.524**	0.163	-0.508**	0.162	-0.532**	0.163
工作场所（参照：未工作）						
户外/车间/运输工具内	-0.173*	0.078	-0.173*	0.078	-0.173*	0.078
办公室/营业场所/家里	-0.046	0.069	-0.043	0.069	-0.045	0.069
其他	-0.059	0.145	-0.052	0.145	-0.060	0.145
收入对数	-0.004	0.006	-0.004	0.006	-0.004	0.006
居住地区（参照：东部地区）						
中部地区	0.104	0.079	0.105	0.079	0.105	0.079
西部地区	-0.056	0.092	-0.056	0.092	-0.057	0.092
东北地区	-0.129	0.089	-0.129	0.089	-0.130	0.089
健康行为与保险						
吸烟（参照：否）	-0.034	0.073	-0.031	0.073	-0.034	0.073
饮酒（参照：否）	0.132+	0.072	0.133+	0.072	0.132+	0.072
午睡（参照：否）	0.039	0.049	0.037	0.049	0.037	0.049
锻炼（参照：否）	0.127**	0.048	0.128**	0.048	0.126**	0.048
医疗保险（参照：否）	0.152*	0.062	0.158*	0.062	0.152*	0.062

续表

生活满意度	模型 6 - 4		模型 6 - 5		模型 6 - 6	
	回归系数	标准误	回归系数	标准误	回归系数	标准误
交互项						
流动 * 年龄	- 0.003	0.003			- 0.004	0.003
流动 * 男性			0.080	0.086	0.099	0.087
截距	2.874 ***	0.164	2.973 ***	0.154	2.895 ***	0.165
Rho	0.276		0.275		0.276	
样本量	1885		1885		1885	
人数	474		474		474	

注：***p < 0.001，**p < 0.01，*p < 0.05，+p < 0.1。

二　流动类型对生活满意度的影响

模型 6 - 7 探讨了发生不同类型的流动后，被调查者的生活满意度的变化情况。大体上看，乡城流动、城城流动、乡乡流动和城乡流动的人在流动后，生活满意度均有所提升，但是发生城城流动和城乡流动的人的生活满意度的提升具有统计学意义上的显著性。模型 6 - 8 控制了性别、年龄等人口学变量后，在不同流动类型的被调查者中，仅发生城乡流动的人的生活满意度较之流动前有显著提升，回归系数为 0.163，其他类型的流动人口未通过显著性检验。

年龄正向影响被调查者的生活满意度，离婚/丧偶，工作场所在户外/车间/运输工具内显著负向影响被调查者的生活满意度。模型 6 - 9 加入健康行为变量和医疗保险变量后发现，不同流动类型的人在流动前后的生活满意度不存在显著差异。在健康行为和健康保险方面，经常锻炼和有医疗保险均显著提升了个体的生活满意度，详见表 6 - 10。

表 6 - 10　　　　　流动类型对生活满意度的影响

生活满意度	模型 6 - 7		模型 6 - 8		模型 6 - 9	
	回归系数	标准误	回归系数	标准误	回归系数	标准误
流动类型（参照：流动前）						
乡城流动	0.009	0.067	0.019	0.070	- 0.019	0.071

续表

生活满意度	模型 6-7		模型 6-8		模型 6-9	
	回归系数	标准误	回归系数	标准误	回归系数	标准误
城城流动	0.113*	0.056	0.072	0.058	0.037	0.059
乡乡流动	0.093	0.100	0.137	0.101	0.121	0.101
城乡流动	0.214*	0.085	0.163+	0.086	0.140	0.086
离开户籍地时长	0.004	0.003	-0.001	0.003	-0.001	0.003
年龄			0.011***	0.003	0.009***	0.003
男性（参照：女性）			-0.072	0.068	-0.093	0.076
受教育程度（参照：初中及以下）						
高中/中专			0.098	0.067	0.097	0.066
大专/本科及以上			0.196*	0.090	0.156+	0.090
婚姻状况（参照：未婚）						
已婚			0.019	0.116	-0.002	0.116
离婚/丧偶及其他			-0.497**	0.163	-0.496**	0.162
工作场所（参照：未工作）						
户外/车间/运输工具内			-0.180*	0.078	-0.164*	0.078
办公室/营业场所/家里			-0.035	0.069	-0.033	0.069
其他			-0.066	0.145	-0.049	0.145
收入对数			-0.004	0.006	-0.005	0.006
居住地区（参照：东部地区）						
中部地区			0.104	0.081	0.093	0.080
西部地区			-0.070	0.096	-0.075	0.094
东北地区			-0.167+	0.091	-0.134	0.089
健康行为与保险						
吸烟（参照：否）					-0.029	0.073
饮酒（参照：否）					0.134+	0.072
午睡（参照：否）					0.040	0.049
锻炼（参照：否）					0.132**	0.048
医疗保险（参照：否）					0.161**	0.062
截距	3.424***	0.053	3.062***	0.150	2.960***	0.152
Rho	0.327		0.295		0.273	
样本量	1887		1887		1885	
人数	474		474		474	

注：***p<0.001，**p<0.01，*p<0.05，+p<0.1。

（1）年龄效应

模型6-10将流动类型与年龄的交互项纳入模型中，结果显示，城城流动者的生活满意度有显著提升，回归系数为0.371，并具有统计学意义上的显著性。年龄对生活满意度的影响依旧是正向的显著影响。城城流动与年龄的交互项负向地显著影响生活满意度，回归系数为-0.007。这意味着，城城流动对生活满意度的影响和年龄对生活满意度的影响之间存在着相互削弱的作用。

（2）性别效应

模型6-11考虑了流动类型与性别的交互项，结果表明，流动类型、性别和流动类型与性别的交互项对被调查者的生活满意度的影响均不显著。模型6-12同时考虑了流动类型与年龄的交互项、流动类型与性别的交互项，研究表明城城流动、年龄和城城流动与年龄的交互项均对生活满意度产生显著影响，如表6-11所示。

表6-11　　　不同流动类型对生活满意度的影响

生活满意度	模型6-10		模型6-11		模型6-12	
	回归系数	标准误	回归系数	标准误	回归系数	标准误
流动类型（参照：流动前）						
乡城流动	-0.017	0.218	-0.062	0.089	-0.056	0.224
城城流动	0.371 +	0.191	0.028	0.080	0.364 +	0.194
乡乡流动	0.059	0.282	0.121	0.118	0.054	0.282
城乡流动	0.191	0.305	0.025	0.150	0.129	0.312
离开户籍地时长	-0.002	0.003	-0.001	0.003	-0.002	0.003
年龄	0.011 ***	0.003	0.009 ***	0.003	0.012 ***	0.003
男性	-0.093	0.076	-0.130	0.095	-0.139	0.095
受教育程度（参照：初中及以下）						
高中/中专	0.085	0.066	0.096	0.066	0.083	0.067
大专/本科及以上	0.139	0.090	0.156 +	0.090	0.136	0.091
婚姻状况（参照：未婚）						
已婚	-0.023	0.118	-0.008	0.116	-0.030	0.118

续表

生活满意度	模型 6-10		模型 6-11		模型 6-12	
	回归系数	标准误	回归系数	标准误	回归系数	标准误
离婚/丧偶及其他	-0.517**	0.163	-0.499**	0.162	-0.523**	0.163
工作场所（参照：未工作）						
户外/车间/运输工具内	-0.164*	0.078	-0.164*	0.078	-0.163*	0.078
办公室/营业场所/家里	-0.036	0.069	-0.033	0.069	-0.035	0.069
其他	-0.058	0.145	-0.052	0.145	-0.061	0.146
收入对数	-0.004	0.006	-0.004	0.006	-0.004	0.006
居住地区（参照：东部地区）						
中部地区	0.091	0.080	0.091	0.080	0.089	0.080
西部地区	-0.076	0.094	-0.074	0.094	-0.075	0.094
东北地区	-0.132	0.089	-0.135	0.089	-0.133	0.089
健康行为与保险						
吸烟（参照：否）	-0.032	0.073	-0.034	0.073	-0.036	0.073
饮酒（参照：否）	0.136+	0.072	0.134+	0.072	0.136+	0.072
午睡（参照：否）	0.041	0.049	0.040	0.049	0.040	0.049
锻炼（参照：否）	0.134**	0.048	0.132**	0.048	0.134**	0.048
医疗保险（参照：否）	0.156*	0.062	0.161**	0.062	0.156*	0.062
交互项						
乡城流动*年龄	0.000	0.005			0.000	0.005
城城流动*年龄	-0.007+	0.004			-0.007+	0.004
乡乡流动*年龄	0.001	0.006			0.002	0.006
城乡流动*年龄	-0.001	0.005			-0.002	0.006
乡城流动*男性			0.102	0.134	0.110	0.134
城城流动*男性			0.019	0.110	0.044	0.111
乡乡流动*男性			-0.025	0.219	-0.041	0.223
城乡流动*男性			0.168	0.178	0.184	0.182
截距	2.900***	0.163	2.982***	0.154	2.917***	0.164
Rho	0.271		0.271		0.270	
样本量	1885		1885		1885	
人数	474		474		474	

注：***p<0.001，**p<0.01，*p<0.05，+p<0.1。

第三节　流动对未来信心程度的影响

　　未来信心程度表现的是一个人对未来生活的期待和把握程度。人口流动所遵循的过程是从陌生到熟悉，从不适应到适应。如果人口流动后，身心都得到良好的适应，在城市具有较好的发展，那么他们可能对未来充满信心。反之，则可能影响他们对未来的信心程度。未来信心程度也体现出个体面对生活的心态，拥有积极心态的人更可能对未来充满信心。

　　2010—2016 年的追踪数据显示，在 2010 年，未流动时，被调查者的未来信心程度的均值为 3.78，标准差为 0.049。2012 年，未流动者有 118 人，其未来信心程度的均值为 3.82，标准差为 0.096；已经发生流动的人有 350 人，其未来信心程度的均值为 3.75，标准差为 0.051。2014 年，未流动者有 53 人，未来信心程度的均值为 3.85，标准差为 0.127；已经发生流动的人有 418 人，其未来信心程度的均值为 4.09，标准差为 0.046。2016 年，被调查者均发生了流动，其未来信心程度的均值为 3.88，标准差为 0.045。如表 6 – 12 所示。

表 6 – 12　　　　　　流动前后被调查者的未来信心程度　　　　　单位：人

未来信心程度	2010 年	2012 年		2014 年		2016 年
	未流动	未流动	流动后	未流动	流动后	流动后
均值	3.78	3.82	3.75	3.85	4.09	3.88
标准差	0.049	0.096	0.051	0.127	0.046	0.045
人数	474	118	350	53	418	474

　　从 2010 年与 2016 年人口的流动变化与未来信心程度均值的变化来看，流动后人的未来信心程度有所提升。虽然在 2012 年同一时期的流动人口的未来信心程度均值略低于未流动人口的均值，但是从整体趋势来看，发生流动后，其未来信心程度呈现一定的提升趋势，如图 6 – 4 所示。

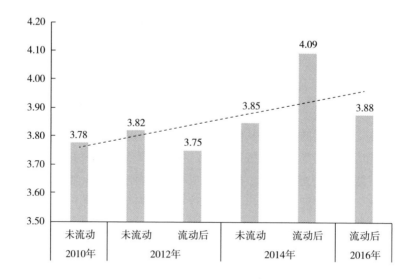

图 6 - 4　流动前后被调查者的未来信心程度

一　流动行为对未来信心程度的影响

本节重点探讨流动对未来信心程度的影响。将是否流动和离开户籍地时长两个变量纳入模型 7 - 1 中发现，与流动前相比，流动后被调查者对未来的信心程度显著提升，回归系数为 0. 145，具有统计学意义上的显著性。模型 7 - 2 控制了性别、年龄等人口学变量后发现，流动后被调查者对未来的信心程度依然有显著提升，回归系数为 0. 152。但是被调查者对未来的信心程度会随着年龄的增长显著下降，回归系数为 - 0. 006，具有统计学意义上的显著性。经历离婚、丧偶的人，对未来的信心程度也会显著下降，回归系数为 - 0. 458。

模型 7 - 3 在此基础上进一步控制了健康行为和医疗保险等相关变量，流动、年龄、婚姻对人的未来信心程度的影响依然显著并且方向一致。健康行为也显著影响人的未来信心程度，具体来说，吸烟行为显著降低了人的未来信心程度，回归系数为 - 0. 139；经常饮酒、午睡习惯和锻炼行为显著提升了人的未来信心程度，回归系数分别为 0. 118、0. 094 和 0. 152，如表 6 - 13 所示。

表6－13　　　　　　　　流动对未来信心程度的影响

未来信心程度	模型7－1		模型7－2		模型7－3	
	回归系数	标准误	回归系数	标准误	回归系数	标准误
流动（参照：流动前）	0.145＊＊	0.044	0.152＊＊	0.046	0.125＊＊	0.047
离开户籍地时长	－0.003	0.003	0.001	0.003	0.001	0.003
年龄			－0.006＊	0.003	－0.008＊＊	0.002
男性（参照：女性）			－0.058	0.065	－0.020	0.073
受教育程度（参照：初中及以下）						
高中/中专			0.010	0.065	0.006	0.064
大专/本科及以上			0.082	0.087	0.041	0.087
婚姻状况（参照：未婚）						
已婚			－0.013	0.114	－0.004	0.113
离婚/丧偶及其他			－0.458＊＊	0.160	－0.424＊＊	0.158
工作场所（参照：未工作）						
户外/车间/运输工具内			－0.092	0.077	－0.069	0.077
办公室/营业场所/家里			0.039	0.068	0.051	0.068
其他			－0.228	0.143	－0.204	0.143
收入对数						
居住地区（参照：东部地区）						
中部地区			0.077	0.078	0.063	0.076
西部地区			0.086	0.091	0.094	0.089
东北地区			0.033	0.088	0.074	0.086
健康行为与保险						
吸烟（参照：否）					－0.139＊	0.071
饮酒（参照：否）					0.118＋	0.071
午睡（参照：否）					0.094＋	0.048
锻炼（参照：否）					0.152＊＊	0.048
医疗保险（参照：否）					0.052	0.061
截距	3.814＊＊＊	0.051	4.113＊＊＊	0.146	4.015＊＊＊	0.147
Rho	0.280		0.279		0.260	
样本量	1887		1885		1885	
人数	474		474		474	

注：＊＊＊p＜0.001，＊＊p＜0.01，＊p＜0.05，＋p＜0.1。

（1）年龄效应

年龄也是影响人的未来信心程度的重要因素，在模型 7 - 3 的基础上加入了流动与年龄的交互项，探讨流动、年龄对人的未来信心程度的影响作用。结果显示，流动对人的未来信心程度的影响方向发生了变化，与流动前相比，流动后被调查者的未来信心程度有所降低，回归系数为 - 0.274，具有统计学意义上的显著性。年龄依旧显著地负向影响被调查者的未来信心程度，回归系数为 - 0.014，具有统计学意义上的显著性。

流动与年龄的交互项显著地正向影响人对未来信心程度，当人口流动后，随着年龄的增长，对未来信心程度显著提升，回归系数为 0.009，并具有统计学意义上的显著性。这意味着流动对未来信心程度和年龄对未来信心程度之间存在相互加强的影响作用。

（2）性别效应

模型 7 - 5 考虑了流动与性别的交互作用。结果显示，流动后，被调查者的未来信心程度显著增加，回归系数为 0.117，年龄依旧负向影响人的未来信心程度，以上两个变量均具有统计学意义上的显著性。

流动与性别交互项的回归系数为 0.018，不具有统计学意义上的显著性。模型 7 - 6 同时考虑了流动与年龄的交互项、流动与性别的交互项。结果表明，流动状况、年龄、流动与年龄的交互项显著地影响人的未来信心程度。

表 6 - 14　　　分年龄性别看流动对未来信心程度的影响

未来信心程度	模型 7 - 4		模型 7 - 5		模型 7 - 6	
	回归系数	标准误	回归系数	标准误	回归系数	标准误
流动（参照：流动前）	- 0.274 +	0.140	0.117 +	0.062	- 0.269 +	0.142
离开户籍地时长	0.001	0.003	0.001	0.003	0.001	0.003
年龄	- 0.014 ***	0.003	- 0.008 **	0.003	- 0.014 ***	0.003
男性（参照：女性）	- 0.024	0.073	- 0.032	0.093	- 0.008	0.093

受教育程度（参照：初中及以下）

续表

未来信心程度	模型 7-4		模型 7-5		模型 7-6	
	回归系数	标准误	回归系数	标准误	回归系数	标准误
高中/中专	0.019	0.065	0.006	0.065	0.019	0.065
大专/本科及以上	0.055	0.087	0.041	0.087	0.056	0.087
婚姻状况（参照：未婚）						
已婚	0.057	0.115	-0.005	0.114	0.059	0.115
离婚/丧偶及其他	-0.373*	0.159	-0.425**	0.158	-0.371*	0.159
工作场所（参照：未工作）						
户外/车间/运输工具内	-0.070	0.076	-0.069	0.077	-0.070	0.076
办公室/营业场所/家里	0.055	0.068	0.052	0.068	0.055	0.068
其他	-0.186	0.143	-0.204	0.143	-0.185	0.143
收入对数	-0.004	0.006	-0.004	0.006	-0.004	0.006
居住地区（参照：东部地区）						
中部地区	0.065	0.076	0.063	0.077	0.065	0.077
西部地区	0.095	0.089	0.094	0.089	0.095	0.089
东北地区	0.076	0.086	0.073	0.086	0.076	0.086
健康行为与保险						
吸烟（参照：否）	-0.132+	0.071	-0.139*	0.071	-0.132+	0.071
饮酒（参照：否）	0.120+	0.070	0.118+	0.071	0.120+	0.070
午睡（参照：否）	0.093+	0.048	0.094+	0.048	0.093+	0.048
锻炼（参照：否）	0.155**	0.047	0.152**	0.048	0.155**	0.047
医疗保险（参照：否）	0.065	0.061	0.052	0.061	0.065	0.061
交互项						
流动 * 年龄	0.009**	0.003			0.009**	0.003
流动 * 男性			0.018	0.085	-0.025	0.086
截距	4.207***	0.160	4.021***	0.150	4.202***	0.161
Rho	0.262		0.260		0.263	
样本量	1885		1885		1885	
人数	474		474		474	

注：$***p<0.001$，$**p<0.01$，$*p<0.05$，$+p<0.1$。

二 流动类型对未来信心程度的影响

模型 7-7、模型 7-8 和模型 7-9 进一步探讨了不同流动类型人口流动对其未来信心程度的影响。当控制了性别、年龄等基本人口学变量和健康行为与医疗保险等变量后，结果显示，不同流动类型的人在发生流动后，其未来信心程度均有所提升，其中，发生乡乡流动和城乡流动的人，其未来信心程度显著提升，回归系数分别为 0.301 和 0.204。流动到乡村的人的未来信心程度提升最为显著。

年龄、离婚/丧偶、吸烟等行为显著地负向影响人的未来信心程度，经常午睡、锻炼行为显著地正向影响人的未来信心程度，以上变量均通过了统计学意义上的显著检验，如表 6-15 所示。

表 6-15　　　　　　流动类型对未来信心程度的影响

未来信心程度	模型 7-7		模型 7-8		模型 7-9	
	回归系数	标准误	回归系数	标准误	回归系数	标准误
流动类型（参照：流动前）						
乡城流动	0.119 +	0.066	0.104	0.069	0.080	0.069
城城流动	0.083	0.055	0.093	0.058	0.055	0.058
乡乡流动	0.319 **	0.097	0.312 **	0.099	0.301 **	0.099
城乡流动	0.194 *	0.083	0.218 **	0.085	0.204 *	0.084
离开户籍地时长	−0.003	0.003	0.001	0.003	0.000	0.003
年龄			−0.006 *	0.003	−0.008 **	0.003
男性（参照：女性）			−0.058	0.065	−0.020	0.073
受教育程度（参照：初中及以下）						
高中/中专			0.019	0.065	0.016	0.065
大专/本科及以上			0.096	0.088	0.056	0.087
婚姻状况（参照：未婚）						
已婚			−0.005	0.114	0.005	0.113
离婚/丧偶及其他			−0.449 **	0.159	−0.413 **	0.158
工作场所（参照：未工作）						

续表

未来信心程度	模型 7 - 7		模型 7 - 8		模型 7 - 9	
	回归系数	标准误	回归系数	标准误	回归系数	标准误
户外/车间/运输工具内			− 0.088	0.077	− 0.065	0.077
办公室/营业场所/家里			0.049	0.068	0.061	0.068
其他			− 0.230	0.143	− 0.206	0.143
收入对数			− 0.005	0.006	− 0.005	0.006
居住地区（参照：东部地区）						
中部地区			0.056	0.079	0.037	0.077
西部地区			0.045	0.092	0.046	0.090
东北地区			0.023	0.087	0.062	0.086
健康行为与保险						
吸烟（参照：否）					− 0.138 $^+$	0.071
饮酒（参照：否）					0.118 $^+$	0.070
午睡（参照：否）					0.100 *	0.048
锻炼（参照：否）					0.159 **	0.048
医疗保险（参照：否）					0.056	0.061
截距	3.822 ***	0.051	4.115 ***	0.146	4.013 ***	0.147
Rho	0.292		0.275		0.251	
样本量	1887		1887		1887	
人数	474		474		474	

注：$***p < 0.001$，$**p < 0.01$，$*p < 0.05$，$+p < 0.1$。

（1）年龄效应

模型 7 - 10 考虑了不同流动类型与年龄的交互项。结果显示，城乡流动的人在发生流动后其未来信心程度显著下降，回归系数为 − 0.497。年龄显著负向影响人的未来信心程度，发生比为 − 0.013。流动类型与年龄的交互项中，城城流动、乡乡流动和城乡流动与年龄的交互项显著正向影响人的未来信心程度，发生比分别为 0.008、0.011 和 0.014。发生城城流动、乡乡流动和城乡流动的人随着年龄的增长，其未来信心程度显著提升。

（2）性别效应

模型 7 - 11 将流动类型与性别的交互项纳入模型中，研究发现，乡乡流动的人流动后其未来信心程度显著提升，其他流动类型的人在流动前后表现出的未来信心程度未得到显著性检验。模型 7 - 12 同时考虑流动类型与年龄的交互项、流动类型与性别的交互项，结果表明，当发生城城流动、乡乡流动、城乡流动后，随着年龄的增长，人的未来信心程度显著提升，回归系数为 0.008、0.011 和和 0.014，如表 6 - 16 所示。

表 6 - 16　分年龄性别看流动类型对未来信心程度的影响

未来信心程度	模型 7 - 10		模型 7 - 11		模型 7 - 12	
	回归系数	标准误	回归系数	标准误	回归系数	标准误
流动类型（参照：流动前）						
乡城流动	- 0.116	0.214	0.094	0.088	- 0.097	0.220
城城流动	- 0.294	0.188	0.056	0.078	- 0.286	0.190
乡乡流动	- 0.147	0.276	0.287 *	0.116	- 0.145	0.277
城乡流动	- 0.497 +	0.299	0.141	0.147	- 0.499	0.306
离开户籍地时长	0.000	0.003	0.000	0.003	0.000	0.003
年龄	- 0.013 ***	0.003	- 0.008 **	0.003	- 0.013 ***	0.003
男性	- 0.028	0.073	- 0.024	0.092	- 0.006	0.093
受教育程度（参照：初中及以下）						
高中/中专	0.030	0.065	0.015	0.065	0.030	0.065
大专/本科及以上	0.077	0.088	0.054	0.087	0.076	0.088
婚姻状况（参照：未婚）						
已婚	0.043	0.115	0.003	0.114	0.046	0.116
离婚/丧偶及其他	- 0.383 *	0.159	- 0.412 **	0.158	- 0.379 *	0.159
工作场所（参照：未工作）						
户外/车间/运输工具内	- 0.067	0.077	- 0.064	0.077	- 0.066	0.077
办公室/营业场所/家里	0.059	0.068	0.060	0.068	0.059	0.068
其他	- 0.184	0.143	- 0.206	0.143	- 0.183	0.143
收入对数	- 0.005	0.006	- 0.005	0.006	- 0.005	0.006
居住地区（参照：东部地区）						
中部地区	0.041	0.077	0.036	0.077	0.040	0.077

续表

未来信心程度	模型 7 - 10		模型 7 - 11		模型 7 - 12	
	回归系数	标准误	回归系数	标准误	回归系数	标准误
西部地区	0.050	0.090	0.044	0.091	0.049	0.091
东北地区	0.064	0.086	0.061	0.086	0.064	0.086
健康行为与保险						
吸烟（参照：否）	-0.127 +	0.071	-0.136 +	0.071	-0.126 +	0.071
饮酒（参照：否）	0.122 +	0.070	0.118 +	0.070	0.121 +	0.070
午睡（参照：否）	0.100 *	0.048	0.100 *	0.048	0.100 *	0.048
锻炼（参照：否）	0.160 **	0.048	0.159 **	0.048	0.160 **	0.048
医疗保险（参照：否）	0.067	0.061	0.057	0.061	0.068	0.061
交互项						
乡城流动 * 年龄	0.005	0.005			0.005	0.005
城城流动 * 年龄	0.008 *	0.004			0.008 *	0.004
乡乡流动 * 年龄	0.011 +	0.006			0.011 +	0.006
城乡流动 * 年龄	0.014 *	0.005			0.014 *	0.006
乡城流动 * 男性			-0.037	0.132	-0.058	0.132
城城流动 * 男性			-0.003	0.108	-0.033	0.109
乡乡流动 * 男性			0.048	0.215	-0.015	0.219
城乡流动 * 男性			0.090	0.175	0.000	0.178
截距	4.192 ***	0.159	4.021 ***	0.150	4.187 ***	0.160
Rho	0.253		0.252		0.254	
样本量	1885		1885		1885	
人数	474		474		474	

注：＊＊＊p＜0.001，＊＊p＜0.01，＊p＜0.05，+p＜0.1。

第四节　本章小结

本章通过检验流动行为和流动类型等因素对心理疾患/抑郁、生活满意度和未来生活信心程度三方面的影响，有以下发现：

一 流动对心理健康既提升又有损耗

流动后，个体的心理疾患/抑郁水平有所上升。但是，其生活满意度和未来信心程度显著提升。流动对心理健康既产生积极影响又产生消极影响，在心理疾患/抑郁水平上体现出流动对心理健康的消极影响，即损耗作用；在生活满意度和未来信心程度上呈现出积极影响，体现出促进作用。流动对心理健康的三个指标表现出不一致的影响作用，这也体现出心理健康也是较为复杂的指标，在不同维度影响作用不同。本研究的研究假设得到部分验证。

在以往关于迁移流动对心理健康的影响研究中，心理健康指标的选取多为心理疾患量表、抑郁量表、压力量表等表示负向情绪的指标。国际上关于迁移流动对心理健康的影响结果也存在差异。移民的社会融入是个动态变化的过程，不仅受移民自身适应性的影响，同时也受移居地社会环境因素的影响。社会融入状况与移民的异质性有关，如来自不同的国家、民族及信仰不同的宗教等。研究发现，由于在流动过程中伴随着不同的社会经济条件和心理过程，包括缺乏社会支持、不断增加的工作压力、法律和社会的壁垒以及一系列文化适应压力等。在经历过这些压力之后，移民心理健康的优势会大幅降低（Bhugra 2004；Takeuchi et al. 2007）。Lu 验证了印度尼西亚人口迁移对心理健康产生负面影响，迁移人口更容易表现出抑郁症状（Lu，2010）。泰国乡城迁移者的城市迁移经历使他们在心理健康上有了显著提高，主要指乡城迁移显著提升了心理健康状况（Nauman et al. 2015），另一研究使用 SF-36 量表证实了泰国迁移者的生理和心理健康在到达城市时或者直到迁移两年后得到好转（Chamchan et al.，2015）。由此可见，心理健康问题较为复杂，在不同的研究中选取不同的心理健康指标，迁移流动对其的影响结果可能存在差异。不同的心理健康指标反映不同层面的心理健康状况，很难直接进行比较，得到一致的结论。这也是研究者需要不断探究和努力的方向和动力，不断拓展研究，丰富认识。在本研究中，通过对比不同维度的心理健康指标可以发现流动对个体的心理健康既存在损耗也存在提升的作用。

二　乡城流动人口的心理疾患/抑郁水平更高，城城流动人口的生活满意度更高

对比了不同流动类型的个体心理健康的变化情况后发现，乡城流动者的心理疾患/抑郁水平更高，心理健康状况较差。城城流动者和城乡流动者的生活满意度显著提升，发生乡乡流动和城乡流动后个体对未来的信心程度显著提升。从以上结果中大致可以看出，从乡村流动到城市的人，心理疾患、抑郁的水平提高的可能性更大，可能是因为，从农村到城市是一个充满压力的过程，乡村人口流动需要更多的精力、心理资源去适应城市生活；从城市流动到城市（或乡村），生活满意度显著提升，相对来说，城市到城市的流动，能够快速适应城市生活，满意度较高。

三　流动对未来信心程度存在显著的年龄效应，城城流动对生活满意度产生显著的年龄差异

流动对心理健康的年龄效应主要体现在人的生活满意度和未来信心程度上。流动后，随着年龄的增长，其未来信心程度显著增加。特别是城城流动和城乡流动后，随年龄的增长，个体对未来信心程度显著增加。发生城城流动的人，随年龄的增加，其生活满意度显著降低。由此可见，年龄对不同流动类型的个体的生活满意度和未来信心程度存在调节作用。

四　健康的生活方式有益于提升心理健康水平

在对健康行为变量的影响分析中发现，锻炼有助于缓解心理疾患/抑郁水平，而吸烟提升了心理疾患/抑郁水平。锻炼身体也显著提升了个体的生活满意度和未来信心程度，积极健康的生活方式能够有效提升人的生活满意度和未来信心程度，有效改善心理健康水平。

第七章 流动对个体社会健康的影响

　　目前来看，国内关于社会健康的研究仍比较少。流动人口的社会健康问题也较少得到关注，本章重点讨论流动行为与流动类型对社会健康的影响。已有研究表明，流动人口的社会交往程度越高，城市居民对流动人口的社会排斥程度越低，他们的社会适应及心理健康状况就越好。因此，在关注流动人口时不能只关注经济因素，他们生活的社会环境以及社会参与情况也值得重视。对于流入城市来说，应创造一个更友善的社会环境来接纳流动人口，并提供更多的社会交往空间，使其更好地融入流入地的生活（曹谦，2016）。在建设新型城镇化的大背景下，探讨流动人口的健康公平与社会融合问题，对于推进健康中国具有重要的现实意义（杨菊华等，2016）。

　　社会参与体现为流动人口在流入地的社会活动参与状况，是积极融入社会的表现之一。部分研究中，将社区参与情况作为流动人口社会适应的测量指标（杨菊华、张娇娇，2016）。受到户籍制度、居住隔离等因素的影响，流动人口难以真正融入本地生活，需要一定的时间和契机。因此，流动人口在流入地的社会参与程度与流动前相比会出现相对减少的情况。

　　对于流动人口来说，在新的社会环境中，来自家人、朋友、组织等方面的关心和帮助，就是他们在流入地能够获得的社会支持。了解流动人口的社会支持状况有利于更好地帮助他们适应新环境。已有研究针对"80后"新生代流动人口的社会支持状况展开调查发现，新生代流动人口的社会支持水平较低。他们在社会支持总分、客观支持分数和社会支持利用度上都显著低于当地同龄人口（和红、智欣，2012）。社会支持作为社会健康的重要方面，也会对个体的身心健康产生一定的影响。

在本章中社会健康主要分为四个方面，社会参与、社会支持、自评经济地位和自评社会地位。社会参与和社会支持是社会健康的客观指标，自评经济地位和自评社会地位是个体对社会健康的主观判断。

假设 4a 与流动前相比，流动后个体的社会参与程度降低。

假设 4b 与流动前相比，流动后个体的社会支持程度降低。

假设 4c 与流动前相比，流动后个体的自评经济地位降低。

假设 4d 与流动前相比，流动后个体的自评社会地位降低。

第一节 流动对社会参与的影响

本部分从被调查者参与社会组织的情况判断他们的社会参与程度。从数据描述来看，2010 年，未流动者社会参与的均值为 0.47，标准差为 0.029。2012 年，在发生流动的 351 人中，社会参与的均值为 0.32，标准差为 0.028；未流动的 119 人中，社会参与的均值为 0.26，标准差为 0.047；2014 年，流动人口与未流动者社会参与的均值分别为 0.25（标准差为 0.023）和 0.28（标准差为 0.082）。2016 年，被观察的 474 人均发生了流动，其社会参与的均值为 0.49，标准差为 0.030，如表 7 - 1 所示。

表 7 - 1　　　　　　　　社会参与情况　　　　　　　单位：人

社会参与	2010 年	2012 年		2014 年		2016 年
	未流动	未流动	流动后	未流动	流动后	流动后
均值	0.47	0.26	0.32	0.28	0.25	0.49
标准差	0.029	0.047	0.028	0.082	0.023	0.030
人数	474	119	351	53	418	474

从 2010 年和 2016 年个体发生流动前后，社会参与的均值从 0.47 增加到 0.49，呈现小幅度提升。从 2012 年和 2014 年同一时

期流动人口与未流动人口的社会参与对比情况来看，两者的差距也较小，并且变化趋势也存在差异。

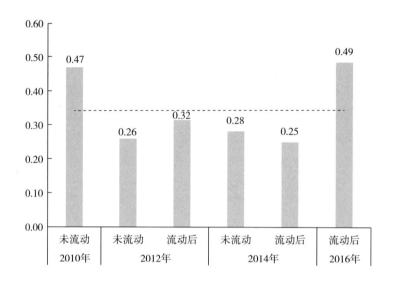

图 7-1　社会参与基本情况

一　流动行为对个体社会参与的影响

本节主要检验流动行为对社会参与的影响。从流动和离开户籍地时长对社会参与的影响来看，流动对社会支持产生显著的负向影响。模型 8-1 显示，流动后，被调查者社会参与程度有所下降，回归系数为 -0.071；但是随着离开户籍地时长的增加，社会参与显著提升，回归系数为 0.003，以上两个变量均有统计学意义上的显著性。

模型 8-2 加入了人口学基本特征之后，流动对社会参与依然产生显著的负向影响。离开户籍地时长对社会参与的显著正向影响消失。在人口学基本特征中，年龄、性别、受教育程度均显著地正向影响被调查者的社会参与程度。婚姻状况、工作场所和收入对数对社会参与产生显著的负向影响。

模型 8-3 中，进一步控制了健康行为和医疗保险等变量，结果显示，流动后，被调查者社会参与程度显著下降，回归系数

为 −0.081；随着年龄的增加，社会参与程度显著提升，回归系数为0.003；与女性相比，男性的社会参与程度较高，回归系数为0.179；随着受教育水平的提高，被调查者的社会参与程度显著提升，相比于初中及以下受教育程度的人，高中/中专，大专/本科及以上的受教育程度的人的社会参与程度更高，回归系数分别为0.157 和0.321，以上变量均通过统计学意义上的显著检验，如表7 −2 所示。

表7 −2　　　　　　　　　流动对社会参与的影响

社会参与	模型8 −1		模型8 −2		模型8 −3	
	回归系数	标准误	回归系数	标准误	回归系数	标准误
流动（参照：流动前）	−0.071**	0.024	−0.080**	0.025	−0.081**	0.026
离开户籍地时长	0.003+	0.002	0.002	0.002	0.002	0.002
年龄			0.003+	0.001	0.003+	0.002
男性（参照：女性）			0.173***	0.039	0.179***	0.044
受教育程度（参照：初中及以下）						
高中/中专			0.158***	0.036	0.157***	0.036
大专/本科及以上			0.322***	0.050	0.321***	0.051
婚姻状况（参照：未婚）						
已婚			−0.113+	0.064	−0.110+	0.065
离婚/丧偶及其他			−0.137	0.091	−0.134	0.091
工作场所（参照：未工作）						
户外/车间/运输工具内			−0.097*	0.042	−0.099*	0.042
办公室/营业场所/家里			−0.096**	0.037	−0.098**	0.037
其他			−0.059	0.078	−0.056	0.078
收入对数			−0.005+	0.003	−0.005+	0.003
居住地区（参照：东部地区）						
中部地区			−0.065	0.047	−0.062	0.047
西部地区			0.057	0.054	0.057	0.055
东北地区			−0.136**	0.052	−0.139**	0.053

续表

社会参与	模型8-1		模型8-2		模型8-3	
	回归系数	标准误	回归系数	标准误	回归系数	标准误
健康行为与保险						
吸烟（参照：否）					-0.012	0.040
饮酒（参照：否）					-0.005	0.039
午睡（参照：否）					-0.034	0.027
锻炼（参照：否）					0.008	0.026
医疗保险（参照：否）					0.013	0.033
截距	0.385***	0.032	0.319***	0.085	0.321***	0.087
Rho	0.439		0.358		0.358	
样本量	1889		1889		1887	
人数	474		474		474	

注：***p<0.001，**p<0.01，*p<0.05，+p<0.1。

（1）年龄效应

模型8-4考虑了流动与年龄的交互项，模型结果显示，流动对社会参与的影响为正向影响，年龄对社会参与的影响也为正向影响，但是流动与年龄的交互项为显著的负向影响，回归系数为-0.004，这表明流动对社会参与的影响和年龄对社会参与的影响之间存在着相互削弱的关系，流动后年龄对社会参与的影响要弱于流动前年龄对社会参与的影响。

（2）性别效应

模型8-5纳入了流动与性别的交互项，结果表明，流动后被调查者的社会参与程度显著降低，回归系数为-0.073；男性的社会参与程度显著高于女性，回归系数为0.191。流动与性别的交互项对社会参与的影响为负向影响，回归系数为-0.017，但未通过统计学意义上的显著检验。

模型8-6同时考虑了流动与年龄的交互项，流动与性别的交互项。研究表明，年龄、性别、受教育程度等变量显著正向影响被调查者的社会参与状况，婚姻、工作场所、收入对数、流动与年龄的交互项显著负向影响被调查者的社会参与状况，如表7-3所示。

表 7 – 3 分年龄性别看流动对社会参与的影响

社会参与	模型 8 – 4		模型 8 – 5		模型 8 – 6	
	回归系数	标准误	回归系数	标准误	回归系数	标准误
流动（参照：流动前）	0.080	0.076	– 0.073 *	0.033	0.080	0.076
离开户籍地时长	0.002	0.002	0.002	0.002	0.002	0.002
年龄	0.005 **	0.002	0.003 +	0.002	0.005 **	0.002
男性（参照：女性）	0.181 ***	0.044	0.191 ***	0.054	0.181 **	0.054
受教育程度（参照：初中及以下）						
高中/中专	0.152 ***	0.036	0.157 ***	0.036	0.152 ***	0.036
大专/本科及以上	0.315 ***	0.051	0.321 ***	0.051	0.315 ***	0.051
婚姻状况（参照：未婚）						
已婚	– 0.138 *	0.066	– 0.109 +	0.065	– 0.138 *	0.066
离婚/丧偶及其他	– 0.158 +	0.092	– 0.134	0.091	– 0.158 +	0.092
工作场所（参照：未工作）						
户外/车间/运输工具内	– 0.098 *	0.042	– 0.099 *	0.042	– 0.098 *	0.042
办公室/营业场所/家里	– 0.099 **	0.037	– 0.098 **	0.037	– 0.099 **	0.037
其他	– 0.063	0.078	– 0.056	0.078	– 0.064	0.078
收入对数	– 0.005 +	0.003	– 0.005 +	0.003	– 0.005 +	0.003
居住地区（参照：东部地区）						
中部地区	– 0.062	0.047	– 0.062	0.047	– 0.062	0.047
西部地区	0.057	0.055	0.057	0.055	0.057	0.055
东北地区	– 0.140 **	0.053	– 0.139 **	0.053	– 0.140 **	0.053
健康行为与保险						
吸烟（参照：否）	– 0.015	0.040	– 0.012	0.041	– 0.015	0.040
饮酒（参照：否）	– 0.007	0.039	– 0.005	0.039	– 0.007	0.039
午睡（参照：否）	– 0.033	0.027	– 0.033	0.027	– 0.033	0.027
锻炼（参照：否）	0.007	0.026	0.008	0.026	0.007	0.026
医疗保险（参照：否）	0.007	0.033	0.013	0.033	0.007	0.033
交互项						
流动 * 年龄	– 0.004 *	0.002			– 0.004 *	0.002

续表

社会参与	模型 8－4		模型 8－5		模型 8－6	
	回归系数	标准误	回归系数	标准误	回归系数	标准误
流动＊男性			－0.017	0.046	0.000	0.046
截距	0.246**	0.093	0.315***	0.088	0.246***	0.093
Rho	0.356		0.358		0.356	
样本量	1887		1887		1887	
人数	474		474		474	

注：***p＜0.001，**p＜0.01，*p＜0.05，＋p＜0.1。

二 流动类型对社会参与的影响

不同流动类型对社会参与的影响存在差异，模型8－7、模型8－8和模型8－9逐步探讨了不同流动类型对被调查者社会参与的影响作用。当模型仅纳入流动类型和离开户籍地时长两个流动相关变量后，发生乡城流动和乡乡流动的被调查者，社会参与程度显著降低，回归系数分别为－0.135和－0.159。

模型8－9控制了性别、年龄等基本人口学特征和健康行为以及医疗保险等变量。研究发现，当被调查者发生流动后与流动前相比，社会参与程度均显著下降，其中乡城流动者和乡乡流动者，社会参与程度显著降低，回归系数分别为－0.121和－0.133。相较于女性，男性的社会参与程度较高。随着受教育程度的提升，社会参与程度也显著提高。随着收入对数的增加，社会参与程度显著降低。

表 7－4　　　　　　流动类型对社会参与的影响

社会参与	模型 8－7		模型 8－8		模型 8－9	
	回归系数	标准误	回归系数	标准误	回归系数	标准误
流动类型（参照：流动前）						
乡城流动	－0.135***	0.037	－0.119**	0.038	－0.121**	0.038
城城流动	－0.029	0.030	－0.049	0.031	－0.051	0.032
乡乡流动	－0.159**	0.054	－0.129*	0.055	－0.133*	0.055
城乡流动	0.009	0.047	－0.033	0.047	－0.033	0.047

续表

社会参与	模型 8-7		模型 8-8		模型 8-9	
	回归系数	标准误	回归系数	标准误	回归系数	标准误
离开户籍地时长	0.002	0.002	0.002	0.002	0.002	0.002
年龄			0.002	0.001	0.002	0.002
男性（参照：女性）			0.166***	0.039	0.171***	0.044
受教育程度（参照：初中及以下）						
高中/中专			0.151***	0.036	0.150***	0.037
大专/本科及以上			0.308***	0.050	0.307***	0.051
婚姻状况（参照：未婚）						
已婚			-0.107+	0.064	-0.104	0.065
离婚/丧偶及其他			-0.135	0.090	-0.133	0.091
工作场所（参照：未工作）						
户外/车间/运输工具内			-0.090*	0.042	-0.091*	0.042
办公室/营业场所/家里			-0.089*	0.037	-0.091*	0.037
其他			-0.053	0.078	-0.049	0.078
收入对数			-0.006+	0.003	-0.005+	0.003
居住地区（参照：东部地区）						
中部地区			-0.061	0.047	-0.057	0.047
西部地区			0.069	0.055	0.069	0.055
东北地区			-0.134**	0.052	-0.138**	0.053
健康行为与保险						
吸烟（参照：否）					-0.010	0.040
饮酒（参照：否）					-0.004	0.039
午睡（参照：否）					-0.036	0.027
锻炼（参照：否）					0.008	0.026
医疗保险（参照：否）					0.013	0.033
截距	0.389***	0.031	0.334***	0.084	0.336***	0.087
Rho	0.407		0.349		0.349	
样本量	1889		1870		1868	
人数	474		474		474	

注：***p<0.001，**p<0.01，*p<0.05，+p<0.1。

（1）年龄效应

模型 8-10 控制了流动类型与年龄的交互项，结果表明，流动类型对社会参与的影响方向发生了改变，无论被调查者发生何种类型的流动，流动后，社会参与程度均有所提高。随着年龄的增长，社会参与程度显著增加，回归系数为 0.005。城城流动与年龄的交互项也显著地负向影响被调查者的社会参与，回归系数为 -0.004，具有统计学意义。这说明，城城流动对社会参与的影响和年龄对社会参与的影响之间存在相互削弱的作用。

（2）性别效应

模型 8-11 纳入了流动类型与性别的交互项，结果显示，发生城乡流动后，被调查者的社会参与程度显著下降，回归系数为 -0.173，具有统计学意义上的显著性。城乡流动与性别的交互项正向显著地影响被调查者的社会参与程度，回归系数为0.190，这意味着发生流动后，男性比女性的社会参与程度更高。男性相对于女性，发生城乡流动后，社会参与程度有所提高。城乡流动对社会参与的影响与性别对社会参与的影响之间存在着相互加强的作用。

乡城流动与性别的交互项显著负向影响被调查者社会参与状况，回归系数为 -0.120，结果表明，乡城流动对社会参与的影响与性别对社会参与的影响之间存在着相互削弱的作用。

模型 8-12 将流动类型与年龄的交互项、流动类型与性别的交互项同时纳入模型中，结果表明，随着年龄的增长，被调查者的社会参与程度有所提升；男性较之于女性，社会参与程度有所提升；随着受教育水平的提升，社会参与程度有所提升。

在交互项中，城城流动和城乡流动与年龄的交互项均显著地负向影响社会参与程度；城乡流动与性别的交互项正向地显著影响社会参与程度，如表 7-5 所示。

表 7-5　　　分年龄性别看流动类型对社会参与的影响

社会参与	模型 8-10		模型 8-11		模型 8-12	
	回归系数	标准误	回归系数	标准误	回归系数	标准误
流动类型（参照：流动前）						
乡城流动	0.057	0.118	-0.073	0.048	0.097	0.121

续表

社会参与	模型 8 – 10		模型 8 – 11		模型 8 – 12	
	回归系数	标准误	回归系数	标准误	回归系数	标准误
城城流动	0.143	0.103	− 0.032	0.043	0.151	0.104
乡乡流动	0.010	0.153	− 0.096	0.064	0.011	0.153
城乡流动	0.187	0.166	− 0.173 *	0.082	0.101	0.170
离开户籍地时长	0.002	0.002	0.002	0.002	0.002	0.002
年龄	0.005 **	0.002	0.002	0.002	0.005 **	0.002
男性	0.170 ***	0.044	0.196 ***	0.053	0.186 **	0.053
受教育程度（参照：初中及以下）						
高中/中专	0.142 ***	0.037	0.146 ***	0.036	0.138 ***	0.037
大专/本科及以上	0.297 ***	0.051	0.302 ***	0.051	0.290 ***	0.051
婚姻状况（参照：未婚）						
已婚	− 0.134 *	0.066	− 0.102	0.065	− 0.131 *	0.066
离婚/丧偶及其他	− 0.157 +	0.092	− 0.127	0.091	− 0.153 +	0.092
工作场所（参照：未工作）						
户外/车间/运输工具内	− 0.089 *	0.042	− 0.088 *	0.042	− 0.085 *	0.042
办公室/营业场所/家里	− 0.091 *	0.037	− 0.093 *	0.037	− 0.091 *	0.037
其他	− 0.057	0.078	− 0.051	0.078	− 0.058	0.078
收入对数	− 0.006 +	0.003	− 0.006 +	0.003	− 0.006 +	0.003
居住地区（参照：东部地区）						
中部地区	− 0.059	0.047	− 0.063	0.047	− 0.065	0.047
西部地区	0.070	0.055	0.072	0.055	0.071	0.055
东北地区	− 0.139 **	0.052	− 0.141 **	0.053	− 0.142 **	0.052
健康行为与保险						
吸烟（参照：否）	− 0.014	0.041	− 0.011	0.041	− 0.015	0.041
饮酒（参照：否）	− 0.006	0.039	− 0.005	0.039	− 0.008	0.039
午睡（参照：否）	− 0.036	0.027	− 0.035	0.027	− 0.037	0.027
锻炼（参照：否）	0.008	0.026	0.009	0.026	0.009	0.026
医疗保险（参照：否）	0.007	0.033	0.015	0.033	0.008	0.033
交互项						
乡城流动 * 年龄	− 0.004	0.003			− 0.004	0.003
城城流动 * 年龄	− 0.004 *	0.002			− 0.004 *	0.002

续表

社会参与	模型 8 - 10		模型 8 - 11		模型 8 - 12	
	回归系数	标准误	回归系数	标准误	回归系数	标准误
乡乡流动 * 年龄	- 0. 003	0. 003			- 0. 003	0. 003
城乡流动 * 年龄	- 0. 004	0. 003			- 0. 006 +	0. 003
乡城流动 * 男性			- 0. 120 +	0. 073	- 0. 111	0. 073
城城流动 * 男性			- 0. 040	0. 059	- 0. 024	0. 059
乡乡流动 * 男性			- 0. 140	0. 119	- 0. 127	0. 121
城乡流动 * 男性			0. 190 +	0. 097	0. 229 *	0. 099
截距	0. 256 **	0. 092	0. 336 ***	0. 088	0. 259 **	0. 092
Rho	0. 347		0. 350		0. 348	
样本量	1887		1887		1887	
人数	474		474		474	

注：$***p < 0.001$，$**p < 0.01$，$*p < 0.05$，$+p < 0.1$。

第二节　流动对社会支持的影响

目前，流动人口并未真正被流入地所接纳，缺乏有效的社会支持（杨菊华，2020）。传统意义的社会支持包括来自家人、朋友、社会组织等多个方面的支持。在本研究中，将社会支持定义为当被调查者遇到困难（如生病时）可以获得的帮助情况。通过了解被调查者得到的支持情况分析其社会支持程度。

2010—2016 年数据显示，被调查者在未发生流动时，社会支持的均值为 5.93，标准差为 0.091。2012 年，流动人口为 351 人，社会支持的均值为 6.09，标准差为 0.116；未发生流动的人口为 119 人，社会支持的均值为 5.72，标准差为 0.219。2014 年，流动人口为 418 人，社会支持的均值为 5.79，标准差为 0.141；未流动人口为 53 人，社会支持均值为 5.70，标准差为 0.414。2016 年所有被调查者均发生了流动，社会支持的均值为 5.46，标准差为 0.141，如表 7 - 6 所示。

表7-6	社会支持基本情况					单位：人
社会支持	2010 年	2012 年		2014 年		2016 年
	未流动	未流动	流动后	未流动	流动后	流动后
均值	5.93	5.72	6.09	5.70	5.79	5.46
标准差	0.091	0.219	0.116	0.414	0.141	0.141
人数	471	119	351	53	418	474

　　2010—2016 的数据显示，被调查者流动后社会支持有所下降。如图 7-2 所示，2010 年所有被调查者均未发生流动，社会支持的均值为 5.93；2016 年，所有被调查者均发生了流动，社会支持的均值为 5.46。但是，对比 2012 年与 2014 年同一时期流动人口与未流动人口的社会支持均值发现，流动人口社会支持均值高于未流动人口。

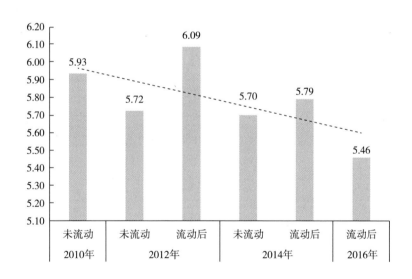

图 7-2　社会支持基本情况

　　需要注意的是，在本研究中，最为关注的是同一个个体在流动前后的健康变化情况，而不是在一个时期内流动人口与非流动人口两个不同群体之间的社会健康比较。因此，在后续的研究中需要继续探讨流动对其社会健康的影响作用。

一　流动行为对社会支持的影响

模型 9-1、模型 9-2 和模型 9-3 逐步探讨了流动对社会支持的影响。模型 9-3 控制了人口学基本变量、健康行为和医疗保险变量。结果显示，流动显著地负向影响被调查者的社会支持程度，流动后与流动前相比，社会支持程度有所下降，回归系数为 -0.241，具有统计学意义上的显著性。

相比于女性，男性的社会支持程度较高，回归系数为 0.622；相对于未婚者，已婚人士的社会支持程度较高，回归系数为 2.434。相关研究也有相似的研究结论，婚姻状况与新生代流动人口的社会支持有关，表现为在婚者获得的社会支持明显高于不在婚者（和红、智欣，2012）。相对于居住在东部地区的被调查者，居住在中部地区和西部地区的人，社会支持程度较低，回归系数为 -0.396 和 -0.548。在健康行为方面，有锻炼习惯的人，其社会支持程度越高，回归系数为 0.265，以上控制变量对社会支持的影响均产生统计学意义上的显著性，如表 7-7 所示。

表 7-7　　　　　　　　流动对社会支持的影响

社会支持	模型 9-1		模型 9-2		模型 9-3	
	回归系数	标准误	回归系数	标准误	回归系数	标准误
流动（参照：流动前）	-0.184	0.117	-0.222[+]	0.122	-0.241[+]	0.124
离开户籍地时长	0.007	0.007	-0.001	0.007	-0.001	0.007
年龄			0.000	0.006	-0.002	0.006
男性（参照：女性）			0.505**	0.150	0.622***	0.174
受教育程度（参照：初中及以下）						
高中/中专			0.117	0.161	0.092	0.161
大专/本科及以上			0.079	0.209	0.030	0.210
婚姻状况（参照：未婚）						
已婚			2.352***	0.279	2.434***	0.281
离婚/丧偶及其他			0.452	0.388	0.559	0.389
工作场所（参照：未工作）						

续表

社会支持	模型 9 - 1		模型 9 - 2		模型 9 - 3	
	回归系数	标准误	回归系数	标准误	回归系数	标准误
户外/车间/运输工具内			0.033	0.197	0.070	0.198
办公室/营业场所/家里			- 0.222	0.175	- 0.199	0.175
其他			- 0.315	0.370	- 0.285	0.371
收入对数			0.008	0.015	0.009	0.015
居住地区（参照：东部地区）						
中部地区			- 0.384 *	0.179	- 0.396 *	0.178
西部地区			- 0.562 **	0.208	- 0.548 **	0.207
东北地区			- 0.054	0.201	- 0.025	0.201
健康行为与保险						
吸烟（参照：否）					- 0.215	0.175
饮酒（参照：否）					- 0.057	0.178
午睡（参照：否）					0.045	0.123
锻炼（参照：否）					0.265 *	0.122
医疗保险（参照：否）					- 0.092	0.157
截距	5.811 ***	0.130	3.842 ***	0.347	3.769 ***	0.356
Rho	0.240		0.178		0.170	
样本量	1886		1867		1867	
人数	474		474		474	

注：*** $p < 0.001$，** $p < 0.01$，* $p < 0.05$，+ $p < 0.1$。

（1）年龄效应

模型 9 - 4 中加入了流动与年龄的交互项。研究结果表明，流动状态、年龄和流动与年龄的交互项均对社会支持产生负向影响，回归系数为 - 0.214、- 0.002 和 - 0.001，但是以上变量对社会支持的影响均不具有统计学意义上的显著性。

（2）性别效应

模型 9 - 5 中加入了流动与性别的交互项。结果显示，流动显著地负向影响被调查者的社会支持，回归系数为 - 0.369；性别显著地正向影响社会支持，回归系数为 0.440；而流动与性别的交互项正向影响被调查者的社会支持，回归系数为 0.272，但不具备统计学意义上的显著性。模型 9 - 6 中，同时考虑流动与年龄的交互项、流动与性别的交互项，研究显示，性别、已婚、锻炼行为显著地正向影响被调查者的社会支持，如表 7 - 8 所示。

表 7 - 8　　　　　　　分年龄性别看流动对社会支持的影响

社会支持	模型 9 - 4		模型 9 - 5		模型 9 - 6	
	回归系数	标准误	回归系数	标准误	回归系数	标准误
流动（参照：流动前）	- 0.214	0.370	- 0.369 *	0.163	- 0.273	0.373
离开户籍地时长	- 0.001	0.007	- 0.001	0.007	- 0.001	0.007
年龄	- 0.002	0.008	- 0.002	0.006	0.001	0.008
男性（参照：女性）	0.622 ***	0.174	0.440 +	0.230	0.434 +	0.231
受教育程度（参照：初中及以下）						
高中/中专	0.091	0.161	0.091	0.161	0.088	0.162
大专/本科及以上	0.029	0.211	0.026	0.210	0.023	0.211
婚姻状况（参照：未婚）						
已婚	2.430 ***	0.285	2.424 ***	0.281	2.411 ***	0.285
离婚/丧偶及其他	0.556	0.391	0.546	0.389	0.535	0.391
工作场所（参照：未工作）						
户外/车间/运输工具内	0.070	0.198	0.071	0.198	0.071	0.198
办公室/营业场所/家里	- 0.199	0.175	- 0.195	0.175	- 0.195	0.175
其他	- 0.286	0.371	- 0.284	0.371	- 0.288	0.371
收入对数	0.009	0.015	0.009	0.015	0.009	0.015
居住地区（参照：东部地区）						
中部地区	- 0.396 *	0.179	- 0.392 *	0.178	- 0.393 *	0.179
西部地区	- 0.549 **	0.208	- 0.550 **	0.207	- 0.550 **	0.208
东北地区	- 0.025	0.201	- 0.026	0.201	- 0.027	0.201
健康行为与保险						
吸烟（参照：否）	- 0.215	0.175	- 0.213	0.175	- 0.214	0.175
饮酒（参照：否）	- 0.057	0.178	- 0.057	0.178	- 0.057	0.178
午睡（参照：否）	0.045	0.123	0.039	0.123	0.039	0.123
锻炼（参照：否）	0.265 *	0.122	0.263 *	0.122	0.262 *	0.122
医疗保险（参照：否）	- 0.093	0.158	- 0.089	0.157	- 0.092	0.158

续表

社会支持	模型 9-4		模型 9-5		模型 9-6	
	回归系数	标准误	回归系数	标准误	回归系数	标准误
交互项						
流动 * 年龄	-0.001	0.008			-0.002	0.008
流动 * 男性			0.272	0.224	0.282	0.228
截距	3.756 ***	0.397	3.858 ***	0.364	3.811 ***	0.400
Rho	0.171		0.171		0.171	
样本量	1886		1886		1886	
人数	474		474		474	

注：*** $p < 0.001$，** $p < 0.01$，* $p < 0.05$，+ $p < 0.1$。

二　流动类型对社会支持的影响

将流动这一现象根据流动者的户口性质和流入地类型进一步细分为乡城流动、城城流动、乡乡流动和城乡流动四种类型。模型9-7、模型9-8和模型9-9分别探讨了不同流动类型对被调查者的社会支持的影响作用。根据模型9-9的回归结果可以发现，四种流动类型的被调查者在发生流动后，社会支持程度均有所降低，但是发生城城流动的人，流动后社会支持显著降低，回归系数为-0.274。相较于女性，男性的社会支持程度较高。已婚者的社会支持程度高于未婚者。有锻炼行为的人，其社会支持程度较高，如表7-9所示。

表7-9　　　　　　　　流动类型对社会支持的影响

社会支持	模型 9-7		模型 9-8		模型 9-9	
	回归系数	标准误	回归系数	标准误	回归系数	标准误
流动类型（参照：流动前）						
乡城流动	-0.091	0.174	-0.106	0.176	-0.115	0.178
城城流动	-0.154	0.145	-0.241	0.149	-0.274 +	0.151
乡乡流动	-0.330	0.256	-0.201	0.252	-0.202	0.253
城乡流动	-0.339	0.219	-0.344	0.215	-0.348	0.215

续表

社会支持	模型 9－7		模型 9－8		模型 9－9	
	回归系数	标准误	回归系数	标准误	回归系数	标准误
离开户籍地时长	0.008	0.007	－0.001	0.007	－0.001	0.007
年龄			0.000	0.006	－0.001	0.006
男性（参照：女性）			0.519 **	0.151	0.638 ***	0.175
受教育程度（参照：初中及以下）						
高中/中专			0.130	0.163	0.108	0.163
大专/本科及以上			0.105	0.213	0.062	0.214
婚姻状况（参照：未婚）						
已婚			2.336 ***	0.280	2.420 ***	0.282
离婚/丧偶及其他			0.442	0.389	0.553	0.390
工作场所（参照：未工作）						
户外/车间/运输工具内			0.012	0.198	0.048	0.199
办公室/营业场所/家里			－0.247	0.176	－0.224	0.176
其他			－0.330	0.370	－0.301	0.371
收入对数						
居住地区（参照：东部地区）						
中部地区			－0.377 *	0.182	－0.393 *	0.181
西部地区			－0.560 **	0.213	－0.553 **	0.213
东北地区			－0.056	0.202	－0.030	0.202
健康行为与保险						
吸烟（参照：否）					－0.219	0.176
饮酒（参照：否）					－0.058	0.178
午睡（参照：否）					0.045	0.123
锻炼（参照：否）					0.264 *	0.122
医疗保险（参照：否）					－0.098	0.157
截距	5.801 ***	0.130	3.803 ***	0.351	3.731 ***	0.360
Rho	0.240		0.179		0.172	
样本量	1886		1886		1886	
人数	474		474		474	

注：*** $p < 0.001$，** $p < 0.01$，* $p < 0.05$，+ $p < 0.1$。

（1）年龄效应

在模型9－10中加入了流动类型与年龄的交互项后发现，城城流动者的社会支持程度有所提升；而其他类型的流动人口社会支持程度有所减弱，但是不同流动类型对社会支持的统计检验结果未达显著差异。城城流动与年龄的交互项对社会支持上升产生负向影响，乡城流动、乡乡流动和城乡流动与年龄的交互项对社会支持分别产生正向影响。

虽然以上变量对社会支持的影响均未达到统计学意义上的显著性，但是可以发现不同流动类型对社会支持的影响趋势，城城流动与年龄对社会支持的影响存在相互削弱的作用，其他三类流动类型与年龄对社会支持的影响之间存在加强的作用。

（2）性别效应

模型9－11考虑了不同流动类型与性别的交互作用。结果表明，控制其他变量的前提下，乡城流动和城城流动后，被调查者的社会支持均发生了显著的降低，回归系数分别为－0.371和－0.396，具有统计学意义上的显著性。同时，乡城流动与性别的交互项显著地正向影响被调查者的社会支持，回归系数为0.622，这意味着乡城流动对社会支持的影响与年龄对社会支持的影响之间存在显著的相互加强的作用。

在模型9－12中，同时将流动类型与年龄的交互项、流动类型与性别的交互项纳入模型。结果显示，流动、年龄、性别与它们的交互项中，性别、乡城流动与性别的交互项对社会支持具有显著影响，其他变量对社会支持的影响虽不显著，但影响方向与模型9－12一致，如表7－10所示。

表7－10　　分年龄性别看流动类型对社会支持的影响

社会支持	模型9－10		模型9－11		模型9－12	
	回归系数	标准误	回归系数	标准误	回归系数	标准误
流动类型（参照：流动前）						
乡城流动	－0.233	0.551	－0.371[+]	0.225	－0.443	0.564
城城流动	0.209	0.486	－0.396[+]	0.202	0.136	0.492

续表

社会支持	模型 9 - 10		模型 9 - 11		模型 9 - 12	
	回归系数	标准误	回归系数	标准误	回归系数	标准误
乡乡流动	- 1.019	0.707	- 0.392	0.297	- 1.057	0.708
城乡流动	- 0.858	0.764	- 0.287	0.373	- 0.804	0.779
离开户籍地时长	- 0.002	0.007	- 0.001	0.007	- 0.002	0.007
年龄	- 0.001	0.008	0.000	0.006	0.000	0.008
男性	0.628 ***	0.176	0.413 +	0.229	0.403 +	0.230
受教育程度（参照：初中及以下）						
高中/中专	0.088	0.163	0.116	0.163	0.095	0.164
大专/本科及以上	0.030	0.216	0.074	0.215	0.043	0.216
婚姻状况（参照：未婚）						
已婚	2.409 ***	0.286	2.399 ***	0.283	2.381 ***	0.287
离婚/丧偶及其他	0.520	0.391	0.530	0.391	0.490	0.393
工作场所（参照：未工作）						
户外/车间/运输工具内	0.045	0.199	0.034	0.199	0.033	0.199
办公室/营业场所/家里	- 0.231	0.177	- 0.218	0.176	- 0.226	0.177
其他	- 0.294	0.372	- 0.295	0.371	- 0.291	0.372
收入对数	0.012	0.015	0.011	0.015	0.013	0.015
居住地区（参照：东部地区）						
中部地区	- 0.393 *	0.181	- 0.378 *	0.182	- 0.377 *	0.182
西部地区	- 0.554 **	0.213	- 0.564 **	0.214	- 0.559 **	0.214
东北地区	- 0.020	0.202	- 0.025	0.203	- 0.016	0.202
健康行为与保险						
吸烟（参照：否）	- 0.212	0.176	- 0.223	0.177	- 0.217	0.177
饮酒（参照：否）	- 0.051	0.178	- 0.057	0.178	- 0.048	0.178
午睡（参照：否）	0.045	0.123	0.039	0.123	0.040	0.123
锻炼（参照：否）	0.271 *	0.122	0.260 *	0.122	0.265 *	0.122
医疗保险（参照：否）	- 0.098	0.158	- 0.101	0.158	- 0.102	0.158
交互项						
乡城流动 * 年龄	0.003	0.012			0.002	0.012
城城流动 * 年龄	- 0.010	0.010			- 0.011	0.010
乡乡流动 * 年龄	0.019	0.016			0.016	0.016
城乡流动 * 年龄	0.010	0.014			0.010	0.014

续表

社会支持	模型 9 – 10		模型 9 – 11		模型 9 – 12	
	回归系数	标准误	回归系数	标准误	回归系数	标准误
乡城流动 * 男性			0.622 $^+$	0.337	0.623 $^+$	0.338
城城流动 * 男性			0.261	0.280	0.298	0.283
乡乡流动 * 男性			0.601	0.547	0.486	0.557
城乡流动 * 男性			– 0.025	0.443	– 0.095	0.453
截距	3.758 ***	0.396	3.813 ***	0.367	3.812 ***	0.399
Rho	0.169		0.173		0.171	
样本量	1867		1867		1867	
人数	474		474		474	

注：*** p < 0.001，** p < 0.01，* p < 0.05，+ p < 0.1。

第三节　流动对自评经济地位的影响

自评经济地位是个体根据自己的经济状况对自己在本地所处的经济地位所作出的主观判断和评价。对于流动人口来说，流动使他们的居住地发生变化，所选取的本地参照对象也发生了变化。由此，流动人口对自己在新的生活环境中所处的经济地位的评价也可能发生变化。

在本研究中，将流动前后个体的自评经济地位作为社会健康的一个评价维度。通过描述分析可以发现，2010 年，被调查者未发生流动时，自评经济地位的均值为 2.28，标准差为 0.049。2012 年，未发生流动的人有 113 人，自评经济地位的均值为 2.32，标准差为 0.093；流动人口有 332 人，自评经济地位的均值为 2.29，标准差为 0.050。2014 年，大部分被调查者发生了流动，在发生流动的 401 人中，自评经济地位均值为 2.41，标准差为 0.047；未发生流动的人仅为 52 人，自评经济地位的均值为 2.50，标准差为 0.121。2016 年，所有被观察者均发生了流动，其自评经济地位均值为 2.45，标准差为 0.046，如表 7 – 11 所示。

表 7 - 11 自评经济地位状况 单位:%，人

自评经济地位	2010 年	2012 年		2014 年		2016 年
	未流动	未流动	流动后	未流动	流动后	流动后
均值	2.28	2.32	2.29	2.50	2.41	2.45
标准差	0.049	0.093	0.050	0.121	0.047	0.046
人数	437	113	332	52	401	453

通过对比 2010—2016 年，人口流动前后自评经济地位的均值发现，流动后被调查者自评经济地位均值有所提升。2010—2016 年，被调查者从未流动到流动，其自评经济地位上升了 0.17，如图 7 - 3 所示。

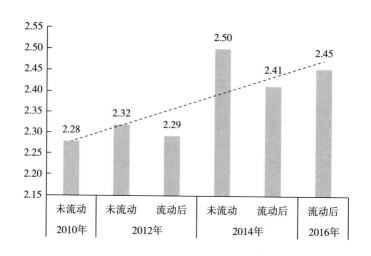

图 7 - 3 自评经济地位状况

一 流动行为对自评经济地位的影响

模型 10 - 1、模型 10 - 2 和模型 10 - 3 探讨了流动对自评经济地位的影响，模型 10 - 3 将流动、人口学变量、健康行为及医疗保险等变量纳入模型，在控制以上变量的前提下，流动显著地正向影响被调查者的自评经济地位，回归系数为 0.084，具有统计学显著意义。在控制变量中，性别、受教育程度、医疗保险显著正向影响

被调查者的自评经济地位。具体来看，与女性相比，男性自评经济地位较高，回归系数为0.234；高中/中专和大专/本科及以上受教育程度的被调查者的自评经济地位显著高于初中及以下的人，回归系数分别为0.109和0.471；有医疗保险的人自评经济地位较高，回归系数为0.099，详见表7-12。

表7-12 流动对自评经济地位的影响

自评经济地位	模型10-1		模型10-2		模型10-3	
	回归系数	标准误	回归系数	标准误	回归系数	标准误
流动（参照：流动前）	0.091*	0.042	0.094*	0.045	0.084+	0.045
离开户籍地时长	0.004	0.003	0.002	0.003	0.002	0.003
年龄			0.004	0.003	0.004	0.003
男性（参照：女性）			0.220**	0.066	0.234**	0.076
受教育程度（参照：初中及以下）						
高中/中专			0.112+	0.064	0.109+	0.064
大专/本科及以上			0.482***	0.087	0.471***	0.088
婚姻状况（参照：未婚）						
已婚			0.193+	0.114	0.190+	0.115
离婚/丧偶及其他			0.007	0.158	0.012	0.159
工作场所（参照：未工作）						
户外/车间/运输工具内			-0.040	0.072	-0.037	0.072
办公室/营业场所/家里			0.090	0.064	0.089	0.065
其他			0.073	0.133	0.080	0.134
收入对数			-0.002	0.005	-0.001	0.005
居住地区（参照：东部地区）						
中部地区			0.134+	0.079	0.138+	0.080
西部地区			0.059	0.092	0.054	0.093
东北地区			-0.084	0.089	-0.076	0.090
健康行为与保险						
吸烟（参照：否）					-0.015	0.069
饮酒（参照：否）					-0.026	0.068
午睡（参照：否）					-0.024	0.047
锻炼（参照：否）					0.009	0.046

续表

自评经济地位	模型 10-1		模型 10-2		模型 10-3	
	回归系数	标准误	回归系数	标准误	回归系数	标准误
医疗保险（参照：否）					0.099 +	0.059
截距	2.242 ***	0.053	1.667 ***	0.154	1.612 ***	0.159
Rho	0.388		0.341		0.341	
样本量	1788		1788		1786	
人数	474		474		474	

注：***$p<0.001$，**$p<0.01$，*$p<0.05$，+$p<0.1$。

（1）年龄效应

模型 10-4 加入了流动与年龄的交互项。结果显示，流动、年龄、流动与年龄的交互项对被调查者的自评经济状况都具有正向的影响，但均未达到统计学意义上的显著性。性别显著地影响被调查者的自评经济地位，男性较之于女性有较高的自评经济地位。受教育程度、婚姻状况、医疗保险仍显著地正向影响被调查者的自评经济地位。

（2）性别效应

模型 10-5 加入了流动与性别的交互项，流动后被调查者的自评经济地位显著提升，回归系数为 0.168。性别对自评经济地位的影响依然为正向影响，回归系数为 0.352。流动与性别的交互项显著负向影响自评经济地位，回归系数为 -0.172，这意味着流动对自评经济地位的影响和性别对自评经济地位的影响之间存在相互削弱的作用，流动后的男性的自评经济地位可能会产生显著下降的现象。

模型 10-6 将以上两种交互效果同时纳入模型，流动对自评经济地位的影响依然是正向影响，男性的自评经济地位显著高于女性，流动与性别的交互项显著负向影响自评经济地位。发生流动后，性别对自评经济地位的影响存在显著的差异。相对于女性，男性的自评经济地位显著下降，如表 7-13 所示。

表 7 - 13　　　　　分年龄性别看流动对自评经济地位的影响

自评经济地位	模型 10 - 4		模型 10 - 5		模型 10 - 6	
	回归系数	标准误	回归系数	标准误	回归系数	标准误
流动（参照：流动前）	0.049	0.138	0.168**	0.060	0.076	0.139
离开户籍地时长	0.002	0.003	0.003	0.003	0.003	0.003
年龄	0.003	0.003	0.003	0.003	0.002	0.003
男性（参照：女性）	0.234**	0.075	0.352***	0.094	0.360***	0.094
受教育程度（参照：初中及以下）						
高中/中专	0.111+	0.064	0.110+	0.064	0.114+	0.064
大专/本科及以上	0.473***	0.088	0.471***	0.088	0.475***	0.088
婚姻状况（参照：未婚）						
已婚	0.196+	0.116	0.194+	0.115	0.209+	0.116
离婚/丧偶及其他	0.017	0.160	0.017	0.159	0.029	0.159
工作场所（参照：未工作）						
户外/车间/运输工具内	-0.037	0.072	-0.037	0.072	-0.038	0.072
办公室/营业场所/家里	0.089	0.065	0.087	0.065	0.088	0.065
其他	0.081	0.134	0.081	0.134	0.086	0.134
收入对数	-0.001	0.005	-0.002	0.005	-0.002	0.005
居住地区（参照：东部地区）						
中部地区	0.138+	0.080	0.137+	0.080	0.137+	0.079
西部地区	0.054	0.092	0.056	0.093	0.056	0.092
东北地区	-0.076	0.090	-0.074	0.090	-0.074	0.090
健康行为与保险						
吸烟（参照：否）	-0.015	0.069	-0.020	0.069	-0.018	0.069
饮酒（参照：否）	-0.025	0.068	-0.025	0.068	-0.024	0.068
午睡（参照：否）	-0.024	0.047	-0.020	0.047	-0.021	0.047
锻炼（参照：否）	0.009	0.046	0.012	0.046	0.013	0.046
医疗保险（参照：否）	0.100+	0.059	0.096	0.059	0.098+	0.059
交互项						
流动*年龄	0.001	0.003			0.002	0.003
流动*男性			-0.172*	0.081	-0.184*	0.083
截距	1.629***	0.172	1.560***	0.161	1.605***	0.172

续表

自评经济地位	模型 10 - 4		模型 10 - 5		模型 10 - 6	
	回归系数	标准误	回归系数	标准误	回归系数	标准误
Rho	0.339		0.341		0.338	
样本量	1786		1786		1786	
人数	474		474		474	

注：＊＊＊p＜0.001，＊＊p＜0.01，＊p＜0.05，＋p＜0.1。

二 流动类型对自评经济地位的影响

模型 10 - 7、模型 10 - 8 和模型 10 - 9 分别检验了不同流动类型对自评经济地位的影响。模型 10 - 9 控制了人口学基本变量、健康行为和医疗保险等变量。结果显示，不同流动类型的流动后，其自评经济地位均发生了提升。其中，发生乡乡流动的人，其自评经济地位的提升通过了统计学意义上的显著检验，回归系数为0.474。年龄显著影响被调查者的自评经济地位，随着年龄的提升，其自评经济地位显著提升，回归系数为0.004；男性较之于女性，自评经济地位显著提升；受教育程度越高，自评经济地位越高；随着收入的提高，自评经济地位显著提升；工作场所在户外/车间/运输工具内的人，其自评经济地位显著下降，如表7-14所示。

表 7 - 14　　　　　流动类型对自评经济地位的影响

自评经济地位	模型 10 - 7		模型 10 - 8		模型 10 - 9	
	回归系数	标准误	回归系数	标准误	回归系数	标准误
流动类型（参照：流动前）						
乡城流动	- 0.011	0.065	0.015	0.067	0.001	0.067
城城流动	0.059	0.052	0.038	0.055	0.027	0.056
乡乡流动	0.397＊＊＊	0.095	0.484＊＊＊	0.096	0.474＊＊＊	0.096
城乡流动	0.161＋	0.082	0.124	0.083	0.115	0.083
离开户籍地时长	0.004	0.003	0.002	0.003	0.002	0.003
年龄			0.004＋	0.003	0.004	0.003

续表

自评经济地位	模型 10 - 7		模型 10 - 8		模型 10 - 9	
	回归系数	标准误	回归系数	标准误	回归系数	标准误
男性（参照：女性）			0.234 ***	0.065	0.242 **	0.075
受教育程度（参照：初中及以下）						
高中/中专			0.128 *	0.064	0.124 +	0.064
大专/本科及以上			0.508 ***	0.086	0.495 ***	0.087
婚姻状况（参照：未婚）						
已婚			0.201 +	0.113	0.199 +	0.114
离婚/丧偶及其他			0.014	0.157	0.019	0.157
工作场所（参照：未工作）						
户外/车间/运输工具内			- 0.044	0.072	- 0.040	0.073
办公室/营业场所/家里			0.097	0.065	0.096	0.065
其他			0.059	0.133	0.064	0.134
收入对数			- 0.003	0.005	- 0.002	0.005
居住地区（参照：东部地区）						
中部地区			0.115	0.079	0.118	0.079
西部地区			- 0.009	0.092	- 0.016	0.093
东北地区			- 0.097	0.087	- 0.089	0.088
健康行为与保险						
吸烟（参照：否）					- 0.003	0.069
饮酒（参照：否）					- 0.025	0.068
午睡（参照：否）					- 0.018	0.047
锻炼（参照：否）					0.015	0.046
医疗保险（参照：否）					0.104 +	0.059
截距	2.245 ***	0.052	1.642 ***	0.153	1.585 ***	0.158
Rho	0.371		0.327		0.328	
样本量	1788		1788		1786	
人数	474		474		474	

注：*** p < 0.001，** p < 0.01，* p < 0.05，+ p < 0.1。

（1）年龄效应

模型 10 - 10、模型 10 - 11 和模型 10 - 12 分别纳入了流动类型与年龄的交互项、流动类型与性别的交互项和以上两个交互项。研究结果表明，在模型 10 - 10 中，乡城流动、城城流动和乡乡流动对自评健康的影响为正向影响，其与年龄的交互项也对自评经济地位存在负向影响。其中，乡乡流动对人的自评经济地位存在显著正向影响，表明在控制其他变量的前提下，发生乡乡流动后，被调查者的自评经济地位有所提升。城乡流动与年龄的交互项对自评经济地位存在显著正向影响，表明发生城乡流动后，随着年龄的增长，自评经济地位有所提升。

（2）性别效应

模型 10 - 11 中，控制了流动类型与性别的交互项，乡乡流动后被调查者的自评经济地位显著提升。乡城流动和乡乡流动与性别的交互项显著负向影响自评经济地位，回归系数分别为 - 0.300 和 - 0.374，具有统计学意义上的显著性。

在模型 10 - 12 中，同时考虑流动类型与年龄和性别的交互项。从主效应来看，乡乡流动后显著地提升了其自评经济地位；从交互效应来看，乡城流动与性别的交互项、乡乡流动与性别的交互项显著负向地影响被调查者的自评经济地位，回归系数分别为 - 0.305 和 - 0.380，这意味着当被调查者发生乡城流动和乡乡流动后，自评经济地位有所降低，如表 7 - 15 所示。

表 7 - 15　　　　分年龄性别看流动对自评经济地位的影响

自评经济地位	模型 10 - 10		模型 10 - 11		模型 10 - 12	
	回归系数	标准误	回归系数	标准误	回归系数	标准误
流动类型（参照：流动前）						
乡城流动	0.025	0.212	0.127	0.086	0.113	0.216
城城流动	0.102	0.183	0.078	0.075	0.119	0.185
乡乡流动	0.501 +	0.271	0.591 ***	0.114	0.526 +	0.271
城乡流动	- 0.401	0.316	0.038	0.156	- 0.418	0.321
离开户籍地时长	0.002	0.003	0.002	0.003	0.002	0.003
年龄	0.004	0.003	0.004	0.003	0.003	0.003
男性	0.235 **	0.075	0.349 ***	0.092	0.350 ***	0.093
受教育程度（参照：初中及以下）						

续表

自评经济地位	模型 10－10		模型 10－11		模型 10－12	
	回归系数	标准误	回归系数	标准误	回归系数	标准误
高中/中专	0.123 +	0.064	0.120 +	0.064	0.122 +	0.064
大专/本科及以上	0.501 ***	0.088	0.487 ***	0.087	0.494 ***	0.088
婚姻状况（参照：未婚）						
已婚	0.192 +	0.116	0.211 +	0.114	0.210 +	0.116
离婚/丧偶及其他	0.018	0.158	0.030	0.157	0.030	0.158
工作场所（参照：未工作）						
户外/车间/运输工具内	－ 0.040	0.073	－ 0.032	0.073	－ 0.033	0.073
办公室/营业场所/家里	0.092	0.065	0.095	0.065	0.092	0.065
其他	0.067	0.134	0.064	0.133	0.070	0.134
收入对数	－ 0.002	0.005	－ 0.003	0.005	－ 0.003	0.005
居住地区（参照：东部地区）						
中部地区	0.119	0.079	0.109	0.079	0.111	0.079
西部地区	－ 0.010	0.092	－ 0.009	0.093	－ 0.003	0.092
东北地区	－ 0.091	0.088	－ 0.093	0.088	－ 0.093	0.088
健康行为与保险						
吸烟（参照：否）	0.003	0.069	－ 0.005	0.069	0.001	0.069
饮酒（参照：否）	－ 0.020	0.068	－ 0.025	0.068	－ 0.020	0.068
午睡（参照：否）	－ 0.016	0.047	－ 0.016	0.047	－ 0.015	0.047
锻炼（参照：否）	0.014	0.046	0.018	0.046	0.018	0.046
医疗保险（参照：否）	0.107 +	0.059	0.104 +	0.059	0.106 +	0.059
交互项						
乡城流动＊年龄	－ 0.001	0.005			0.000	0.005
城城流动＊年龄	－ 0.001	0.004			－ 0.001	0.004
乡乡流动＊年龄	－ 0.001	0.006			0.002	0.006
城乡流动＊年龄	0.009 +	0.006			0.009	0.006
乡城流动＊男性			－ 0.300 *	0.127	－ 0.305 *	0.128
城城流动＊男性			－ 0.110	0.103	－ 0.111	0.104
乡乡流动＊男性			－ 0.374 +	0.205	－ 0.380 +	0.209
城乡流动＊男性			0.078	0.180	0.008	0.185

续表

自评经济地位	模型 10-10		模型 10-11		模型 10-12	
	回归系数	标准误	回归系数	标准误	回归系数	标准误
截距	1.609***	0.170	1.550***	0.159	1.586***	0.170
Rho	0.323		0.327		0.323	
样本量	1786		1786		1786	
人数	474		474		474	

注：***p<0.001，**p<0.01，*p<0.05，+p<0.1。

第四节　流动对自评社会地位的影响

自评社会地位是个体对自己所在社会中所处地位的综合评价。2010 年，被调查者均未发生流动行为，其自评社会地位的均值为 2.77，标准差为 0.046。2012 年，未流动人口和流动人口分别有 118 人和 350 人，自评社会地位的均值分别为 2.67（标准差为 0.097）和 2.65（标准差为 0.050）。2014 年未流动人口和流动人口分别为 53 人和 418 人，自评社会地位的均值为 3.02（标准差为 0.122）和 2.86（标准差为 0.046）。2016 年，被调查者均发生了人口流动，其自评社会地位的均值为 2.77，标准差为 0.049，如表 7-16 所示。

表 7-16　　　　　　　　自评社会地位情况　　　　　　　单位：人

自评社会地位	2010 年	2012 年		2014 年		2016 年
	未流动	未流动	流动后	未流动	流动后	流动后
均值	2.77	2.67	2.65	3.02	2.86	2.77
标准差	0.046	0.097	0.050	0.122	0.046	0.049
人数	474	118	350	53	418	474

从描述统计来看，474 位被调查者从 2010 年未流动状态到

2016 年全部发生流动，自评社会地位均值都为 2.77，虽然在均值上没有发生变化，但是从 2012 年和 2014 年的追踪数据来看，自评社会地位的均值有一定的起伏变化，如图 7 - 4 所示。因此，需要进一步分析流动对自评社会地位的影响作用。

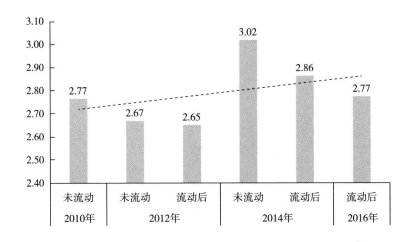

图 7 - 4 自评社会地位情况

一 流动行为对自评社会地位的影响

模型 11 - 1、模型 11 - 2 和模型 11 - 3 分别探讨了流动对自评社会地位的影响。从模型 11 - 1 的结果来看，流动对自评社会地位的影响为负向影响，回归系数为 - 0.021，流动后被调查者的自评社会地位有所降低，但是该指标未达到统计学意义上的显著检验。随着离开户籍地时间的增加，自评社会地位显著提升，回归系数为 0.009。

模型 11 - 2 控制了性别、年龄等人口学变量，结果显示，流动负向影响被调查者的自评社会地位，回归系数为 - 0.045，这意味着，流动后，自评社会地位有所降低，在统计学意义上不显著。年龄、性别和受教育程度、工作场所分别显著地影响自评社会地位。模型 11 - 3，在此基础上控制了健康行为和医疗保险变量，流动对自评社会地位仍具有负向的影响作用，回归系数为 - 0.053，未通过统计学意义上的显著检验。离开户籍地时长依然显著正向影响被调查者的自评社会地位，回归系数为 0.005。

从控制变量对自评社会地位的影响来看，随着年龄的增长，自评社会地位显著提升，回归系数为 0.007；与女性相比，男性的自评社会地位较低，回归系数为 -0.147；受教育程度越高，自评社会地位越高，高中/中专受教育程度和大专/本科及以上受教育程度的人的回归系数分别为 0.168 和 0.353；与未婚者相比，已婚者的自评社会地位更高，回归系数为 0.210；工作场所在户外/车间/运输工具内等地点的人自评社会地位较低，回归系数为 -0.172；以上变量对自评社会地位的影响均具有统计学意义上的显著性，如表 7 - 17 所示。

表 7 - 17　　　　　　流动对自评社会地位的影响

自评社会地位	模型 11 - 1		模型 11 - 2		模型 11 - 3	
	回归系数	标准误	回归系数	标准误	回归系数	标准误
流动（参照：流动前）	-0.021	0.043	-0.045	0.045	-0.053	0.046
离开户籍地时长	0.009 **	0.003	0.005 +	0.003	0.005 +	0.003
年龄			0.007 **	0.002	0.007 **	0.003
男性（参照：女性）			-0.117 +	0.064	-0.147 *	0.074
受教育程度（参照：初中及以下）						
高中/中专			0.170 **	0.064	0.168 **	0.064
大专/本科及以上			0.361 ***	0.086	0.353 ***	0.087
婚姻状况（参照：未婚）						
已婚			0.213 +	0.111	0.210 +	0.113
离婚/丧偶及其他			-0.189	0.157	-0.193	0.157
工作场所（参照：未工作）						
户外/车间/运输工具内			-0.166 *	0.075	-0.172 *	0.075
办公室/营业场所/家里			-0.026	0.066	-0.035	0.066
其他			0.009	0.139	0.008	0.140
收入对数			-0.006	0.006	-0.006	0.006
居住地区（参照：东部地区）						
中部地区			0.111	0.077	0.110	0.077

续表

自评社会地位	模型 11 - 1		模型 11 - 2		模型 11 - 3	
	回归系数	标准误	回归系数	标准误	回归系数	标准误
西部地区			0.175 +	0.090	0.167 +	0.090
东北地区			- 0.218 *	0.087	- 0.227 **	0.087
健康行为与保险						
吸烟（参照：否）					0.055	0.070
饮酒（参照：否）					0.008	0.070
午睡（参照：否）					- 0.058	0.047
锻炼（参照：否）					0.034	0.047
医疗保险（参照：否）					0.055	0.060
截距	2.669 ***	0.051	2.221 ***	0.143	2.219 ***	0.147
Rho	0.328		0.290		0.288	
样本量	1886		1886		1884	
人数	474		474		474	

注：*** p < 0.001，** p < 0.01，* p < 0.05，+ p < 0.1。

（1）年龄效应

在模型 11 - 4 中加入了流动与年龄的交互项。结果显示，流动负向影响被调查者的自评社会地位。年龄正向显著地影响自评社会地位，随着年龄的增加，自评社会地位显著提升。流动与年龄的交互项正向影响被调查者自评社会地位，但不具有统计学意义上的显著性。随着离开户籍地时长增加，自评社会地位显著增加。

（2）性别效应

模型 11 - 5 中纳入了流动与性别的交互项。结果表明，流动对自评社会地位存在正向影响，性别对自评社会地位存在负向影响，流动与性别的交互项对自评社会地位存在负向影响。虽然以上变量均未呈现出统计学意义上的显著性，但是通过各变量之间的影响方向可以推断，流动和性别对自评社会地位的影响之间存在相互削弱的作用。模型 11 - 6 同时考虑以上两个交互项的影响作用，流动后，被调查者的自评社会地位有所下降，回归系数为 - 0.188，性

别负向影响被调查者自评社会地位，回归系数为 - 0.045。流动与
性别的交互项显著负向影响自评社会地位，回归系数为 - 0.155，
这表明男性发生流动后自评社会地位显著降低的可能性增加，如表
7 - 18 所示。

表 7 - 18　　　　分年龄性别看流动对自评社会地位的影响

自评社会地位	模型 11 - 4		模型 11 - 5		模型 11 - 6	
	回归系数	标准误	回归系数	标准误	回归系数	标准误
流动（参照：流动前）	- 0.219	0.138	0.009	0.060	- 0.188	0.139
离开户籍地时长	0.005 +	0.003	0.005 +	0.003	0.005 +	0.003
年龄	0.005	0.003	0.007 **	0.003	0.004	0.003
男性（参照：女性）	- 0.149 *	0.074	- 0.058	0.092	- 0.045	0.093
受教育程度（参照：初中及以下）						
高中/中专	0.174 **	0.064	0.169 **	0.064	0.176 **	0.064
大专/本科及以上	0.358 ***	0.087	0.354 ***	0.086	0.361 ***	0.087
婚姻状况（参照：未婚）						
已婚	0.236 *	0.114	0.215 +	0.113	0.248 *	0.114
离婚/丧偶及其他	- 0.171	0.158	- 0.187	0.157	- 0.159	0.158
工作场所（参照：未工作）						
户外/车间/运输工具内	- 0.172 *	0.075	- 0.172 *	0.075	- 0.173 *	0.075
办公室/营业场所/家里	- 0.033	0.066	- 0.037	0.066	- 0.035	0.066
其他	0.016	0.140	0.008	0.140	0.018	0.140
收入对数	- 0.006	0.006	- 0.006	0.006	- 0.006	0.006
居住地区（参照：东部地区）						
中部地区	0.111	0.077	0.109	0.077	0.109	0.077
西部地区	0.168 +	0.090	0.168 +	0.090	0.169 +	0.090
东北地区	- 0.226 **	0.087	- 0.226 **	0.087	- 0.224 *	0.087
健康行为与保险						
吸烟（参照：否）	0.058	0.070	0.053	0.070	0.057	0.070
饮酒（参照：否）	0.009	0.070	0.008	0.070	0.010	0.070
午睡（参照：否）	- 0.059	0.047	- 0.055	0.048	- 0.055	0.047

续表

自评社会地位	模型 11 - 4		模型 11 - 5		模型 11 - 6	
	回归系数	标准误	回归系数	标准误	回归系数	标准误
锻炼（参照：否）	0.036	0.047	0.036	0.047	0.038	0.047
医疗保险（参照：否）	0.061	0.060	0.054	0.060	0.061	0.060
交互项						
流动＊年龄	0.004	0.003			0.005	0.003
流动＊男性			- 0.132	0.083	- 0.155 +	0.084
截距	2.299 ***	0.160	2.176 ***	0.150	2.268 ***	0.161
Rho	0.288		0.287		0.288	
样本量	1884		1884		1884	
人数	474		474		474	

注：＊＊＊p＜0.001，＊＊p＜0.01，＊p＜0.05，+p＜0.1。

二 流动类型对人口自评社会地位的影响

通过区分不同流动类型探讨其对自评社会地位的影响，模型
11 -9 在模型 11 -7 和模型 11 -8 的基础上加入了健康行为和医疗
保险等变量。研究结果显示，发生乡城流动的人，在流动后自评社
会地位显著降低，回归系数为 - 0.200，并具有统计学意义上的显
著性。城乡流动后，被调查者的自评社会地位显著提升，回归系数
为 0.163。

在控制变量方面，随着年龄的增长，被调查者的自评社会地位
显著提升，回归系数为 0.006；较之于女性，男性的自评社会地位
较低；受教育程度越高，人的自评社会地位越高；已婚者的自评社
会地位较高；在户外/车间/运输工具内工作的人自评社会地位较
低，如表 7 - 19 所示。

表 7 - 19 流动类型对自评社会地位的影响

自评社会地位	模型 11 - 7		模型 11 - 8		模型 11 - 9	
	回归系数	标准误	回归系数	标准误	回归系数	标准误
流动类型（参照：流动前）						
乡城流动	- 0.177 **	0.065	- 0.186 **	0.067	- 0.200 **	0.068

续表

自评社会地位	模型 11 - 7		模型 11 - 8		模型 11 - 9	
	回归系数	标准误	回归系数	标准误	回归系数	标准误
城城流动	0.003	0.054	- 0.038	0.056	- 0.047	0.057
乡乡流动	- 0.001	0.096	0.006	0.097	0.000	0.097
城乡流动	0.209 *	0.082	0.170 *	0.082	0.163 *	0.083
离开户籍地时长	0.007 **	0.003	0.005	0.003	0.005	0.003
年龄			0.007 **	0.002	0.006 *	0.003
男性（参照：女性）			- 0.134 *	0.064	- 0.168 *	0.073
受教育程度（参照：初中及以下）						
高中/中专			0.158 *	0.064	0.156 *	0.064
大专/本科及以上			0.334 ***	0.086	0.323 ***	0.087
婚姻状况（参照：未婚）						
已婚			0.238 *	0.111	0.233 *	0.112
离婚/丧偶及其他			- 0.170	0.156	- 0.174	0.156
工作场所（参照：未工作）						
户外/车间/运输工具内			- 0.145 +	0.075	- 0.150 *	0.075
办公室/营业场所/家里			- 0.001	0.066	- 0.010	0.066
其他			0.018	0.139	0.017	0.140
收入对数			- 0.008	0.006	- 0.008	0.006
居住地区（参照：东部地区）						
中部地区			0.093	0.077	0.092	0.077
西部地区			0.155 +	0.090	0.146	0.091
东北地区			- 0.229 **	0.086	- 0.237 **	0.086
健康行为与保险						
吸烟（参照：否）					0.061	0.070
饮酒（参照：否）					0.010	0.069
午睡（参照：否）					- 0.060	0.047
锻炼（参照：否）					0.039	0.047
医疗保险（参照：否）					0.064	0.059
截距	2.680 ***	0.051	2.268 ***	0.143	2.264 ***	0.147
Rho	0.316		0.279		0.277	
样本量	1886		1886		1884	
人数	474		474		474	

注：*** p < 0.001，** p < 0.01，* p < 0.05，+ p < 0.1。

（1）年龄效应

模型 11 - 10 考虑了不同流动类型和年龄的交互效应。在主效应中，乡城流动对被调查者的自评社会地位产生显著负向影响。城乡流动与年龄的交互项对自评社会地位产生正向影响，但是未达到统计学意义上的显著性。因此，在控制其他变量的前提下，发生乡城流动的人，自评社会地位显著降低。

（2）性别效应

在模型 11 - 11 中，城乡流动对自评社会地位产生显著的正向影响，城乡流动与性别的交互项呈现出显著的负向影响，这意味着，城乡流动和性别对自评社会地位的影响之间存在着相互削弱的作用。与此同时，乡城流动与性别的交互项也显著负向影响自评社会地位，这表明当男性发生乡城流动或城乡流动后，其自评社会地位可能降低。

模型 11 - 12 同时考虑了流动类型与年龄、流动类型与性别的交互作用后发现，发生乡城流动、乡乡流动和城乡流动的人，自评社会地位有所下降；发生城城流动的人，自评社会地位有所提升，虽然未得到统计学上的显著检验，但是体现出不同流动类型的被调查者自评社会地位的差异，如表 7 - 20 所示。

表 7 - 20　　分年龄性别看流动类型对自评社会地位的影响

自评社会地位	模型 11 - 10		模型 11 - 11		模型 11 - 12	
	回归系数	标准误	回归系数	标准误	回归系数	标准误
流动类型（参照：流动前）						
乡城流动	- 0.375 +	0.210	- 0.092	0.085	- 0.283	0.215
城城流动	0.066	0.184	0.012	0.076	0.086	0.186
乡乡流动	- 0.346	0.271	- 0.016	0.113	- 0.331	0.271
城乡流动	- 0.268	0.294	0.478 **	0.145	- 0.085	0.300
离开户籍地时长	0.004	0.003	0.004	0.003	0.004	0.003
年龄	0.005	0.003	0.006 *	0.003	0.004	0.003
男性	- 0.173 *	0.073	- 0.051	0.091	- 0.047	0.092
受教育程度（参照：初中及以下）						

续表

自评社会地位	模型 11 - 10		模型 11 - 11		模型 11 - 12	
	回归系数	标准误	回归系数	标准误	回归系数	标准误
高中/中专	0.153 *	0.064	0.159 *	0.064	0.159 *	0.064
大专/本科及以上	0.319 ***	0.087	0.326 ***	0.087	0.328 ***	0.087
婚姻状况（参照：未婚）						
已婚	0.241 *	0.114	0.249 *	0.112	0.262 *	0.114
离婚/丧偶及其他	− 0.171	0.157	− 0.163	0.156	− 0.156	0.157
工作场所（参照：未工作）						
户外/车间/运输工具内	− 0.152 *	0.075	− 0.152 *	0.075	− 0.155 *	0.075
办公室/营业场所/家里	− 0.013	0.067	− 0.009	0.066	− 0.014	0.066
其他	0.023	0.140	0.025	0.139	0.033	0.140
收入对数	− 0.007	0.006	− 0.008	0.006	− 0.007	0.006
居住地区（参照：东部地区）						
中部地区	0.092	0.077	0.097	0.077	0.099	0.077
西部地区	0.146	0.091	0.140	0.091	0.144	0.091
东北地区	− 0.235 **	0.086	− 0.234 **	0.086	− 0.231 **	0.086
健康行为与保险						
吸烟（参照：否）	0.067	0.070	0.070	0.070	0.077	0.070
饮酒（参照：否）	0.015	0.069	0.011	0.069	0.018	0.069
午睡（参照：否）	− 0.059	0.047	− 0.058	0.047	− 0.056	0.047
锻炼（参照：否）	0.041	0.047	0.041	0.046	0.042	0.047
医疗保险（参照：否）	0.067	0.060	0.063	0.059	0.068	0.060
交互项						
乡城流动 * 年龄	0.004	0.004			0.004	0.004
城城流动 * 年龄	− 0.002	0.004			− 0.001	0.004
乡乡流动 * 年龄	0.008	0.006			0.008	0.006
城乡流动 * 年龄	0.008	0.005			0.012 *	0.005
乡城流动 * 男性			− 0.258 *	0.129	− 0.266 *	0.129
城城流动 * 男性			− 0.125	0.106	− 0.124	0.106
乡乡流动 * 男性			0.141	0.210	0.094	0.214
城乡流动 * 男性			− 0.465 **	0.171	− 0.540 **	0.174

续表

自评社会地位	模型 11 – 10		模型 11 – 11		模型 11 – 12	
	回归系数	标准误	回归系数	标准误	回归系数	标准误
截距	2.325***	0.158	2.200***	0.149	2.277***	0.159
Rho	0.276		0.279		0.277	
样本量	1884		1884		1884	
人数	474		474		474	

注：***p<0.001，**p<0.01，*p<0.05，+p<0.1。

在交互效应中，城乡流动与年龄的交互项显著正向影响被调查者的自评社会地位，乡城流动和性别的交互项、城乡流动与性别的交互项显著负向影响自评社会地位。这表明，发生城乡流动的人随着年龄的增长，自评社会地位有所提升；发生乡城流动或是城乡流动的男性，自评社会地位提升的可能性较高，详见模型 11 – 12。

第五节　本章小结

本章主要探讨了流动以及不同流动类型对社会健康的影响，本研究中社会健康主要包括社会参与、社会支持、自评经济地位和自评社会地位四个方面。同时，探讨了流动及流动类型对社会健康可能产生的年龄效应和性别效应。本章的主要结论如下：

（一）流动后，个体的社会参与、社会支持和自评社会地位有所下降，自评经济地位有所上升

在社会健康的四个指标中，社会参与程度和社会支持程度显著下降；自评经济地位显著提升，自评社会地位有所下降，但未达显著水平。从以上结果可以看出，在客观指标方面，社会参与和社会支持出现显著的下降；而主观方面，特别是自评经济地位发生了显著的提升。对于这一结果，可以从人口流动的原因进行分析，务工经商是人口流动，特别是乡城流动的主要原因。同样，提升经济水平也是人口流动的主要目的。由此可以理解，流动后，自评经济地

位显著提高是流动带给他们的重要的变化。

社会支持和社会参与衡量社会健康的常规指标，也是在流动人口社会融合研究的相关指标。流动人口在流动过程中需要适应新的环境，流动初期缺乏社会支持和社会参与。在本研究中，验证了人口流动对社会参与和社会支持存在损耗作用。

自评经济地位和自评社会地位在社会健康指标中较少使用，但是以上两个指标是反映人口与社会关系、社会健康的重要指标。两个指标较为相近，但是侧重不同。流动人口以经济目的为由进行流动，流动后自评经济地位显著提升，但是他们迁往流入地后在社会地位上并未得到显著提升，而是感受到较低的社会地位。这也是流动人口在社会健康方面存在的弱势表现。

（二）城乡流动人口自评社会地位、自评经济地位显著提升，乡城流动人口自评社会地位和社会参与度显著降低，乡城流动和乡乡流动人口的社会参与度下降，但是自评经济地位显著提升

发生乡城流动和乡乡流动的人，其社会参与程度显著下降。发生城城流动和城乡流动的人，其社会支持程度显著降低。不同流动类型的个体流动后，其自评经济地位均发生了提升。其中，发生乡乡流动和城乡流动的人，其自评经济地位的提升具有显著意义。发生乡城流动的人，与流动前相比，在流动后自评社会地位显著降低。发生城乡流动后，个体的自评社会地位显著提升。

（三）城城流动人口的社会参与程度存在显著的年龄效应

加入不同流动类型与年龄的交互项后发现，城城流动与年龄的交互项显著负向影响个体的社会参与程度。这意味着，发生城城流动后，随着年龄的增长，社会参与度显著降低。

（四）流动对自评经济地位和社会支持的影响存在显著的性别差异

发生流动后，性别对自评经济地位的影响存在显著的差异。相对于女性，男性的自评经济地位显著下降。流动与性别的交互项显著负向影响自评经济地位，这意味着流动对自评经济地位的影响和性别对自评经济地位的影响之间存在相互削弱的作用，流动后的男性的自评经济地位可能会产生显著下降的现象。

发生乡城流动的男性的社会支持程度显著提升，性别显著地正向影响社会支持，相较于女性，男性的社会支持程度更高。乡城流动与性别的交互项显著地正向影响社会支持。发生乡城流动对社会支持的影响与年龄对社会支持的影响之间存在显著的相互加强的作用。

（五）　受教育程度、婚姻与锻炼行为能够显著提升社会健康

在健康行为方面，有锻炼习惯的人，其社会支持程度越高；受教育程度越高，自评社会地位越高；与未婚者相比，已婚者的自评社会地位更高；工作场所在户外／车间／运输工具内等地点的人自评社会地位较低。

第八章　流动人口的社会融入与适应负荷

2013 年 12 月，中央城镇化工作会议中强调解决好人的问题是推进新型城镇化的关键，努力提高农民工融入城镇的素质和能力。在我国城镇化的大背景下，流动人口已逐渐成为城市生活中不可或缺的群体，并在流动人口群体的参与下，城市中的众多基础设施建设、制造业以及服务业等工作才得以蓬勃发展。尽管流动人口并不居于城市的核心地位，甚至可以说他们只是城市中的边缘群体，但毋庸置疑，流动人口的社会融入问题值得全社会关注。流动人口在社会融入过程中存在诸多阻碍因素，给他们带来长期的慢性压力，流动人口需要应对来自各方面的压力，他们的身体健康和心理健康状况都值得关注。

近年来，流动人口的社会融入问题得到学界的广泛讨论。有学者认为，流动人口的社会融入问题是一种社会现象而非私人问题，该现象反映了一种利益关系、社会资源的分配规则以及社会秩序，其中涉及国家层面的宏观政策的制定、流动人口所在地的经济结构、当地居民的个人态度和行为以及流动者的社会经济背景等诸多方面因素，是构建和谐社会过程中无法回避的问题（李树苗等，2008）。现有研究表明，流动人口社会融入状况并不乐观。目前有一半以上的流动人口实现了身份认同，但是流动人口的内心认同要远远低于认同愿望（杨菊华，2012）。

在社会融入过程中，流动人口的生活质量得到学者们的高度关注。人口流动是一个充满竞争和压力的过程，语言、文化的差异，社会网络的变化，以及社会支持的减弱等使得流动人口的健康状况比一般人群差。从流动人口的生理和心理健康状况分析他们的健康状况，研究表明我国人口流动存在较为明显的"健康移民"效应和"三文鱼偏误"效应（齐亚强等，2012），能够外出流动的流动者身体健康程度一般要好于不流动的人口，当流动人口健康状况较差时，他们往往又会选择回到流出地。而在社会融入过程中，流动人口的生理和心理健康状况会受到潜在影响。因此，本部分探讨流动人口社会融入过程中的身心健康问题。

第一节　文献回顾

一　社会融入

史无前例的人口流动是改革开放以来中国社会最突出的变化之一，也是引发社会变革、人口转变的主要驱动力之一（杨菊华，2007）。随着改革开放进程的加快，越来越多的农村人口拥入城市，造成大规模的人口流动，形成流动人口。流动人口也成为社会各界广泛关注的对象。流动人口长期在流入地居住、工作和生活，他们在流入地的生活状态，特别是社会融入问题引起学界的关注和讨论。流动人口社会融入的意愿、过程以及结果会折射出他们在流入地的生存环境，间接显示出在社会转型的过程中不同人群能否享受公平、公正的待遇，也体现了我国以人为本的管理服务理念能否落实到位（李树茁等，2008）。90 年代中期以后，学者开始关注人口流动对流动者及其家庭的影响，其社会融入问题也提到研究日程（杨菊华，2010）。

社会融入有两个不同的理论来源：经典社会学理论和现代社会政策理论。西方研究中，社会融入的着眼点和研究视角偏重于宏观，是基于人群特征研究整个社会中的社会链接和社会融入，例如种族研究和移民研究。在社会融入的微观方面，社会心理学家将社会融入分为态度和行为两方面进行研究（李培林、田丰，2012）。第一个把社会融入作为政策工具界定的是马克斯威尔（Maxwell，1996）。他认为社会融入包括建立共享的价值观、缩减财富和收入差距，总体上让人们感觉到他们融入一个共同体中，作为共同体的成员面对共同的挑战（李培林、田丰，2012）。

　　我国学者结合西方社会融入理论就中国情况进行研究。与西方国家关于移民社会融入的研究相比，中国关于社会融入的研究还刚刚起步，且多沿袭西方社会融入理论的脉络（李培林、田丰，2012）。在社会融入的类型化研究中有结构性和文化性的"二维度模型"（梁波、王海英，2010），结构性融入、社会－文化性融入和政治－合法性融入的"三维度"模型，社会经济融入、政治融入、文化融入和主体社会对移民的接纳或拒斥等"四维度"模型（李培林、田丰，2012）。学者提出了流动人口社会融入的四个维度，分别是经济整合、文化接纳、行为适应以及身份认同。流动人口的社会经济特征以及思维观念、流入地的宏观背景、社会政策与经济制度、流入地居民对待外来人口的态度和行为等多方面因素决定了流动人口在进入城镇地区后，能否应对所面临的一系列挑战。其应对的过程也就是融入的过程。社会融入是一个系统性、综合性、富有挑战性的概念，具有多个维度或多重意义（杨菊华，2009）。

　　流动人口能否完成由外来人的角色向本地市民的整体转型，融入流入地社会，实现社会融合，是一个具历史性、全局性和前瞻性的重大战略问题（杨菊华等，2014）。已有学者关注到新生代流动人口的健康融入问题。研究发现，21.4%的新生代流动人口认为流动后健康状况有所好转；64.0%的人认为流动后健康状况没有变化；14.6%的人认为流动后健康状况变差（和红、任迪，2014）。总体看来，流动人口的健康融入程度较差，需要对他们的健康问题予以关注，增强健康保障措施，重视流动人口在社会融入过程中的健康问题。

二　适应负荷概念及应用

　　在生物医学领域常用生化指标判断人口的生理健康状况，本章使用"适应负荷"这一概念对流动人口的生理健康状况进行考察，首先介绍适应负荷概念的起源和在各领域的应用及发展情况。

（一）适应负荷的起源

　　早在1857年，伯纳德（Bernard）提出了"所有生命机制的内环境保持稳定"的观点，他认为为了维持生命，机体需要维持稳定（Bernard，1857）。佳农（Cannon）在 1932 年的研究中进一步指出"内环境是处于一种可变但相对稳定的状态，即稳态（Home-ostasis）"，他提出稳态不仅仅是维持稳定，而是需要在变化中寻求相对稳定的状态，提出稳态的概念（Cannon，1932）。随着研究的不断深入，斯特林（Sterling）与埃耶（Eyer）提出"应变稳态"（Allostasis）的概念，他们认为"应变稳态"是机体通过动态变化保持其内环境的一种稳定状态，这一动态变化过程并不是通过简单的反馈调节得以实现的，而是一种比稳态更加复杂的调节过程。应变稳态强调的是在外界多变的环境中，机体试图保持其内环境变量的稳定性（Sterling and Eyer，1988）。

适应负荷又称稳态应变负荷，是一种有关适应压力所付出的生理代价。尽管稳态适应性机制对个体来说是保护性的，但对机体来说，被迫重新设定各类参数是要付出代价的，尤其是如果稳态适应过程变得极端或不充分时。这个过程中所付出的代价即为适应负荷（McEwen and Stellar，1993）。这一概念得到许多学者的认同，简而言之，适应负荷是应激长期累积效应的一种生理反应，即机体应激反应的"代价"（McEwen and Wingfield，2003；Seeman TE，Singer BH，Rowe Jw，et al.，1997）。可以说，稳态应变负荷是稳态应变系统长期慢性反应过度（或不足）的结果。在正常情况下，稳态应变系统可通过适应性反应应对应激，直到应激消失后机体得到恢复。麦克尤恩（McEwen）和斯特拉（Stellar）详细定义了适应负荷的概念，建立了稳态应变理论框架，发展和完善了应激导致疾病的机制作用，为进一步研究应激特别是慢性应激的长期效应提供了新的途径（李伟、张俊权、王生，2007）。

长期压力引起重复且连续的补偿性非稳态行为。这些行为在应对压力时具有较好的效果，同时也会付出健康代价。由于长期的非稳态行为而造成身体"过度损耗"，产生"适应负荷"。适应负荷是人类在应对长期压力时进行的重复性激活补偿性的生理机制而造成的身体损耗。适应负荷会显著加速衰老进程，导致寿命减少，加速老化，并会损害健康（Maestripieri and Hoffman，2011）。

在应对长期压力时，慢性应激主要引起下丘脑－垂体－肾上腺素轴、交感神经系统、心血管系统、代谢系统、肾功能、肺功能以及炎性反应多系统生理反应（Seeman TE，Singer BH，Rowe Jw，et al.，1997；Seeman TE，McEwen BS，Rowe Jw，et al.，2001；李伟、张俊权、王生；2007）。研究表明，儿茶酚胺（Catecholamines）、皮质醇（Cortisol）和细胞因子（Cytokines）被认为是适应负荷的主要介质（Brody et al.，2013）。在不同的研究领域，测量适应负荷的选取指标也有所不同。在研究个体的生物成功老龄化（MacArthur Studies of Successful Aging）的文章中，作者选取了一系列指标测量适应负荷。这些指标为后续研究提供了宝贵的参考依据。西曼（Seeman）等人研究累积生物风险和社会经济差异死亡率时就参考了成功老龄化研究中的适应负荷指标（Seeman T E，Crimmins E，Huang M H，et al.，2004）。

适应负荷作为健康的重要组成部分，能够反映个体对社会的适应程度、对长期压力的应对情况。以下将从社会适应与生存环境、个人生活以及公共医疗等三个方面介绍适应负荷的应用情况。

（二）适应负荷与生存环境

个人的生存环境可以分为社会环境、社区居住环境和家庭生活环境等多个方面。如果人类长期生活在贫穷状态中，他们的生存环境相对来说较为糟糕。研究表明，贫穷的居民遭受长期的压力，需要付出代价应对生活的压力，经受更大程度的适应负荷（McEwen，2000）。此外，饮食质量与饮食习惯也会影响个人的适应负荷水平。不良的饮食习惯和较差的饮食质量会导致美国人体重超重。并且，不同社会经济地位、种族和人群之间在健康状态上存在显著差异（Mancino and Ploeg，2013）。

一项针对青少年承受社区压力风险的研究表示，青少年需要应对来自生活的压力。持续的、来自社区的社会心理压力造成青少年承受较大的适应负荷，可能会影响到他们的健康状态，产生健康不平等问题（Theall，Drury，Shirtcliff，2012）。

个体的社会劣势地位与适应负荷相互作用。特别是长期负面评价与歧视，被认为是导致社会边缘人群在个体生理上产生积累性"损耗"的重要原因。已有研究使用 2001 年至 2010 年全国健康和营养调查（NHANES）分析少数性取向人群是否承受更高的适应负荷风险。该数据采用多层复杂抽样，在公共数据集中可获得 20～59 岁人群个体的性取向测量和适应负荷指标。研究评估了他们的自我报告的压力、抑郁和疲劳、应激激素（日皮质醇）和适应负荷情况。结果发现，被访者透露自己的性倾向之后会承受更大的社会压力。这说明社会边缘化对身体健康存在的长期的影响。角色信息的揭露对少数性别（同性恋者）在健康和幸福方面存在影响（Juster，et al.，2013）。

（三）适应负荷与个人发展

适应负荷对个人成长与发展产生长期影响。个体长期面对生活压力，产生的适应负荷不仅对个体健康产生不良影响，也会阻碍个人的发展与成功。

布洛迪（Brody）等人探讨了美国青少年的社会经济地位、适应负荷与个人成功的关系。研究选取了 489 名 11～13 岁生活在美国南方的乡村青少年为代表性样本，对他们社会经济地位相关的风险进行评估。健康包括生理状况和心理调适两个方面，生理指标选取了隔夜尿间隙、血压和体质指数；心理调适由青少年自评的方式获得。研究结果表明，在农村生活的非裔美国青少年在高压、高风险的环境中生活表现出较低的适应能力、承受较高的适应负荷，身体承受着较大的"损耗"（Brody et al.，2013）。较低的社会经济地位的青少年在应对风险时需要维持较高水平的自我调节和心理能力，这一过程可能会付出更高的成本。但是他们在逆境中具有较强的发展能力，较强的复原力（resilient），能够获得出乎意料的成功（beat the odds）。在较低的社会经济地位、较高风险的环境中度过青春期的非裔美国青少年表现出更强的适应能力，但是当他们成长到 19 岁时会承受更高的适应负荷，不利于青少年的健康和长期发展。此研究结论与"约翰·亨利主义理论"[①]（John Henryism theo-

---

① 约翰·亨利主义理论也被译为"约翰·亨利主义假说"（The John Henryism Hypothesis，JHH））该理论认为，对于非裔美国人来说，没有足够的社会经济资源的人，他们积极应对慢性心理社会压力具有更高的负面健康后果风险（James SA，1994）。

ry）的内容基本一致（Brody et al.，2013）。由此可见，青少年面对长期的压力，需要调动更多的心理资源和损耗过多的健康来应对，表现出暂时的"成功"，不利于个体长远发展。

个体身材的肥胖或纤瘦与其适应负荷水平紧密相关。詹尼克（Jannik）等学者关注内生能量储藏与适应负荷的变化关系。首先，内生性存储能量是一个重要的生态机制，它允许机体进行适应负荷变化的应对。分泌糖皮质醇的情况可以反映出适应负荷的变化，随着外界条件的变化，适应负荷在内生存储适应中产生的作用也不同。研究数据表明，在低适应负荷水平下，能量存储相对平稳；在高适应负荷水平下，能量存储下降（JannikSchultner，Alexander S. Kitaysky，Jorg Welcker，Hatch，2012）。在研究动物的适应负荷时发现，适应负荷和能量存储存在曲线关系。动物可以在低的适应负荷上尽可能地增加内存储量，达到"肥胖并且健康"的状态；但是也存在另外一种情况，由于某些动物的体形优势获得纤瘦的体格，达到"纤瘦并且健康"的状态（Jannik Schultner et al.，2012）。

亲子关系对适应负荷影响的主要研究，存在发育障碍儿童的父母是否处于适应负荷的风险中。研究者将 38 个有发展障碍儿童的父母与正常儿童的父母相匹配进行比较分析，结果发现，父母的社会地位和正向情感之间存在显著的交互作用。当患有发展障碍儿童的父母具有较高的正向情绪的时候，他们的适应负荷程度较低，对正常儿童的父母来说，正向情绪和适应负荷没有显著关系。这意味着，提升正向情绪可以降低患有发展障碍儿童的父母的健康风险（Jieun Song et al.，2014）。

（四）适应负荷与公共卫生

近年来，医学上逐渐利用一些生理生化指标量化适应负荷与人类的工作环境、社会环境以及身体健康状况之间的关系（李东明等，2011）。适应负荷作为反映身体健康状况的一项指标，用适应负荷解读压力和导致疾病的过程，通常通过抑郁、慢性焦虑等具体指标进行衡量。适应负荷与工作环境的研究主要涉及员工的慢性职业应激。个人的社会经历、社会关系以及社会地位与适应负荷之间也存在相互影响的关系。

适应负荷与神经系统和身体损耗相关，人体在长期压力下不断消耗精力导致适应负荷。适应负荷在老化和长期压力中表现得最为明显。在高度适应负荷条件下，人体患有心血管疾病的风险增加、身体和认知功能减退、全因死亡率更高（Karlamangla AS et al.，2002；Karlamangla AS et al.，2005；Seeman TE et al.，2004）。

为研究适应负荷与双向情感障碍的关系，韦达（Vieta）等学者在 PubMed 上选取了 1970 年至 2011 年 6 月发表的文章，搜索关键词为"适应负荷、氧化压力、过渡、双向情感障碍参照认知障碍、疾病、调节、预防"的文章进行分析，研究双向情感上的认知障碍和适应负荷的临床影响。研究发现，渐进神经和身体功能障碍导致的在情绪表达上的认知障碍可以解释为适应负荷的长期积累。减轻适应负荷可以修复认知障碍，提高双向障碍在临床并发症的治疗效率（Vieta et al.，2013）。

相关研究通过适应负荷视角解读偏头痛，他们认为偏头疼是一种压力积累所导致的疾病。通过神经和内分泌系统影响身体健康状况，进而影响大脑系统。由于压力的积累造成适应负荷，导致偏头疼。通过缓解压力，减少适应负荷，从而达到治疗偏头痛的效果（David Borsook，Nasim Maleki，Lino Becerra，McEwen，2012）。

适应负荷作为健康的测量指标之一，在人类生活环境的多个方面均产生了潜在影响。以往文献的研究主要表现在社区及邻里状况（Theall et al.，2012）、社会心理环境中的人际环境（Brooks，2012）、社会地位差异（Seeman et al.，2011）、贫困（Evans and Kim，2012）、老龄化（Crews，2012）、发展障碍子女的父母健康问题（Song，et al.，2014）等方面。

适应负荷状况用于评价健康状态，它与生理心理疾患密切相关。脑损伤（McEwen et al.，2010）等神经性损伤、偏头疼（Borsook et al.，2012）、肥胖症（Tremblay et al.，2011）、慢性疲劳综合征（Maloney et al.，2009）等躯体疾病，以及情绪双向障碍（Vieta et al.，2013）、精神错乱（Rigney，2010）等心理病症都受到适应负荷的影响。以上研究充分说明，适应负荷不仅从生存环境影响人类的健康和适应状况，也从人体的生理与心理两方面影响人类的长期发展。可以说，适应负荷作为评价人类健康的综合指标，在社会学、心理学及医学等学科中具有较强的适用性。本研究将适应负荷这一概念引入流动人口健康研究之中，试图采用适应负荷测量流动人口的身体健康状况。综合采用生理指标力求科学、客观地反映流动人口的身体健康状况。

第二节 数据与方法

一 数据及样本情况

本研究采用中央财经大学社会与心理学院课题组的流动人口适应负荷调查数据。适应负荷调查于 2014 年 11 月在北京积水潭医院回龙观院区进行，调查北京市 N 实验学校 5 年级至 7 年级的 200 位学生及其一位家长，总样本量为 400 人，其中学生 200 人，家长 200 人。本次调查采用体检与问卷结合的方式进行，通过体检获得被调查者的生理数据，通过问卷方式获得被调查者的心理数据，从而了解其生理和心理的健康状况。本次调查最终获得流动人口（家长数据）185 人。

本次调查的流动人口女性略多于男性，男性比例为 45.41%，女性比例为 54.59%。本次调查的流动人口年龄集中在 35~49 岁年龄段。其中，40~44 岁流动人口比例最多，达 30.81%，其次是 35~39 岁流动人口，比例为 25.95%。可以说，本次调查主要反映的是中年流动人口的社会融入、生理及心理健康状况。

被调查流动人口受教育程度偏低，一半以上的被调查流动人口是初中教育程度，小学及以下教育程度的流动人口比例为 36.22%。因此，累计 88.65% 的被调查流动人口属于初中及以下文化水平。这与本次调查的流动人口以中年人居多有一定的关系。

在婚的流动人口占 92.97%，不在婚状态（主要是离婚）的流动人口比例为 5.95%。本次调查的流动人口中，一半以上的流动人口来自河南（51.89%），其次以来自河北的流动人口居多，比例为（11.89%），来自四川的流动人口比例为7.03%，如表8-1所示。

表8-1　　　　　　　被调查流动人口基本情况　　　　单位：人；%

变量	样本量	比例	变量	样本量	比例
性别			受教育程度		
男	84	45.41	小学及以下	67	36.22
女	101	54.59	初中	97	52.43
年龄组			高中	18	9.73
30岁以下	2	1.08	本科及以上	2	1.08
30~34岁	32	17.3	婚姻状况		
35~39岁	48	25.95	在婚	172	92.97
40~44岁	57	30.81	不在婚	11	5.95
45~49岁	33	17.84	户籍		
50~54岁	5	2.7	河南省	96	51.89
55~60岁	1	0.54	河北省	22	11.89
			四川省	13	7.03

二　方法

本研究采用图像法考察流动人口与北京的关系，从而反映流动人口的社会融入情况。采用生理指标检测和心理测评的方式考察流动人口生理和心理健康状况。生理检测指标有体质指数（身高、体重）、静息收缩压、静息舒张压、血清皮质醇、空腹血糖、甘油三酯、总胆固醇/高密度脂蛋白胆固醇和高密度脂蛋白胆固醇等指标。心理测评量表主要有一般健康量表、心理健量表、自测健康量表、压力感知量表、社会流动信念量表、过度积极应对量表、社会支持量表、自我效能感知量表等。

第三节　分析结果

本研究采用血压、血糖、血清皮质醇等八项生理指标反映流动人口的适应负荷状况，探讨流动人口在社会融入过程中的健康状况。

一　社会融入

本调查采用图像匹配的方法考察流动人口的社会融入程度。问卷中设计"你与北京的关系是怎样的？"题项以图像的形式反映流动人口个人与北京的融入程度，用 1~6 分别代表六种融入程度。此处认为 1~6 中融入程度之间是等距的，用数值表示流动人口的融入程度。数值越大表明流动人口的融入程度越好，如图 8-1 所示。

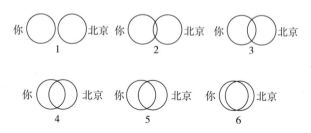

图 8-1　流动人口与北京的关系图①

数据分析表明，流动人口认为自己与北京的关系平均分为 3.51（标准差为 1.674），流动人口认为自己与北京的关系基本上处于 1~6 等级的中间位置。已有研究发现，流动人口社会融入水平一般，各维度社会融入水平存在较大的差异（杨菊华，2015）。由此可见，仍需要为流动人口营造良好的制度环境和社区氛围，帮助他们更好地融入流入地生活。

---

① 图片来自《流动人口适应负荷调查》问卷。

　　男性流动人口与北京的融入程度略好于女性与北京的融入程度。数据显示，男性与北京的关系程度平均为 3.60（标准差为 1.575），女性与北京的关系程度平均为 3.45（标准差为 1.784）。

　　认为自己与北京融入关系最好的是 30 ~ 34 岁年龄段的流动人口，平均等级为 3.92（标准差为 1.495），其次是 45 ~ 49 岁的流动人口，他们的平均等级为 3.75（标准差为 1.555）。与北京关系等级较低的两个年龄组为 30 岁以下的流动人口和 55 ~ 60 岁的流动人口，他们与北京的关系等级分别平均为 1.50（标准差为 0.707）和 3.00。可以说，年轻流动人口和年长流动人口认为自己和北京的融入程度较低。

　　受教育程度较高的流动人口认为自己与北京的融入程度较低。数据显示，高中、初中和小学及以下的受教育程度的流动人口与北京关系的平均等级为 3.44（标准差为 1.459）、3.55（标准差为 1.584）和 3.52（标准差为 1.881），如表 8 - 2 所示。

表 8 - 2		流动人口社会融入情况		单位：人；%
	样本量	比例	均值	标准差
总数	143		3.51	1.674
性别				
男	60	41.96	3.60	1.575
女	83	58.04	3.45	1.748
年龄组				
30 岁以下	2	1.40	1.50	0.707
30 ~ 34 岁	26	18.18	3.92	1.495
35 ~ 39 岁	32	22.38	3.13	1.601
40 ~ 44 岁	46	32.17	3.52	1.823
45 ~ 49 岁	28	19.58	3.75	1.555
50 ~ 54 岁	3	2.10	3.67	2.082
55 ~ 60 岁	1	0.70	3.00	—
受教育程度				
小学及以下	54	37.76	3.52	1.881

	样本量	比例	均值	标准差
初中	71	49.65	3.55	1.584
高中	16	11.19	3.44	1.459
本科及以上	1	0.70	2.00	—
婚姻状况				
在婚	132	92.31	3.46	1.646
不在婚	9	6.29	4.22	2.048

不在婚的流动人口比在婚的流动人口认为自己与北京的关系更好，融入程度更高。在婚状态的流动人口认为自己与北京的关系平均等级为 3.46（标准差为 1.646），不在婚的流动人口认为自己与北京的关系平均等级为 4.22（标准差为 2.048）。

从不同人口特征的流动人口与北京的关系来看，总体上流动人口处于与社会融入的中间状态。

二 适应负荷

1988 年，麦克阿瑟研究个体的生物成功老龄化时选用适应负荷来考察老年人口死亡率的差异。麦克阿瑟选取了舒张压、收缩压、糖基化血红蛋白（糖化血红蛋白）、高密度脂蛋白胆固醇、总胆固醇/高密度脂蛋白胆固醇比值、腰臀比、尿皮质醇（皮质醇）、尿去甲肾上腺素（NE）、尿肾上腺素（EPI）、白蛋白、白细胞介素 –6（IL–6）、C–反应蛋白（CRP）等指标测量适应负荷情况，具体指标截点如表 8 – 3 所示。

表 8 – 3　　　　　　　适应负荷指标构成及标准截点

指标	四分位数截点	均值（标准差）
舒张压（mmHg）	83.30	76.70（10.49）
收缩压（mmHg）	148.00	137.76（19.21）
糖基化血红蛋白（糖化血红蛋白）（%）	7.10	6.81（1.88）
高密度脂蛋白胆固醇（mg/dl）	37.00	47.89（15.20）
总胆固醇/高密度脂蛋白胆固醇比值	5.92	5.03（1.80）

续表

指标	四分位数截点	均值（标准差）
腰臀比	0.94	0.88 (0.08)
尿皮质醇（皮质醇）（μg/g creatinine）	25.69	21.70 (16.60)
尿去甲肾上腺素（NE）（μg/g creatinine）	48.00	40.44 (21.89)
尿肾上腺素（EPI）（μg/g creatinine）	4.99	4.00 (2.30)
白蛋白（mg/dl）	3.90	4.11 (0.29)
白细胞介素 - 6（IL - 6）（pg/ml）	4.64	4.56 (5.53)
C - 反应蛋白（CRP）（μg/ml）	3.19	3.23 (5.32)
最佳峰值（ml/min）	300.00	383.14 (117.68)
硫酸脱氢表雄酮（DHEA - S）（mg/dl）	35.00	69.27 (48.74)
纤维蛋白原含量（mg/dl）	336.00	91.97 (85.89)
肌酐清除率（ml/min）	44.64	62.79 (27.72)

资料来源：Seeman T E., Crimmins E., Huang M H., et al., "Cumulative Biological Risk and Socio - economic Differences in Mortality: MacArthur Studies of Successful Aging", Social Science & Medicine, Vol. 58, No. 10, 2004, pp. 1985 - 1997. 在计算适应负荷得分时，高密度脂蛋白胆固醇、白蛋白、最佳峰值（峰值流量是衡量肺功能的一个指标）、硫酸脱氢表雄酮和肌酐清除率取值低于其四分位数截点时计分；其余指标取值高于其四分位数截点时计分。

　　本研究拟选取体质指数（BMI）、收缩压（SBP）、舒张压（DBP）、血清皮质醇、空腹血糖、甘油三酯（TG）、总胆固醇/高密度脂蛋白胆固醇（TC/HDL）和高密度脂蛋白胆固醇（HDL）八个指标作为适应负荷的检测指标，反映机体不同方面的健康状况。

　　数据显示，流动人口的体质指数平均值为 25.03（标准差为 3.77），中位数为 24.57，指标截点为 27.05。即，流动人口体质指数大于或等于 27.05，适应负荷得分计 1 分。流动人口的收缩压（高压）平均值为 118.20（标准差为 15.83），中位数为 116.50，指标截点为 127.75。舒张压（低压）的平均得分为 70.95（标准差为 11.92），中位数为 69.00，指标截点为 78.00。

　　血清皮质醇的平均值为 344.78（标准差为 137.45），中位数为 326.00，指标截点为 420.825。皮质醇在操纵健康和情绪、血管和血压间联系、免疫细胞和炎症，以及维护结缔组织（例如皮肤、肌肉与骨骼）等方面具有特别重要的功效。在压力状态下，皮质醇一般会维持血压稳定和控制过度发炎，因此身体需要皮质醇来维持正常的生理机能。如果没有皮质醇，身体将无法对压力做出有效反应。

流动人口的空腹血糖平均值为 5.53 毫摩尔/升（标准差为 1.17），中位数为 5.30，指标截点为 5.600。在医学上，空腹血糖是指空腹至少 8 小时测得的血糖。正常值 <5.5 毫摩尔/升。一旦达到或超过 7 毫摩尔/升，被诊断为糖尿病。

流动人口的甘油三酯平均值为 1.20 毫摩尔/升（标准差为 0.90），中位数为 0.91，指标截点为 1.4025。甘油三酯是在血液中检测出的脂质，是高血脂的"预警信号"。甘油三酯水平升高会增加 2 型糖尿病和心脏病的风险（特别是女性）。其水平在 1.7~2.2 毫摩尔/升为临界性升高，超过 2.3 毫摩尔/升危险更大。

流动人口的总胆固醇/高密度脂蛋白胆固醇平均值为 3.18（标准差为 0.74），中位数为 3.11，指标截点为 3.5894。总胆固醇是测量血液中所有的胆固醇和甘油三酯。总胆固醇的理想值应该在 5.2 毫摩尔/升以下，超过 6.2 毫摩尔/升就是心脏病高危人群。低密度胆固醇（LDL）是导致动脉硬化、心脏病及中风危险的罪魁祸首，应控制在 2.6 毫摩尔/升以下。

流动人口的高密度脂蛋白胆固醇平均值为 1.43 毫摩尔/升（标准差为 0.29），中位数为 1.42，指标截点为 1.2200。高密度胆固醇（HDL）能有助去除血管中的低密度胆固醇（LDL）。女性高密度胆固醇（HDL）低于 1.3 毫摩尔/升是心脏病的一大危险因素，高于 1.6 毫摩尔/升则有助于保护心脏。

指标计算计分方法：为进一步了解流动人口适应负荷状况，本部分计算两个适应负荷指标得分。分别为（1）按照各个适应负荷（AL）指标的测量值在本次调查人群中的上四分位数的取值划界，凡指标≥四分位数的计 1 分，［高密度胆固醇（HDL）≤下四分位数］，然后各项指标累计积分，记作适应负荷（AL4）得分。（2）按照各个适应负荷（AL）指标的测量值在本次调查人群中的中位数的取值划界，凡指标≥中位数的计 1 分［高密度胆固醇（HDL）≤中位数］，然后各项指标累计积分，记作适应负荷（AL2）得分。每个流动人口的适应负荷（AL）得分范围为 0~8 分。

初步计算得出流动人口适应负荷得分如下，适应负荷（AL4）均值为2.09（标准差为1.76），中位数为2.00。适应负荷（AL2）均值为4.16（标准差为2.03），中位数为4.00，如表8-4所示。

表8-4　流动人口适应负荷调查指标选取及截点（成人）

指标	指标取值截点	均值	标准差	中位数
体质指数	≥27.05	25.03	3.77	24.57
收缩压	≥127.75	118.20	15.83	116.50
舒张压	≥78.00	70.95	11.92	69.00
血清皮质醇	≥420.825	344.78	137.45	326.00
空腹血糖	≥5.600	5.53	1.17	5.30
甘油三酯	≥1.4025	1.20	0.90	0.91
总胆固醇/高密度脂蛋白胆固醇	≥3.5894	3.18	0.74	3.11
高密度脂蛋白胆固醇	≤1.2200	1.43	0.29	1.42
适应负荷（AL4）	—	2.09	1.76	2.00
适应负荷（AL2）	—	4.16	2.03	4.00

从适应负荷（AL4、AL2）的得分情况来看，男性流动人口比女性流动人口承受更高的适应负荷。数据显示，男性的AL4平均得分为2.53（标准差为1.936），女性的AL4平均得分为1.72（标准差为1.514），男性流动人口AL4得分比女性高0.81分；男性的AL2平均得分为4.63（标准差为2.071），女性的AL2平均得分为3.77（标准差为1.910），男性流动人口AL2得分比女性高0.86分，如表8-5所示。由此可见，男性流动人口承受的压力高于女性。

表8-5　　　分性别流动人口适应负荷情况

指标	男			女		
	均值	标准差	个数	均值	标准差	个数
体质指数	24.98	3.564	83	25.08	3.941	101
收缩压	122.55	13.34	83	114.61	16.856	101
舒张压	74.53	11.148	83	68	11.773	101

续表

指标	男			女		
	均值	标准差	个数	均值	标准差	个数
血清皮质醇	337.02	123.366	82	351.41	148.76	96
空腹血糖	5.66	1.439	82	5.43	0.88	100
甘油三酯	1.33	1.063	82	1.1	0.729	100
总胆固醇/高密度脂蛋白胆固醇	3.39	0.807	82	3.01	0.624	100
高密度脂蛋白胆固醇	1.4	0.292	82	1.47	0.278	100
AL4	2.53	1.936	80	1.72	1.514	95
AL2	4.63	2.071	80	3.77	1.910	95

中年流动人口的适应负荷较大。数据显示，45~49 岁的流动人口适应负荷（AL4）得分为 2.73（标准差为 1.790），其次是 35~39 岁年龄段的流动人口，其适应负荷（AL4）得分为 2.43（标准差为 2.050）。相比较而言，年轻流动人口和年长流动人口的适应负荷较低，如表 8-6 所示。

表 8-6　　　不同年龄组流动人口适应负荷（AL4）得分　单位：人；%

年龄组	样本量	比例	均值	标准差
30 岁以下	2	1.18	0.00	0.000
30~34 岁	30	17.75	1.63	1.497
35~39 岁	44	26.04	2.43	2.050
40~44 岁	54	31.95	1.74	1.507
45~49 岁	33	19.53	2.73	1.790
50~54 岁	5	2.96	2.00	2.345
55~60 岁	1	0.59	2.00	—
F 值	2.210*			
样本量	169			

注：＊＊＊p<0.001，＊＊p<0.01，＊p<0.05。

45~49 岁流动人口适应负荷（AL2）平均得分为 4.76（标准差为 1.640），50~54 岁的流动人口适应负荷（AL2）平均得分为

4.60（标准差为2.881）。35～39岁的流动人口适应负荷（AL2）平均得分为4.59（标准差为1.909），如表8-7所示。

表8-7　　　　不同年龄组流动人口适应负荷（AL2）得分　单位：人；%

年龄组	样本量	比例	均值	标准差
30岁以下	2	1.18	1.50	0.707
30～34岁	30	17.75	3.80	2.091
35～39岁	44	26.04	4.59	1.909
40～44岁	54	31.95	3.63	2.131
45～49岁	33	19.53	4.76	1.640
50～54岁	5	2.96	4.60	2.881
55～60岁	1	0.59	3.00	—
F值	2.321*			
样本量	169			

注：$***p<0.001$，$**p<0.01$，$*p<0.05$。

不同受教育程度的流动人口承受的适应负荷存在差异，但未到达统计学意义上的显著水平。数据调查显示，受教育程度较高的流动人口适应负荷（AL4）小于受教育程度低的流动人口。本科及以上受教育程度的流动人口适应负荷（AL4）平均得分为1.50（标准差为2.121），高中受教育程度的流动人口适应负荷（AL4）平均得分为1.59（标准差为1.906），初中受教育程度的流动人口适应负荷（AL4）平均得分为2.11（标准差为1.716），小学及以下受教育程度的流动人口适应负荷（AL4）平均得分为2.23（标准差为1.788），如表8-8所示。整体来看，受教育程度较高的流动人口适应负荷（AL4）低于受教育程度低的流动人口。

表8-8　　　　不同受教育程度的流动人口适应负荷（AL4）

	样本量	比例	均值	标准差
小学及以下	64	36.78	2.23	1.788
初中	91	52.30	2.11	1.716

续表

	样本量	比例	均值	标准差
高中	17	9.77	1.59	1.906
本科及以上	2	1.15	1.50	2.121
F 值	0.675			
样本量	174			

注：＊＊＊p＜0.001，＊＊p＜0.01，＊p＜0.05。

流动人口适应负荷（AL2）中，低受教育程度的流动人口适应负荷较大的状况。小学及以下受教育程度的流动人口适应负荷（AL2）平均为4.31（标准差为2.038），初中、高中和本科及以上受教育程度的流动人口适应负荷（AL2）平均得分分别为4.22（标准差为1.937）、3.12（标准差为2.147）和3.50（标准差为2.121），如表8-9所示。

表8-9   不同受教育程度的流动人口适应负荷（AL2）

	样本量	比例	均值	标准差
小学及以下	64	36.78	4.31	2.038
初中	91	52.30	4.22	1.937
高中	17	9.77	3.12	2.147
本科及以上	2	1.15	3.50	2.121
F 值	0.156			
样本量	174			

注：＊＊＊p＜0.001，＊＊p＜0.01，＊p＜0.05。

在婚流动人口适应负荷（AL4）平均得分高于不在婚的流动人口。在婚流动人口的适应负荷（AL4）平均得分为2.09（标准差为1.771），不在婚的流动人口适应负荷平均得分为1.55（标准差为1.128），两者平均分相差0.54分，如表8-10所示。

表 8 - 10　　　　不同婚姻状况的流动人口适应负荷（AL4）

	样本量	比例	均值	标准差
在婚	162	93.64	2.09	1.771
不在婚	11	6.36	1.55	1.128
F 值	0.996			
样本量	173			

注：＊＊＊p＜0.001，＊＊p＜0.01，＊p＜0.05。

在婚流动人口适应负荷（AL2）平均得分高于不在婚的流动人口。在婚流动人口的适应负荷（AL2）平均得分为 2.04（标准差为 0.160），不在婚的流动人口适应负荷（AL2）平均得分为 1.58（标准差为 0.476），两者平均分相差 0.46 分，如表 8 - 11 所示。

表 8 - 11　　　　不同婚姻状况的流动人口适应负荷（AL2）

	样本量	比例	均值	标准差
在婚	162	93.64	2.04	0.160
不在婚	11	6.36	1.58	0.476
F 值	0.559			
样本量	173			

注：＊＊＊p＜0.001，＊＊p＜0.01，＊p＜0.05。

从整体上看，流动人口适应负荷（AL4）平均得分为 2.09（标准差为 1.76），适应负荷（AL2）平均得分为 4.16（标准差为 2.03）。根据指标计算，适应负荷指标的得分范围是 0～8，流动人口适应负荷 AL4 和 AL2 分别为 2.09 和 4.16。流动人口在社会融入过程中适应负荷的变化需要进一步研究。

为更好地了解流动人口心理健康状况，本部分还测量了流动人口的心理变量，主要包括一般健康、心理健康、自测健康、压力感知、社会流动信念、过度积极应对、社会支持、自我效能感和幸福感等。将以上心理量表分别求平均分，用于比较不同特征的流动人口的心理健康状况。

调查数据显示，流动人口一般健康平均得分为 3.47（标准差为 0.849），男性的一般健康得分略高于女性，男性一般健康平均得分为 3.50（标准差为 0.783），女性为 3.45（标准差为 0.904）。流动人口心理健康得分为 1.85（标准差为 0.700），女性流动人口心理健康得分略高于男性，如表 8－12 所示。流动人口的自测健康平均得分为 6.86（标准差为 1.347），男性自评健康状况（7.05）略好于女性（6.72）。

流动人口感知压力平均得分为 1.74（标准差为 0.486），女性流动人口感知压力得分显著高于男性流动人口。女性感知压力平均得分为 1.82 分（标准差为 0.485），男性感知压力的平均得分为 1.64 分（标准差为 0.471），女性平均比男性高 0.18 分，并具有统计学意义上的显著性。

流动人口在社会流动信念、过度积极应对、社会支持、自我效能感和幸福感等心理指标的平均得分为 3.21（标准差为 1.003）、3.70（标准差为 0.816）、3.64（标准差为 0.857）、2.71（标准差为 0.538）和 －0.01（标准差为 0.609）。男性流动人口的心理变量平均得分均高于女性，如表 8－12 所示。

表 8－12　　　　　分性别的流动人口心理健康状况

	总计		男		女	
	均值	标准差	均值	标准差	均值	标准差
一般健康	3.47	0.849	3.50	0.783	3.45	0.904
心理健康	1.85	0.700	1.78	0.671	1.91	0.721
自测健康	6.86	1.347	7.05	1.41	6.72	1.291
压力感知*	1.74	0.486	1.64	0.471	1.82	0.485
社会流动信念	3.21	1.003	3.32	0.989	3.13	1.01
过度积极应对	3.70	0.816	3.78	0.756	3.64	0.864
社会支持	3.64	0.857	3.76	0.823	3.53	0.875
自我效能感	2.71	0.538	2.79	0.461	2.65	0.588
幸福感	－0.01	0.609	0.05	0.579	－0.06	0.629

注：＊＊＊p＜0.001，＊＊p＜0.01，＊p＜0.05。

在婚流动人口的一般健康、自测健康、社会流动信念、过度积极应对、社会支持、自我效能感和幸福感等心理变量比不在婚的流动人口平均得分高。

不在婚流动人口的心理健康和压力感知高于在婚流动人口，如表 8 - 13 所示。

表 8 - 13　　　　分婚姻状况的流动人口心理健康状况

	在婚		不在婚	
	均值	标准差	均值	标准差
一般健康	3.49	0.833	3.02	0.941
心理健康	1.85	0.701	2.00	0.711
自测健康	6.90	1.330	6.08	1.539
压力感知	1.73	0.489	1.94	0.428
社会流动信念	3.22	0.993	2.91	1.086
过度积极应对	3.73	0.799	3.35	1.026
社会支持*	3.67	0.841	3.04	0.982
自我效能感	2.73	0.518	2.50	0.772
幸福感*	0.01	0.609	-0.42	0.519

注：***$p<0.001$，**$p<0.01$，*$p<0.05$。

第四节　本章小结

本次适应负荷调查主要反映的是流动人口的社会融入、生理及心理健康状况。被调查流动人口受教育程度偏低，一半以上的被调查流动人口是初中教育程度，小学及以下教育程度的流动人口比例为 36.22%。因此，累计 88.65% 的被调查流动人口属于初中及以下的文化水平。这与本次调查的流动人口以中年人居多有一定的关系。

被调查流动人口认为自己部分地融入流入地（北京），在 1～6

分的融入等级中，平均分为 3.51 分。从流动人口的生理健康和心理健康两方面来看，流动人口存在一定的适应负荷现象。男性流动人口在社会融入过程中比女性承受更多的压力，适应负荷程度更高。一般认为，男性作为家庭经济收入的主要提供者，为了在城市过上更好的生活，他们需要付出更多的体力和脑力劳动，承受更多的工作负担。因此。男性的适应负荷情况高于女性。

流动人口在社会融入过程中，随着社会融入程度的加深，流动人口自评身体健康状况变好，而实际的生理健康却在损耗。流动人口随着社会融入的加深，其生活满意度不断提高，幸福感升高，心理疾患较少。值得注意的是，流动人口的适应负荷越高，其幸福感也越高。在一定程度上说明流动人口在社会融入中通过损耗身体的健康换来心理的满足感，提升了心理健康。因此，需要特别注意流动人口在社会融入过程中的身体健康和心理健康，力求保证流动人口达到身心健康平衡，改善他们的生活品质和健康状况。

需要说明的是，本研究主要是依据在北京市郊区开展的一项流动人口调查来探讨流动人口的社会融入与适应负荷的现状。由于数据限制，在引起流动人口适应负荷和心理健康问题的原因机制上还需要开展做深入分析，这也是未来关于流动人口适应负荷与心理健康等方面需要进一步探索的重要方向。

第九章 健康对流动人口城市
居留意愿的影响

在新型城镇化背景下，流动人口已成为我国城市人口中不可或缺的群体。他们的去留受到诸多因素的影响，而健康是他们得以在城市生活、工作的基本前提。流动人口的健康状况不仅影响他们在城市的生活质量，还可能影响其继续留在城市生活的意愿。因此本章重点探讨流动人口的健康对其城市居留意愿的影响。

第一节 理论视角及文献综述

一 居留意愿的概念界定及其影响因素

在流动人口居留意愿的研究中，主要通过询问流动人口是否愿意长期生活（或定居）在所在城市，根据流动人口的回答判断其居留意愿，部分研究也称之为迁移意愿。有学者将居留意愿定义为外来人口进入流入地并在该地工作生活一段时期后对未来迁居安排的愿望和想法（黄晨曦，2011）。简而言之，居留意愿是指流动人口在居住地的居留打算（孟兆敏等，2011）。流动人口对居留意愿的回答一般分为：打算居留、没想好和不打算居留三种情况。但是，大多数研究将流动人口的居留意愿分为"打算"居留和"不打算"居留两种决策（李树苗等，2014）。在处理"没想好"的决策时大致有两种方式：一是，将"不打算"居留和"没想好"合并为"不打算"居留（杨政等，2015；陈志光，2016；盛亦男，2017；乔楠等，2017）；二是，将"没想好"的样本删去（于潇等，2017）。值得注意的是，调查数据显示，"没想好"的流动人口所占比重较大（李树苗等，2014），如果用以上方法简单处理，可能会丢失重要信息。因为"没想好"是流动人口面对城市定居和离开时所表现出的一种矛盾和模糊的心理状态（李树苗等，2014；叶鹏飞，2011），也是对理想与现实的双重考量和犹豫。因此，本研究在考察流动人口迁移意愿时保留了"打算"居留、"没想好"和"不打算"居留三种情况。

现有关于流动人口居留意愿的研究较为丰富，总的来说，可以大致分为以下四个方面：

一是个体特征。主要体现在性别、年龄和受教育程度三个方面。基于不同对象的研究显示，性别对流动人口居留意愿的影响有所不同。对就业青年来说，男性与女性在城市居留意愿方面没有显著差异（杨东亮，2016）。基于苏南三市的研究发现，男性流动人口的居留意愿更强烈（姚俊，2009）。另有研究表明，女性更倾向于在城市定居（韩正等，2017）。年龄和受教育程度对流动人口的城市居留意愿均产生积极影响。年龄偏大的流动人口更愿意居留在城市，特别是 30～50 岁人群的城市居留意愿最强烈（于潇等，2017）。"90 后"流动人口更多地倾向于"没想好"是否居留城市（于潇等，2017），他们表现出"举棋不定"的特点（扈新强，2017）。研究一致表明，受教育程度较高的流动人口更愿意留在城市生活（孟兆敏等，2011；杨东亮等，2016；于潇等，2017；王春兰等，2007；申秋红，2012；孙力强等，2017）。

二是家庭特征。对流动人口而言，影响他们迁移意愿的因素主要是婚姻状况和在流入地同住的家庭成员状况。婚姻对流动人口迁移意愿的影响尚未得到一致结论。一些研究发现，在婚的流动人口城市居留意愿强烈（叶鹏飞，2011；杨东亮等，2016；于潇等，2017）；部分研究者认为已婚流动人口可能面对夫妻分居、子女教育等问题，他们的城市居留意愿并不强烈（王春兰等，2007），而未婚者较少受家庭拖累，迁移成本低，容易定居城市（姚俊，2009）；也有学者认为，流动人口为追求经济利益而流动，婚姻对迁移意愿的影响并不显著（申秋红，2012；郭晨啸，2011；李楠，2010；黄匡时，2011）。家庭成员的陪伴是决定流动人口是否在大城市居留的关键因素（扈新强，2017；赵艳枝，2006；张华初等，2015）。共同居住的家庭成员数量越多的流动青年越可能有明确的留京意愿（孙力强等，2017）。正如亲和力假说认为，以亲缘、血缘为纽带的社会网络对流动人口迁移具有阻碍影响（孙力强等，2017；张华初等，2015），在居留地没有随迁家庭成员的流动人口返迁的可能性更高（赵艳枝，2006）。但部分学者认为，随迁人员越多，居留的可能性越小，这是因为随迁人口越多，导致在流入城市的生活成本越高，进而降低了居留意愿（申秋红，2012）。

三是经济—社会—心理特征。经济—社会—心理特征主要涉及收入、职业、就业单位、就业身份、住房、社会保障和身份认同等方面。经济因素是流动人口迁移流动的主要原因，收入是经济因素的直接体现。研究表明，收入越高，流动人口城市居留意愿越强烈（于潇等，2017；孙力强等，2017）。从职业特征来看，在国有单位工作的流动人口定居城市的意愿更强，其次是民营单位工作，再次是外资单位（夏显力等，2012）。"专业技术及办事人员"和"商业服务业人员"具有较强的城市居留意愿，雇主身份的流动人口城市居留意愿强烈（孟兆敏等，2011；于潇等，2017）。城市的高房价是流动人口面对的重要迁移成本（李斌，2008），在大城市中，流动人口主要以租房来解决住房问题。对流动人口来说，是否拥有住房是影响他们是否定居城市的重要考量。研究显示，拥有自购房的流动人口比租住房屋的人有更强烈的居留意愿（申秋红，2012；孙力强等，2017；黄匡时，2011；赵艳枝，2006；张华初等，2015）。享受医疗保险能够提升流动人口的城市居留意愿（于潇等，2017）。也有学者认为，流动人口的居留意愿并非一定随着参保而增强（乔楠等，2017）。值得注意的是，城镇职工医疗保险具有"门槛"效应，它增强了流入地的吸引力，能显著提升流动人口的居留意愿（乔楠等，2017）。身份认同、心理融入水平越高，城市居留意愿越高（韩正等，2017）。

四是流动特征。流动人口的城市居留意愿可能受到流动经历的影响而产生变化，处于不同流动阶段的流动人口的居留意愿也存在较大差异。流动人口的流动特征大致可以从流动范围、流动时长、流入城市类型三个方面进行了解。研究表明，近距离（跨县）流动的流动人口城市居留更强烈（杨东亮等，2016）。流动人口迁入时间越长，越倾向于在城市定居（韩正等，2017；申秋红，2012；张华初等，2015）。因为流动人口在城市"不断沉淀"，居留时间越久，长期居留的概率越高（任远，2006）。由于中国区域发展不平衡，在东部省份的流动人口比中部和西部更希望在迁入地定居（韩正等，2017）。从不同经济发展区域来看，长三角地区和环渤海地区对青年流动人口的吸引力较大，居留意愿较强；珠三角地区是青年流动人口居留意愿较弱的地区（杨东亮等，2016）。

基于以上文献分析发现，我们发现在探讨流动人口居留意愿的各类影响因素时较少涉及健康对流动人口居留意愿的作用。流动人口作为城市人口的重要组成部分，健康是其从事劳动的基本条件，也是影响个人社会经济活动和生活质量的重要因素。在人口频繁流动的背景下，个人健康状况的好坏决定着其流动机会和流动决策（牛建林，2013）。因此，本章重点关注健康对流动人口城市居留意愿的影响。

二 理论基础及研究假设

根据世界卫生组织对健康的定义，健康不仅指一个人身体有没有出现疾病或虚弱现象，还指一个人生理上、心理上和社会上的完好状态。个人的迁移选择往往与其健康状况密切相关。当前，关于健康与迁移流动的理论主要有健康选择效应、健康损耗效应和"三文鱼偏误"效应。

健康选择效应是指个人在迁出地的健康状况决定了自身是否能够进入流入地。它表明移民（流动人口）的健康存在选择性，考虑到迁移者（流动人口）在迁入地会面对很多压力和困难，那些健康和强壮的人更可能产生迁移（流动）行为。因此，在流入地他们仍然能够表现出明显的健康优势。健康损耗效应是指在迁入地，迁移者（流动人口）需要适应新的生理和社会环境，这可能会引起迁移者（流动人口）生理和心理健康状况的变化。为了适应迁入地的环境，迁移者（流动人口）的健康状况会存在一定程度的损耗。在迁入地，迁移者（流动人口）的健康状况会影响到谁留下来，谁将返回迁出地。"三文鱼偏误"效应就假定健康状况相对较差的迁移者可能返回迁出地，健康状况较好的迁移者（流动人口）更可能留在城市（White M J, 2016）。

流动人口的迁移选择与健康状况密切相关。本书的实证研究主要考察流动人口健康状况对其长期居留城市意愿的影响。根据"三文鱼偏误"假说，健康出现问题的流动人口出于生活成本、社会保障需求等方面的考虑，这些人更可能返回迁出地，因而身体健康状况较差的流动人口居留城市的意愿较低，身体健康程度较好的流动人口更可能留在城市生活。同样，从心理健康角度出发，拥有较差心理健康的流动人口难以适应城市生活，他们更倾向于返回迁出地，心理健康程度较好的流动人口，更倾向于居留在城市生活，他们的居留意愿更强烈。因此，本书从流动人口的总体健康和心理健康两方面检验流动人口的居留意愿是否存在"三文鱼偏误"假说。基于以上理论，本研究提出以下假设：

假设 1　流动人口的总体健康状况越好，越倾向于长期居留城市。

假设 2　流动人口的心理健康状况越好，越倾向于长期居留城市。

第二节　数据来源、主要变量及方法

一　数据来源

为深入了解流动人口的健康状况对其城市居留意愿的影响，本书使用原国家卫生健康委流动人口司 2014 年全国流动人口社会融合与心理健康专项调查数据检验其效应。该调查采用问卷调查法，按规模大小成比例的概率抽样（Probability Proportionate to Size Sampling, PSS）方法进行抽样。调查的流动人口界定为在流入地居住一个月以上，非本区（县、市）户口的 15~59 周岁流入人口，调查地点包括北京市朝阳区、山东省青岛市、福建省厦门市、浙江省嘉兴市、广东省深圳市和中山市、河南省郑州市和四川省成都市等

8 个市（区），有效样本量为 15999 人。本次调查涉及流动人口的就业与收入支出、基本公共卫生和医疗服务、婚育状况与计划生育服务、社会融合与健康等信息。

二 主要变量

1. 因变量

居留意愿。本研究通过题目"您是否打算在本地长期居住（5 年以上）？"来测量，回答分为①愿意；②不愿意；③没想好。打算长期居留在本地的视为具有城市居留意愿，不打算长期居留本地视为没有城市居留意愿，没想好是否长期居留本地视为仍在考虑中。

2. 核心自变量

在现有研究中，大多以自评一般健康状况和健康体测指标综合反映人群的健康水平（齐亚强等，2012）。本研究在探讨流动人口的健康对居留意愿的影响时，将健康分为总体健康和心理健康两个方面。

（1）总体健康

流动人口的总体健康通过生活质量测评量表（SF–36 量表）中的关于总体健康（General Health）的 6 个题项进行测量，该量表用于测量个体对自身健康状况及其发展趋势的评价。量表得分在 6~30 分之间，分数越高，健康状况越好。

（2）心理健康

心理疾患情况用凯斯勒心理疾患量表（K6）测量，该量表询问被调查者过去 30 天的情绪，主要测量指标为①紧张；②绝望；③不安或烦躁；④太沮丧以至于什么都不能让我愉快；⑤做每一件事情都很费劲；⑥无价值。对以上选项进行反向赋值（"全部时间" = 4，"大部分时间" = 3，"一部分时间" = 2，"偶尔" = 1，"无" = 0），最终将各题项得分加总，总分为 0~24 分。分数越高，心理疾患的危险性越高，个体的心理健康状况越差。

3. 控制变量

基于文献的梳理，本研究选取的控制变量包括以下四个方面：个人特征、家庭特征、经济—社会—心理特征和流动特征。变量的基本情况见表 9-1。

表 9-1　　　　　　　　　　　　　主要变量赋值表

变量名称	变量类型	变量定义
城市长期居留意愿	分类变量	1. 打算居留 2. 不打算居留 3. 没想好
总体健康	连续变量	生活质量测评量表，6~30 分
心理健康	连续变量	凯斯勒心理疾患量表，0~24 分
个人特征		
性别	分类变量	1. 男 2. 女
年龄	连续变量	16~49 岁
受教育程度	分类变量	1. 小学及以下 2. 初中 3. 高中 4. 大学及以上
家庭特征		
婚姻状况	分类变量	1. 在婚 2. 不在婚
家人同住	分类变量	1. 家人都在流入地 2. 其他
经济—社会—心理特征		
收入	连续变量	个人月收入
职业类型	分类变量	1. 公务办事人员 2. 经商服务人员 3. 生产运输人员 4. 其他
单位性质	分类变量	1. 国企事业单位 2. 私企个体工商户 3. 外资企业 4. 其他
就业身份	分类变量	1. 雇员 2. 雇主 3. 自营劳动者
住房	分类变量	1. 租房 2. 已购住房
社会保障	分类变量	1. 至少有一项 2. 无
身份认同	分类变量	1. 本地人 2. 老家人 3. 既是本地人也是老家人 4. 既不是本地人也不是老家人
流动特征		
流动范围	分类变量	1. 跨省流动 2. 省内流动
流动时长	连续变量	离开户籍地年数
流入城市类型	分类变量	1. 一线城市 2. 新一线城市 3. 二线城市

三 研究方法

本研究中流动人口的居留意愿分为"打算"居留、"没想好"和"不打算"居留，将"不打算"一类作为参照组。采用无序多分类 logistic 回归模型验证健康对流动人口城市居留意愿的作用。

第三节 分析结果

一 基本情况描述

流动人口大多表示具有在本地长期居留的愿意，但是近三分之一的流动人口处于犹豫状态，没想好是去是留。调查数据显示，59.10% 的流动人口愿意长期居住在本地，11.26% 的流动人口明确表示不愿意长期居留在本地，29.63% 的流动人口没想好是否长期居留本地。流动人口呈现出较好的总体健康和心理状态。流动人口平均自评总体健康得分为 23.22 分，心理疾患平均得分为 3.24 分，两者均属于良好的健康水平。其他变量情况，如表 9-2 所示。

表 9-2 主要变量的描述统计

变量名称及分类		均值/比例（%）	样本量（人）
因变量			
居留意愿	愿意长期居住在本地	59.10	9456
	不愿意长期居住在本地	11.26	1802
	没想好	29.63	4741
自变量			
总体健康	生活质量测评量表	23.22（0.030）	15999
心理健康	凯斯勒心理疾患量表	3.42（0.020）	15999
控制变量			
个人因素			
性别	男	55.00	8799
	女	45.00	7200
年龄（岁）	年龄	32.69（0.069）	15999

续表

变量名称及分类		均值/比例（%）	样本量（人）
受教育程度	小学及以下	9.41	1505
	初中	50.53	8085
	高中	25.32	4051
	大学及以上	14.74	2358
家庭因素			
婚姻状况	在婚	73.19	11709
	不在婚	26.81	4290
家庭成员	都在流入地	30.74	4918
	其他	69.26	11079
经济—社会—心理因素			
收入（元）	个人月收入	3884.01 (32.984)	15999
职业类型	公务办事人员	9.66	1411
	经商服务人员	59.11	8634
	生产运输人员	29.80	4353
	无固定职业	1.42	208
单位类型	国企事业单位	5.57	817
	私企个体工商户	78.43	11505
	外资企业	10.19	1495
	土地承包	5.81	852
就业身份	雇员	69.48	10100
	雇主	7.45	1083
	自营职业者	23.07	3354
住房情况	租房	90.10	14415
	已购房屋	9.90	1584
社会保障	至少有一项	73.88	11819
	无	26.12	4179
身份认同	本地人	7.06	1130
	老家人	72.19	11548
	既是老家人也是本地人	14.92	2386
	既不是老家人也不是本地人	5.83	933

续表

变量名称及分类		均值/比例（％）	样本量（人）
流动特征			
流动范围	跨省流动	54.82	8771
	省内流动	45.18	7228
流动时长（年）		5.25（0.035）	15999
流入地类型	一线城市	25.00	4000
	新一线城市	37.50	5999
	二线城市	37.50	6000

二　流动人口城市居留意愿的影响因素

本部分重点分析总体健康和心理健康对流动人口的城市居留意愿的影响机制。限于篇幅，对流动人口城市居留意愿的回归分析只呈现包括总体健康、心理健康和控制变量的饱和模型结果。

自评总体健康对流动人口的居留意愿具有显著影响。回归模型显示，与不愿意长期居留城市的流动人口相比，自评总体健康状况越好，其愿意居留城市的可能性越高。在控制其他变量的前提下，相对于不愿意留在城市长期居留的流动人口来说，自评总体健康状况每增加1分，流动人口愿意留在本地的可能性显著增加0.017个对数发生比（log odds），并且在统计学意义上显著。由此可见，自评总体健康得分增加显著地提升了流动人口在城市的居留意愿。假设1得到了验证。与不愿意长期居留城市的流动人口相比，心理疾患每增加1分，其愿意留在城市的可能性降低0.021个对数发生比（log odds），并且在统计学意义上显著。即心理健康较差，将降低流动人口的城市居留意愿。假设2得到验证。

表9-3　健康对流动人口居留意愿的无序多分类 Logistic 回归
模型（参照：不愿意长期居留城市）

变量		愿意		没想好	
		发生比	标准差	发生比	标准差
总体健康		1.017**	-0.008	0.989	-0.008
心理健康		0.979**	-0.010	0.987	-0.010

续表

变量		愿意		没想好	
		发生比	标准差	发生比	标准差
人口特征					
性别（男）	女	1.046	−0.063	1.082	−0.066
年龄		1.113***	−0.028	1.058**	−0.027
年龄平方		0.998***	0.000	0.999***	0.000
受教育程度 （小学及以下）	初中	1.151	−0.119	1.232*	−0.133
	高中	1.418***	−0.168	1.238*	−0.152
	大学及以上	1.655***	−0.229	1.09	−0.157
家庭特征					
婚姻状况（不在婚）	在婚	1.578***	−0.138	0.956	−0.084
家庭成员（其他）	都在流入地	2.787***	−0.242	1.628***	−0.150
经济社会特征					
收入	（自然对数）	1.491***	−0.108	1.128	−0.084
职业类型（其他）	公务办事人员	1.621	−0.476	0.949	−0.281
	经商服务人员	1.188	−0.323	0.975	−0.266
	生产运输人员	0.753	−0.207	0.658	−0.181
单位性质（其他）	国企事业单位	1.667**	−0.333	1.299	−0.270
	私企个体工商户	1.313**	−0.181	1.192	−0.172
	外资企业	0.885	−0.144	1.094	−0.184
就业身份（雇员）	雇主	1.856***	−0.296	1.105	−0.188
	自营职业者	1.728***	−0.165	1.11	−0.111
住房情况（已购住房）	租房	0.104***	−0.031	0.787	−0.257
社会保障（无）	至少有一项	1.360***	−0.090	1.038	−0.069
身份认同（既不是本地人 也不是老家人）	本地人	1.937***	−0.408	0.983	−0.216
	老家人	0.699**	−0.099	0.709**	−0.101
	既是本地人 也是老家人	1.168	−0.191	0.789	−0.133
流动特征					
流动范围（省内流动）	跨省流动	0.630***	−0.051	0.830**	−0.069
流动时长		1.109***	−0.011	1.015	−0.010

续表

变量		愿意		没想好	
		发生比	标准差	发生比	标准差
流入地类型（二线城市）	一线城市	0.815 **	−0.069	1.142	−0.097
	新一线城市	0.677 ***	−0.059	0.728 ***	−0.066
截距		0.067 ***		0.938	
样本量		14467		14467	
伪 R²		0.135		0.135	

注：1. ***p<0.001，**p<0.01，*p<0.05；2. 变量名称后面括号内为参照类。

第四节　本章小结

　　流动人口在城市的去留问题一直是学界关注的问题，流动人口的城市居留意愿在一定程度上影响其迁移行为。本研究使用 2014 年全国流动人口社会融合与心理健康专项调查数据检验健康对流动人口城市居留意愿的影响，研究发现，流动人口的城市居留意愿较为强烈，但是没想好是否居留城市的比例不低。总体健康状况和心理健康状况显著影响流动人口的居留意愿。总体健康状况越好，越倾向于长期居留城市；心理健康状况越好，越愿意长期居留城市。本研究从自评总体健康和心理健康两方面验证了当前我国流动人口的城市居留意愿存在"三文鱼偏误"效应。

　　本研究的相关结论还涉及流动人口的个体特征、家庭特征、经济—社会—心理特征和流动特征对其居留意愿的影响。从个体特征来看，年龄对居留意愿的影响呈现"倒 U 形"影响。受教育程度越高，流动人口的城市居留意愿更强烈。从家庭特征来看，在婚的、家人都在流入地居住的流动人口更可能在城市居留。从经济—社会—心理特征来看，收入水平越高，城市居留意愿越强。在国企事业单位和私企个体工商户工作的流动人口更意愿留在城市。雇主和自营职业者更可能居留在城市。在城市已购住房、有社会保障的流动人口居留城市意愿更强烈。认为自己是本地人的流动人口居留城市的意愿更强烈。从流动特征来看，省内流动，流动时间较长的流动人口居留意愿更强。与二线城市相比，一线城市和新一线城市的流动人口居留意愿较低。以上大部分结论与以往的研究结果基本一致，本研究不再赘述。

在人口频繁迁移流动的大背景下，流动人口可以根据自身条件和意愿选择居住地。本研究发现，健康是影响流动人口居留意愿的重要因素。总体健康情况和心理健康情况好的流动人口更愿意留在城市长期居留。这意味着，健康状况好的流动人口得以继续留在城市；健康状况不佳的流动人口不愿长期居留城市而可能返回户籍地。长此以往，通过健康选择机制，人口流动不可避免地将一部分健康风险和疾病负担转移给农村，这不仅制约农村地区社会经济的发展和居民生活质量的提高，一定程度还加剧了城乡卫生资源配置与需求的矛盾（牛建林，2013）。进而，可能造成城乡、地区间经济发展不平衡演变为健康分布不平衡。流动人口返乡的相关研究表明，我国各时期因健康状况变差而"被动"返乡的情况在不同程度上持续发生，流动人口往往根据自身人力资本的比较优势决定是否返乡。"返乡潮"并未引发人力资本较高的流动者选择性地回流，而是非优质人力资本的流失（牛建林，2015）。这些结论都反映出，城市占有着较为健康和高素质人口，长期发展来看，将会使城乡发展差异进一步扩大。

为更好地保障流动人口的健康，促进城乡经济、健康、资源等方面的平衡发展，本研究可以给我们带来两点启示：第一，在城市，为了保障流动人口的健康，需要为流动人口提供更为公平的健康服务和医疗保障；第二，对于因病返乡的流动人口，要给予他们更多的服务资源，保障其健康状况，防止"因病致贫"和"因病返贫"现象的发生。

本章使用的是截面数据，该数据仅反映了2014年流动人口当前的自评身体健康和心理健康水平以及当前的城市居留意愿。健康在流动过程中是动态变化的，如果使用追踪数据得到流动人口流动前后的健康变化情况，将能更深入地分析健康对居留意愿的影响。这也是进一步关于流动与健康研究的努力方向。

第十章 总结与讨论

本书基于健康移民假说探讨个体发生流动后在健康、社会融入、城市居留意愿等方面的变化。在本研究中，健康主要包括自评一般健康、生理健康、心理健康和社会健康四个方面。流动方面的信息不仅关注是否流动、离开户籍地时长，而且根据流动者的户籍身份和流入地区划分为乡城流动、城城流动、乡乡流动和城乡流动四种类型，进一步探讨发生不同流动类型的个体在健康方面的变化情况。同时，讨论了年龄效应和性别效应可能在流动前后对健康产生的影响。北京市流动人口社会融入与适应负荷研究重点关注他们在城市社会融入中的身心健康状况。对于已经在城市生活的流动人口来说，健康状况的变化也会影响他们的居留意愿。

第一节 主要结论与发现

一 流动后，个体的自评一般健康状况显著提升

流动后与流动前相比，个体的自评一般健康状况为"健康"的可能性显著提升。这表明，流动对个体的自评健康状况具有积极效应，流动这一行为促进了自评健康状况。进一步探讨不同类型流动对自评健康状况的影响发现，无论何种类型的流动，其自评一般健康状况与流动前相比，均显示出自评健康状况"健康"的趋势。特别是城城流动和乡乡流动的人，自评健康状况为"健康"的可能性显著提升。

二 流动对个体生理健康的损耗作用较为明显

从流动对生理健康的影响结果来看，超重和近期身体不适明显

增加，对慢性病的影响不显著。由此可见，流动在一定程度上带来了生理健康的损耗。在控制年龄、性别、健康行为等变量后，个体流动后，其超重、近期身体不适的可能性显著增加。

研究检验了不同流动类型人口的生理健康状况发现，乡城流动者和乡乡流动者比流动前更容易超重；乡城流动者近期身体不适的可能性较高；慢性病在不同类型的流动人口的影响未见显著差异。从以上结果中发现，在超重和近期身体不适方面，乡城流动人口均表现出显著的健康变差的可能性，因此，在生理健康方面需要给予乡城流动人口更多的关注。

三　流动对心理健康的影响是"提升"与"损耗"并存

流动后，个体的心理疾患/抑郁水平上升，心理健康状况变差。但是，他们的生活满意度和对未来信心程度显著提升。可以看出，流动对心理健康既产生积极影响又产生消极影响，在心理疾患/抑郁水平上体现出流动对心理健康的消极影响，即损耗作用；在生活满意度和对未来信心程度上又呈现出积极影响，体现出促进提升作用。流动对心理健康的三个指标表现出不同的影响作用，这也体现出心理健康较为复杂，在不同维度影响作用不同。本研究的研究假设在流动对心理健康的消极方面得到了验证，在流动对心理健康的积极方面未得到验证。因此，流动对心理健康的影响得到部分验证。

四　流动后，社会健康在社会参与、社会支持和自评社会地位上有所损耗

在社会健康的四个指标中，流动人口在流入地的社会参与程度和社会支持程度显著下降；自评经济地位显著提升，自评社会地位有所下降，但未达显著水平。从以上结果可以看出，社会参与和社会支持出现显著的下降；而自评经济地位发生了显著的提升。对于这一结果，可以从人口流动的原因进行分析，务工经商是人口流动，特别是乡城流动的主要原因。同样，提升经济水平也是大多数人流动的主要目的。由此可以理解，流动后，自评经济地位显著提高是流动带给他们的重要的变化。

不同流动类型对社会健康的影响存在较大的差异。可以从两个

方面具体来看：其一，在客观社会健康指标上，发生乡城流动和乡乡流动的人，其社会参与程度显著下降；控制流动与年龄的交互项后，城城流动者流动后社会参与程度显著提升；发生城城流动和城乡流动的人，其社会支持程度显著降低。其二，在主观社会健康指标上，不同流动状态的人对自评经济/社会地位评价的影响不一致，主要反映了被调查者选取的"参照群体"不同所带来的差异。当发生乡城流动后，流动人口选取的参照群体为当地的城市人口，其自评社会地位显著下降；城乡流动后，流动人口选取的参照对象为乡村人口，其自评社会地位显著提升。流动人口在流动过程中，他们的"参照群体"也在不断发生变化，在这一过程中可能会产生"相对剥夺感"，影响其社会健康状况。

总体来看，流动对社会健康的影响主要表现为，在社会参与、社会支持和自评社会地位方面产生损耗作用，在自评经济地位上产生促进作用。

五　流动对不同维度的健康产生不同的影响作用

总体来看，流动对自评一般健康、生理健康、心理健康和社会健康在不同程度上产生影响。根据表 10 - 1 所示，根据本研究的实证分析，在生理健康、心理健康和社会健康三方面均验证出流动对健康存在或部分存在损耗作用，但是自评健康状况却在流动后显示出显著的提高。通过总结未验证的指标发现，除慢性病外，自评一般健康、生活满意度、对未来信心程度、自评经济地位和自评社会地位等指标均属于主观评价或主观感受的指标，以上指标均未显示出在人口流动后，对其健康产生显著的损耗作用。而产生显著损耗的指标中，除了心理疾患/抑郁程度外，超重、近期身体不适、社会参与、社会支持均属于客观指标。那么，在探讨流动对健康的影响时，可能存在的结果是，流动对迁移者的健康客观上产生了显著的损耗作用，而迁移者本身主观上并不认为对其健康产生显著的损耗作用。为什么迁移者健康的客观趋势和主观感受出现了相反的表现呢？这既是本研究的一个很有意思的发现，也无疑是对迁移与健康相互关系的研究，还是在理论概念和方法指标上，提出的严肃的挑战。鉴于健康是较为综合而复杂的现象，流动对于健康的影响机制值得继续进行深入分析。

通过对健康各维度的检验，为了易于理解，将流动对健康的影响结果纳入雷达图中，结果如图 10 - 1 所示[①]。流动后与流动前相比，个体的自评健康显著提升，不存在损耗作用；生理健康存在损耗作用，主要体现在超重和身体不适显著增加；心理健康损耗与提升并存；社会健康主要存在损耗作用，但是自评经济地位显著提升。

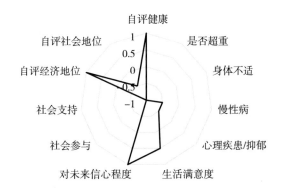

图 10 - 1　流动对健康的影响示意图

通过对比不同流动类型（乡城流动、城城流动、乡乡流动和城乡流动）对个体健康的影响状况发现，乡城流动人口在生理健康上存在显著的损耗现象，明显高于其他类型的流动人口在生理健康方面带来的损耗。因此，需要对乡城流动人口的生理健康状况给予关注。

四种流动类型的流动人口在社会健康维度上都表现出明显的损耗作用。特别是在社会支持和社会参与方面，损耗作用显著。这表明，流动带来了分离即与原有的社会支持和社会参与的断裂，而新的社会支持和社会参与尚未未建立，在日常照料或是生病时缺少亲

---

① 在雷达图示意图中，根据流动对健康的影响结果：1 - 提升作用（显著），0.5 - 提升作用（不显著），- 0.5 - 损耗作用（不显著），- 1 - 损耗作用（显著）。图 10 - 2 的亦相同。

人的照顾和支持，因而在一定程度上损耗了流动人口的健康状况。在自评经济地位和自评社会地位上，不同类型的流动人口表现出较大的差异性。具体来看，乡城流动人口在自评经济地位上有所提升，但是在自评社会地位上却显著下降；城城流动人口虽然也在自评经济地位上有所上升，自评社会地位上有所下降，但是差异并不显著；而对于乡乡流动人口和城乡流动人口来说，自评经济地位和社会地位均有所提升，表现出较好的社会健康，详见图10-2。总体来看，在四十年来的大规模人口流动和城市化进程中，乡城流动人口可能因户籍性质、户籍地点、缺乏经验，成为中国最脆弱的人群之一。与其他相关群体相比，他们的绝对经济地位和相对社会融入程度都是最低的，面临着多重弱势的困境（杨菊华，2012）。

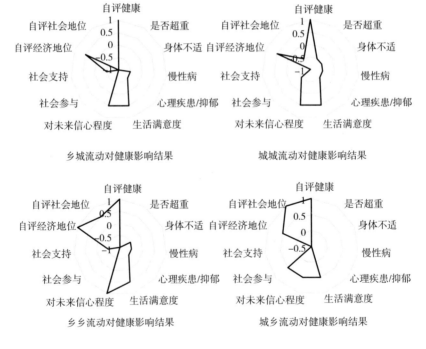

图10-2 不同流动类型对人口健康的影响示意图

基于以上分析，本研究探讨流动对健康的损耗作用，研究结果部分印证了研究假设。具体来看，在自评健康维度，人口流动对自评健康未存在损耗作用。在生理健康上，损耗作用主要体现在体质指数（超重）和近期身体不适方面，在慢性病上暂未得到验证。在心理健康方面，流动对心理疾患/抑郁存在损耗作用，同时也提升了人的生活满意度和未来信心程度。因此，流动对心理健康的影响既存在损耗作用，也存在提升作用，研究假设得到部分验证。在社会健康方面，流动对社会支持和社会参与的损耗作用显著，对自评经济地位和自评社会地位的损耗作用未得到验证。研究假设验证情况如表 10 - 1 所示。

表 10 - 1　　　　　　　　研究假设验证基本情况

指标	假设内容	验证情况
自评健康	流动后，自评健康状况变差。	未验证
生理健康		
超重（BMI）	流动后，超重（BMI > 24）的可能性增加。	验证
近期身体不适	流动后，近期身体不适的可能性增加。	验证
慢性病	流动后，慢性病的可能性增加。	未验证
心理健康		
心理疾患/抑郁	流动后，心理疾患/抑郁可能性增加。	验证
生活满意度	流动后，生活满意度降低。	未验证
未来信心程度	流动后，未来信心程度降低。	未验证
社会健康		
社会参与	流动后，社会参与程度降低	验证
社会支持	流动后，社会支持程度降低。	验证
自评经济地位	流动后，自评经济地位降低。	未验证
自评社会地位	流动后，自评社会地位降低。	未验证

综上可知，流动对健康的影响并非存在完全的损耗作用，在一定程度上也存在提升健康的作用。因此，从不同维度探讨流动对健康的影响更体现出意义之所在。

六　流动人口的社会融入伴随着较高的适应负荷

基于北京市流动人口调查的数据分析发现，流动人口在社会融入过程中，随着社会融入程度的加深，流动人口自评身体健康状况较好，而实际的生理健康却在损耗。流动人口随着社会融入的加深，其生活满意度不断提高，幸福感升高，心理疾患较少。值得注意的是，流动人口的适应负荷越高，其幸福感也越高。这说明，流动人口在社会融入中通过损耗身体的健康换来心理的满足感，提升了心理健康。这一现象不利于流动人口的长远发展，同时也会为他们未来在城市的生活埋下隐患。因此，需要特别注意流动人口在社会融入过程中的身体健康和心理健康，力求保证流动人口达到身心健康平衡，改善他们的生活品质和健康状况。

七　流动人口的健康问题将会影响城乡健康分布

健康是影响流动人口城市居留意愿的重要因素。总体健康情况和心理健康情况好的流动人口更愿意长期居留在城市。这意味着，健康状况好的流动人口得以继续留在城市；而健康状况不佳的流动人口往往难以长期居留城市，那么他们可能返回户籍地。长此以往，通过健康选择机制，人口流动不可避免地将一部分健康风险和疾病负担转移给农村，造成城乡人口健康分布的差异进一步加大。对于流动人口来说，"漂不动了就可以回家"，他们将青春和健康留给了城市，将疾病和衰弱带回了家乡。在如此选择之下，更需要注重农村医疗资源的匹配，提高农村的医疗水平，全方位、全周期保障人民的健康。

第二节　政策建议

基于上述研究发现，本研究相应提出以下几点政策建议：

一　流动对健康的影响是损耗与促进并存，需要树立流动人口的健康意识

流动人口在健康方面具有高度的选择性，健康的人口更可能产生流动行为。与此同时，流动对健康既产生损耗作用，又产生促进

作用。而对流动人口的损耗主要体现在生理健康指标和部分心理健康和社会健康指标上，促进作用主要体现在自评健康、心理健康（生活满意度和对未来信心程度）和社会健康（自评经济地位）。以往的研究中研究者重点关注了迁移流动对健康的负面影响，本书的实证研究发现，流动对人口健康的影响不仅有消极的影响，也存在积极的影响，需要客观、全面地理解迁移流动对健康的影响。

健康是流动人口流动的"资本"，也是流动人口能够在城市生活的优势所在。为了更好地适应流入地的生活，健康也可能成为他们需要付出的"代价"。当前，政府部门已经意识到流动人口健康的重要性，在全国范围内广泛开展流动人口/新市民健康促进宣传教育活动，旨在帮助流动人口树立健康的生活理念，提升健康素养和健康水平。唤醒流动人口的健康意识是促进流动人口健康的首要环节，只有让流动人口自身意识到健康的重要性，政府部门提供的各项服务才能实现效果的最大化。

二　不仅关注流动人口的生理健康，更需要关注流动人口的心理健康和社会健康

流动后，人口在生理健康、心理健康和社会健康的不同维度上均存在一定的损耗，需要进一步关注流动人口的健康问题。在传统意义上，政府对流动人口的住院就医等生理健康方面较多关注，而较少地关注流动人口的心理健康和社会健康。因此，本研究基于实证研究结果认为，不仅要关注流动人口的生理健康，加大医疗卫生服务的提供，更需关注流动人口的心理健康问题，防止由心理健康恶化而引起对生理健康的影响。为了使流动人口更好地适应城市生活，需要提高他们的社会参与和社会支持程度，促进社会健康水平提升。要真正实现流动人口在生理健康、心理健康和社会健康各方面的全面改善，不仅需要个人参与、政府支持，还需要社会关注，只有发挥三方联动的作用，才能够达到全面提升流动人口健康的效果。

三　不同流动类型的人口面对的健康问题不尽相同，需要提供有针对性的健康服务

研究结果表明，不同类型的流动人口的健康变化有所差异，其中，乡城流动人口是健康损耗作用最为显著的群体。由于现阶段，我国近三分之二的流动人口属于乡城流动人口，占所有流动人口的多数。因此，需要特别关注乡城流动人口的生理健康、心理健康和社会健康。与此同时，也不可以忽略其他类型的流动人口。特别是，当前城城流动人口不断增多，城乡流动成为一种新型的生活方式，乡乡流动成为一种选择，人口流动日趋多样化。在条件允许的情况下，为不同类型的流动人口提供有针对性的健康服务。例如，为乡城流动者提供更多的社会参与的活动，为城城流动者提供更多的社会支持服务。

四　流动改变着中国人口健康的分布，需重视基本公共服务的城乡差异

根据"健康移民效应"，流动人口在健康时迁移到城市，在健康状况变差时返回户籍地。长此以往，势必会造成人口健康分布的两极化，健康的青年劳动力聚集在城市，衰弱的中老年人留在农村。本研究发现，流动对健康的不同维度均产生了损耗作用，长远来看，当他们的健康状况不足以支撑在城市的生活后，大多数流动人口最终的结局还是返回原籍。现实情况是，先进的医疗资源主要集中在大城市，人们有大病也会选择前往大城市的大医院就诊。健康人群的分布与医疗资源的分布存在一定的错位，在贯彻实施健康中国的进程中，需要考虑如何更好地为人民提供全方位全周期的健康服务，如落实流动人口的基本卫生计生均等化服务。2017 年 3 月，国家异地就医结算系统正式上线运行，实现了跨省异地就医住院费用直接结算，为流动人口就医提供了方便。当前基本公共服务存在城乡差异，国家也在出台相应政策不断努力，这将有利于逐步实现健康中国的目标。

五　从流动人口的健康需求入手，解决流动人口健康的实际问题

流动人口在城市的居住和工作地点常常处于城市的边缘地区，也需要面对来自陌生环境和文化的多重压力。研究证明，流动人口的健康状况存在损耗现象。需要注意的是，流动人口的健康需求与城市或农村人口的健康需要存在较大差异。而且，不同流动类型的人也存在着不同的健康问题。例如，对于农村人口或者城市人口来说，需要加强防治慢性疾病，而对于流动人口来说，慢性病的发生率较低，但在超重和近期身体不适方面，需要给予流动人口更多的关注。同时，流动对健康的影响存在年龄效应和性别差异，在关注他们的健康状况时，需要有针对性地给予健康支持。

第三节　创新与不足

一　创新之处

本研究关注流动对健康的影响作用，重点探讨人口从未流动到流动状态，其健康状况的变化情况。本研究的创新之处在于以下几个方面：

（1）从健康的多个维度探讨流动对健康的影响作用

健康是一个综合指标，具有多维性。在以往的研究中，在探讨流动与健康的关系时，在健康的定义上较为简单。一般使用自评健康状况作为健康的代表性指标，或者只是探讨生理健康、心理健康等一个或两个方面的内容。在本研究中，主要参考世界卫生组织对健康的定义，将健康分为生理健康、心理健康和社会健康，并进行操作化。同时，将自评健康作为综合指标加入研究中。因此，本研究探讨的健康包括自评健康、生理健康、心理健康和社会健康四个方面。在每一个维度都设有若干指标分别探讨流动对其影响作用。能够从多个方面了解流动对健康的影响，使得研究内容更加丰富。

（2）运用全国层面追踪数据探求流动与健康的因果关系

在探讨流动对健康的影响时，需要非常慎重地考虑参照对象。在以往的研究中，由于缺乏追踪数据，无法观测到人口在流动前后健康的变化情况，往往会选择将流动人口的健康状况与城市本地人口进行对比，或者与流出地的农村人口进行对比，探讨流动对人口健康的影响。这样的处理方法是在数据有限的情况下选取的应对办法，在推断流动对健康的影响作用时难免存在一定的偏差。本研究使用全国追踪调查数据，在研究对象筛选时，选取了基期未流动，而在追踪期内发生流动的人口，可以了解人口在流动前后的健康状况，进行流动对健康影响的因果关系的讨论。避免了使用参照对象不同造成的结论的偏差，使得研究结果更为可信。

二　不足之处

不可否认的是，在本研究也存在一些不足之处，主要表现为：

（1）追踪数据的人群样本量偏小，并带有一定的偏向性

由于在数据筛选时，只保留了在2010年至2016年四期数据中均成功访问的流动人口，因此最终保留的样本量为474人。在筛选过程中遗失了未能成功追踪的个体，可能造成样本具有一定的选择性。在流动地生活相对稳定的人更可能成功追踪；对于流动性较大，难以追访的人来说，在样本筛选的过程中被剔除，这一部分人群的健康状况可能不同于稳定状态的流动人口。

这一不足既是客观存在的事实，也反映了现阶段在人口迁移流动与健康领域的调查和研究较为欠缺追踪数据的困境。虽然数据调查日益丰富，但是关于流动人口的追踪数据仍显不足。最主要的原因是流动人口追踪调查难度较大，消耗的人力、物力和财力较大。即使如此，作为研究者也需要逐渐完善调查，不断丰富研究。

（2）心理健康指标在不同调查时期有所调整，可能影响结果的稳定性

在调查中，问卷对心理指标的访问是隔期调查的方式，在2010年和2014年使用心理疾患量表进行心理健康的测量，在2012年和2016年使用的是抑郁量表进行心理健康的测量，但是两个量表反映的是心理健康的两个方面，无法直接进行比较。虽然在研究中对两个量表进行了标准化的处理，但是由于指标的不一致性，可能对研究结果带来一定的影响。

（3）缺乏迁移历史的信息，无法判断流动对健康的长期影响

由于在数据收集过程中较少涉及人口迁移史的相关信息，个人流动史的信息不充分，无法判断除本次流动之外的流动经历。因此，在本研究中仅观测到 2010 年至 2016 年的流动状况，研究结论仅适用于在短期内（10 年以下）流动对健康的影响，缺乏流动对健康长期影响的探讨。

参考文献

一 中文文献

曹谦：《基于结构方程模型的城市流动人口心理健康影响因素分析》，《统计与信息论坛》2016 年第 10 期。

陈传波、丁士军、Sarah Cook，Myra Pong：《回家：中国湖北和四川的伤病返乡农民工》，载凌莉等《中国人口流动与健康》，中国社会科学出版社 2015 年版。

陈攀、汤永隆、王大治：《农村留守儿童的生理、心理、社会健康与家庭功能的关系研究》，载《中国城市化进程的社会心理研究》，社会科学文献出版社 2012 年版。

陈心广、王培刚：《中国社会变迁与国民健康动态变化》，《中国人口科学》2014 年第 2 期。

陈强：《高级计量经济学及 Stata 应用》，高等教育出版社 2014 年版。

陈悦、陈超美、刘则渊等：《CiteSpace 知识图谱的方法论功能》，《科学学研究》2015 年第 2 期。

陈再芳、张轩、陈潇潇等：《流动人口抑郁与自测健康的关系研究》，《中国健康教育》2006 年第 10 期。

陈志光：《农业转移人口长期居留意愿研究》，《山东师范大学学报》（人文社会科学版）2016 年第 4 期。

程遥：《健康城镇化背景下的流动人口发展趋势与对策》，《经济地理》2012 年第 4 期。

段成荣、刘涛、吕利丹：《当前我国人口流动形势及其影响研究》，《山东社会科学》2017 年第 9 期。

傅崇辉、王文军：《多维视角下老年人社会健康影响因素分析》，

《中国社科院研究生院学报》2011 年第 9 期。

傅崇辉：《社会健康对老年人口死亡风险的影响》，《中国老年学杂志》2016 年第 6 期。

顾宝昌、茅倬彦：《走向城市化的中国人口》，《人口与经济》2012 年第 6 期。

顾宝昌：《中国进入由人口迁移和流动主导人口态势的时期》，《中国社会科学报》2013 年 8 月 2 日第 8 版。

郭晨啸：《基于 Logit 模型的南京市流动人口长期居留意愿研究》，《经济研究导刊》2011 年第 25 期。

国家统计局：《第七次全国人口普查公报》http：//www. stats. gov. cn，2021 年 5 月 13 日。

国家卫生和计划生育委员会流动人口司编：《中国流动人口发展报告 2017》，中国人口出版社 2017 年版。

国家卫生和健康委员会编：《中国流动人口发展报告 2018》，中国人口出版社 2018 年版。

郭静、王秀彬：《青年流动与非流动人口生活满意度水平及影响因素——基于北京、上海和深圳的调查》，《中国卫生政策研究》2013 年第 12 期。

韩正、孔艳丽：《社会融合视角下流动人口居留意愿研究——基于 2014 年中国劳动力动态调查数据》，《北京城市学院学报》2017 年第 1 期。

和红、智欣：《新生代流动人口社会支持状况的社会人口学特征分析》，《人口研究》2012 年第 5 期。

和红：《新生代流动人口健康问题及社会支持的实证研究》，中国人口出版社 2013 年版。

和红、任迪：《新生代农民工健康融入状况及影响因素研究》，《人口研究》2014 年第 6 期。

和红、王硕：《不同流入地青年流动人口的社会支持与生活满意度》，《人口研究》2016 年第 3 期。

和红、曹桂、沈慧等：《健康移民效应的实证研究——青年流动人口健康状况的变化趋势及影响因素》，《中国卫生政策研究》

2018 年第 2 期。

何江江、徐凌忠、孙辉等：《威海市农民工心理健康状况及影响因素分析》，《中国公共卫生》2008 年第 8 期。

侯建明、赵丹：《我国流动人口健康自评状况及其影响因素分析》，《人口学刊》2020 年第 4 期。

胡丙长：《如何全面评价心理、社会健康状况》，《中国社会医学》1990 年第 2 期。

扈新强：《新、老两代流动人口居留意愿差异研究——以北京、上海、广州为例》，《调研世界》2017 年第 7 期。

黄匡时：《流动人口留京意愿的影响因素研究》，《陕西行政学院学报》2011 年第 1 期。

吉黎：《城市化有利于健康吗？——基于个体微观迁移数据的实证研究》，《世界经济文汇》2013 年第 3 期。

纪颖、张炎、王倩怡：《在校流动儿童健康风险研究述评》，《人口与发展》2012 年第 4 期。

蒋善、张璐、王卫红等：《重庆市农民工心理健康状况调查》，《心理科学》2007 年第 1 期。

雷阳阳：《流动人口健康状况与影响因素分析》，《调研世界》，2015 年第 12 期。

李斌：《城市住房价值结构化：人口迁移的一种筛选机制》，《中国人口科学》2008 年第 4 期。

李代、张春泥：《外出还是留守？——农村夫妻外出安排的经验研究》，《社会学研究》2016 年第 5 期。

李楠：《农村外出劳动力留城与返乡意愿影响因素分析》，《中国人口科学》2010 年第 6 期。

李树茁、任义科、靳小怡等：《中国农民工的社会融合及其影响因素研究——基于社会支持网络的分析》，《人口与经济》2008 年第 2 期。

李树茁、王维博、悦中山：《自雇与受雇农民工城市居留意愿差异研究》，《人口与经济》2014 年第 2 期。

李婷：《老龄健康研究方法新视角》，中国人口出版社 2015 年版。

联合国人类住区规划署：《规划可持续的城市：政策方向》，联合国人类住区规划署北京信息办公室，2009. https：//unhabitat. org，2020 年 8 月 31 日。

凌莉等：《中国人口流动与健康》，中国社会科学出版社 2015 年版。

刘更新：《社会健康测量》，《中国社会医学》1994 年第 4 版。

刘国恩、秦雪征、潘杰等：《中国人口流动与健康：一个经验分析》，载凌莉等《中国人口流动与健康》，中国社会科学出版社 2015 年版。

刘娟娟：《健康风险对农村劳动力迁移影响的实证分析》，《呼伦贝尔学院学报》2013 年第 5 期。

刘晓惠：《经济全球化健康效应研究》，《学术交流》2014 年第 10 期。

刘晓昀：《农村劳动力流动对农村居民健康的影响》，《中国农村经济》2010 年第 9 期。

龙书芹、风笑天：《社会结构、参照群体与新生代农民工的不公平感》，《青年研究》2015 年 1 月。

陆铭：《大国大城》，上海人民出版社 2016 年版。

陆文荣、卢汉龙、段瑶：《城市外来务工人员的精神健康：制度合法性压力、社会支持与迁移意义》，《社会工作》2017 年第 2 期。

马小红、段成荣、郭静：《四类流动人口的比较研究》，《中国人口科学》2014 年第 5 期。

牛建林：《人口流动对中国城乡居民健康差异的影响》，《中国社会科学》2013 年第 2 期。

牛建林：《城市"用工荒"背景下流动人口的返乡决策与人力资本的关系研究》，《人口研究》2015 年第 2 期。

牛建林：《社会科学视阈下的人口健康：指标与测量》，《中国社会科学报》2019 年 1 月 9 日第 6 版。

戚淼杰、薄云鹊、韩优莉：《国际卫生政策研究进展——基于 CiteSpace 的文献计量分析》，《中国卫生政策研究》2017 年第

10 期。

齐亚强、牛建林、威廉·梅森等：《我国人口流动中的健康选择机制研究》，《人口研究》2012 年第 1 期。

齐亚强：《自评一般健康的信度和效度分析》，《社会》2014 年第 6 期。

齐亚强、牛建林：《地区经济发展与收入分配状况对我国居民健康差异的影响》，《社会学评论》2015 年第 2 期。

乔楠、冯桂平：《医疗保险模式对流动人口居留意愿影响研究——基于人群差异性视角》，《中国卫生事业管理》2017 年第 1 期。

秦立建、秦雪征、蒋中一：《健康对农民工外出务工劳动供给时间的影响》，《中国农村经济》2012 年第 8 期。

秦立建、陈波、秦雪征：《健康对农民工外出务工收入的影响分析》，《世界经济文汇》2013 年第 6 期。

秦立建、陈波、余康：《农村劳动力转移的健康选择机制研究》，《南方人口》2014 年第 2 期。

秦立建、陈波、蒋中一：《外出打工经历对农村居民健康的影响》，《中国软科学》2014 年第 5 期。

秦立建、王震、蒋中一：《农民工的迁移与健康——基于迁移地点的 Panel 证据》，《世界经济文汇》2014 年第 6 期。

邱均平：《信息计量学》，武汉大学出版社 2007 年版。

邱培媛、杨洋、吴芳等：《国内外流动人口心理健康研究进展及启示（综述）》，《中国心理卫生杂志》2010 年第 1 期。

任远：《"逐步沉淀"与"居留决定居留"——上海市外来人口居留模式分析》，《中国人口科学》2006 年第 3 期。

申秋红：《流动人口居留意愿影响因素分析——基于全国六城市的调查》，《经济研究导刊》2012 年第 2 期。

盛亦男：《父代流迁经历对子代居留意愿的代际影响与机制研究》，《人口研究》2017 年第 2 期。

苏晓馨：《城市外来人口健康与医疗服务利用行为研究》，博士学位论文，复旦大学，2012 年。

孙力强、杜小双、李国武：《结构地位、社会融合与外地户籍青年留京意愿》，《青年研究》2017 年第 3 期。

孙晓红、韩布新：《国内外流动儿童青少年心理健康状况研究：基于 CiteSpace 的可视化分析》，《中国青年研究》2018 年第 12 期。

汪雪莲、许能锋：《大学生社会健康测量及其应用的现状与展望》，《现代预防医学》2007 年第 22 期。

王春兰、丁金宏：《流动人口城市居留意愿的影响因素分析》，《南方人口》2007 年第 1 期。

王甫勤：《社会流动有助于降低健康不平等吗?》，《社会学研究》2011 年 2 月。

王桂新、苏晓馨、文鸣：《城市外来人口居住条件对其健康影响之考察——以上海为例》，《人口研究》2011 年第 2 期。

王桂新、苏晓馨：《社会支持/压力及其对身心健康影响的研究——上海外来人口与本市居民的比较》，《人口与发展》2011 年第 6 期。

王健、郑娟、王朋等：《中国的迁移与健康：解决流动人口医疗卫生服务政策目标与现实的差距》，《公共行政评论》2014 年 4 月。

王伶鑫、周皓：《流动人口的健康选择性》，载《新形势、新调整、新希望——中国人口学会年会论文集（2016）》，中国人口出版社 2016 年版。

王伶鑫、周皓：《流动人口的健康选择性》，《西北人口》2018 年第 6 期。

王钦池：《我国流动人口的健康不平等测量及其分解》，《中国卫生经济》2016 年第 1 期。

王文卿、潘绥铭：《人口流动对健康的影响》，《西北人口》2008 年第 4 期。

王毅杰、成萍：《社会经济地位与城乡居民健康差异》，《西北农林科技大学学报》（社会科学版）2015 年第 6 期。

王勇：《关于国务院机构改革方案的说明》，《新华网》2018 年 3 月 14 日，http：//www. xinhuanet. com/politics/2018lh/2018－03/14/c_ 1122533011. htm，2020 年 8 月 31 日。

韦艳、张力：《"数字乱象"或"行政分工"：对中国流动人口多元统计口径的认识》，《人口研究》2013 年第 4 期。

吴菲：《如何用锚点情境法降低自评健康的回答偏误？——一项基于 CFPS2012 数据的实证分析》，《人口与发展》2019 年第 2 期。

吴瑞君：《关于流动人口涵义的探索》，《人口与经济》1990 年第 3 期。

吴晓：《城市中的"农村社区"——流动人口聚居区的现状与整合研究》，《城市规划》2001 年第 12 期。

夏显力、姚植夫、李瑶等：《新生代农民工定居城市意愿影响因素分析》，《人口学刊》2012 年第 4 期。

谢宇、胡婧炜、张春泥：《中国家庭追踪调查：理念与实践》，《社会》2014 年第 2 期。

忻丹帼、何勉、张军：《健康测量的进展及测量方法》，《现代临床护理》2003 年第 1 期。

阳义南、贾洪波：《国民社会健康测度及其影响因素研究——基于 MIMIC 结构方程模型的经验证据》，《中国卫生政策研究》2018 年第 1 期。

杨东亮、王晓璐：《"90 后"流动青年城市居留意愿研究》，《青年研究》2016 年第 3 期。

杨菊华：《从隔离、选择融入到融合：流动人口社会融入问题的理论思考》，《人口研究》2009 年第 1 期。

杨菊华：《流动人口在流入地社会融入的指标体系——基于社会融入理论的进一步研究》，《人口与经济》2010 年第 2 期。

杨菊华：《数据管理与模型分析：STATA 软件应用》，《中国人民大学出版社》2012 年版。

杨菊华：《社会排斥与青年乡－城流动人口经济融入的三重弱势》，《人口研究》2012 年第 5 期。

杨菊华、王毅杰、王刘飞等：《流动人口社会融合："双重户籍墙"情景下何以可为?》，《人口与发展》2014 年第 3 期。

杨菊华：《中国流动人口的社会融入研究》，《中国社会科学》2015

年第 2 期。

杨菊华、张娇娇：《人力资本与流动人口的社会融入》，《人口研究》2016 年第 4 期。

杨菊华、张娇娇、张钊：《流动人口健康公平与社会融合的互动机制研究》，《中国卫生政策研究》2016 年第 8 期。

杨菊华：《流动人口（再）市民化：理论、现实与反思》，《吉林大学社会科学学报》2019 年第 2 期。

杨菊华：《以强大的正式社会支持形塑流动人口的归属感》，《人民论坛》2020 年 1 月 15 日第二版。

杨青松、石梦希、孙焕良等：《社会支持对留守农民生活满意度的影响：希望感的中介作用》，《中国临床心理学杂志》2015 年第 3 期。

杨政、罗雅楠：《北京市乡城流动人口长期居留意愿研究》，《人口与社会》2015 年第 1 期。

姚俊：《农民工定居城市意愿调查——基于苏南三市的实证分析》，《城市问题》2009 年第 9 期。

姚俊、赵俊：《农村人口流动的健康不平等结果——基于劳动力再生产的视角》，《江苏社会科学》2015 年第 4 期。

杨洋、孙铃、张红川等：《适应负荷：社会经济地位影响健康的生理机制》，《心理科学进展》2018 年第 8 期。

易龙飞、亓迪：《流动人口健康移民现象再检验：基于 2006—2011 年 CHNS 数据的分析》，《西北人口》2014 年第 6 期。

叶鹏飞：《农民工的城市定居意愿研究——基于七省（区）调查数据的实证分析》，《社会》2011 年第 2 期。

于潇、陈新造：《经济收入与社会地位对流动人口城市居留意愿的影响——基于广东省的实证研究》，《广东社会科学》2017 年第 3 期。

苑会娜：《进城农民工的健康与收入——来自北京市农民工调查的证据》，《管理世界》2009 年第 5 期。

张华初、曹玥、汪孟恭：《社会融合对广州市流动人口长期居留意愿的影响》，《西北人口》2015 年第 1 期。

张展新、侯亚非：《城市社区中的流动人口——北京等 6 城市调查》，社会科学文献出版社 2009 年版。

赵艳枝：《外来人口的居留意愿与合理流动——以北京市顺义区外来人口为例》，《南京人口管理干部学院学报》2006 年第 4 期。

郑韵婷、纪颖、常春：《我国流动人口健康促进政策发展与特点》，《中国卫生事业管理》2017 年第 4 期。

郑真真、连鹏灵：《劳动力流动与流动人口健康问题》，《中国劳动经济学》2006 年第 1 期。

郑真真、张妍、牛建林等：《中国流动人口健康与教育》，社会科学文献出版社 2014 年版。

中共中央、国务院：《"健康中国 2030"规划纲要》，中华人民共和国中央人民政府官网，http：//www. gov. cn/xinwen/2016 - 10/25/content_ 5124174. htm，2020 年 8 月 31 日。

中华人民共和国国务院新闻办公室：《平等发展共享：新中国 70 年妇女事业的发展与进步》，中华人民共和国中央人民政府官网，http：//www. gov. cn/zhengce/2019 - 09/19/content_ 5431327. htm，2020 年 8 月 31 日。

周小刚：《健康移民、健康耗损及其机制——我国农村外出务工人员的健康研究》，博士学位论文，复旦大学，2014 年。

周小刚、陆铭：《移民的健康：中国的成就还是遗憾?》，《经济学报》2016 年第 3 期。

朱玲：《农村迁移工人的劳动时间和职业健康》，《中国社会科学》2009 年第 1 期。

朱宇：《51. 27% 的城镇化率是否高估了中国城镇化水平：国际背景下的思考》，《人口研究》2012 年第 2 期。

Chamchan，C. ，陈永杰，Punpuing，S. ：《迁移与健康：基于泰国的纵向研究及其启示》，载凌莉等《中国人口流动与健康》，中国社会科学出版社 2015 年版。

《2018 年政府工作报告》，《中国政府网》2008 年 3 月 5 日，http：//www. gov. cn/zhuanti/2018lh/2018zfgzbg/zfgzbg. htm，2020 年 8 月 31 日。

二　英文文献

Abachizadeh, K. , et al. , "Determining Dimensions of Iranians' Individual Social Health: A Qualitative Approach", *Iranian Journal of Public Health*, Vol. 42, Supple1, 2013, pp. 88 – 92.

Abraído – Lanza AF, Dohrenwend BP, Ng – Mak DS, Turner JB. "The Latino Mortality Paradox: ATest of the 'Salmon Bias' and Healthy Migrant Hypotheses", *American Journalof Public Health*, Vol. 89, No. 10, 1999, pp. 1543 – 1548.

Acevedo – Garcia, Dolores, et al. , "Integrating Social Epidemiology into Immigrant Health Research: A Cross – national Framework. " Social Science & Medicine, Vol. 75, No. 12, 2012, pp. 2060 – 2068.

Andrew, B. , Kelvyn, J. , "Explaining Fixed Effects: Random Effects Modeling of Time – series Cross – sectional and Panel Data", *Political Science Research and Methods*, Vol. 3, No. 1, 2015, pp. 133 – 153.

Anglewicz, P. et al. , "Cohort Profile: Internal Migration in Sub – Saharan Africa—The Migration and Health in Malawi (MHM) Study. " BMJ Open, Vol. 7, No. 5, 2017, pp. 1 – 12.

Antecol H. , Bedard K. , "Unhealthy Assimilation: Why Do Immigrants Converge to American Health Status Levels?" *Demography*, Vol. 43, No. 2, 2006, pp. 337 – 360.

Bollini, Paola, and Harald Siem, "No Real Progress Towards Equity: Health of Migrants and Ethnic Minorities on the Eve of the Year 2000" *Social Science & Medicine*, Vol. 41, No. 6, 1995, pp. 819 – 828.

Borhade, Anjali. , "Health of Internal Labour Migrants in India: Some Reflections on the Current Situation and Way Forward", *Asia Europe Journal*, Vol. 8, No. 4, 2011, pp. 457 – 460.

Borsook, David, et al. , "Understanding Migraine through the Lens of Maladaptive Stress Responses: A Model Disease of Allostatic

Load. " *Neuron*, Vol. 73, No. 2, 2012, pp. 219 – 234.

Bostean, G. , "Does Selective Migration Explain the Hispanic Paradox? A Comparative Analysis of Mexicans in the U. S. and Mexico. ? *Journal of Immigrant and Minority Health*, Vol. 15, No. 3, 2013, pp. 624 – 635.

Brody, Gene H. , et al. , "Is Resilience Only Skin Deep? Rural African Americans' Socioeconomic Status—Related Risk and Competence in Preadolescence and Psychological Adjustment and Allostatic Load at Age 19. " *Psychological Science*, Vol. 24, No. 7, 2013, pp. 1285 – 1293.

Buekens, P. , G. Masuy – Stroobant, and T. Delvaux. , "High Birthweights Among Infants of North African Immigrants in Belgium", *American Journal of Public Health*, Vol. 88, No. 5, 1998, pp. 808 – 811.

Chen, J, Ng E. , Wilkins R. , "The Health of Canada's Immigrants in 1994 – 95", *Health Reports – Statistics Canada*, Vol. 7, No. 4, 1996, pp. 33 – 50.

Chen, J. , "Internal Migration and Health: Re – examining the Healthy Migrant Phenomenon in China", *Social Science & Medicine*, Vol. 72, No. 8, 2011, pp. 1294 – 1301.

Chilton M. , Black M M. , Berkowitz C. , et al. , "Food Insecurity and Risk of Poor Health among US – Born Children of Immigrants", *American Journal of Public Health*, Vol. 99, 2009, pp. 556 – 562.

Choi, H. K. , "Fertility in the Context of Mexican Migration to the United States: A Case for Incorporating the Pre – migration Fertility of Immigrants", *Demographic Research.* Vol. 30, No. 24, 2014, pp. 703 – 738.

Clark, S. , Collinson, M. , Kahn, K. , Drullinger, K. , Tollman, S. , "Returning Home to Die: Circular LabourMigration and Mortality in South Africa", *Scandinavian. Journal of Public Health*,

Vol. 35, No. Suppl. 69, 2007, pp. 35 – 44.

Cohen, S., Wills, T. A., "Stress, Social Support, and the Buffering Hypothesis", *Psychological Bulletin*, Vol, 98, No. 2, 1985, pp. 310 – 357.

Collinson, M., Adazu, K., White, M., Findley, S. E., "The Dynamics of Migration, Health and Livelihoods: INDEPTH Network Perspectives". *Ashgate, Farnham*. 2009.

Collinson, M. A., "Striving Against Adversity: The Dynamics of Migration, Health and Poverty in Rural South Africa", *Global Health Action*, Vol. 3, No. 1, 2010, p. 5080.

Cumming, "Japan: Reports from Yokohama. Inspection and Fumigation of Vessels. Plague – Infected Rats. Plague in February, on Awaji Island and in Kobe, Examination of Emigrants", *Public Health Reports* (1896 – 1970), Vol. 24, No. 18, 1909, pp. 576 – 577. Retrieved from http://www.jstor.org/stable/4562922.

Dodd, Warren, et al., "Determinants of Internal Migrant Health and the Healthy Migrant Effect in South India: A Mixed Methods Study", *BMC International Health and Human Rights*, Vol. 17, No. 1, 2017, pp. 23 – 35.

Echeverria, Sandra E., and Olveen Carrasquillo., "The Roles of Citizenship Status, Acculturation, and Health Insurance in Breast and Cervical Cancer Screening among Immigrant Women", *Medical Care*, Vol. 44, No. 8, 2006, pp. 788 – 792.

Ebrahim, Shah, et al., "The Effect of Rural – to – urban Migration on Obesity and Diabetes in India: ACross – sectional Study". *PLoSMedicine*, Vol. 7, No. 4, 2010, pp. e1000268.

Escobar, J. I., Nervi, C. H., Gara, M. A., "Immigration and Mental Health: Mexican Americans in the United States", *Harvard Review of Psychiatry*, Vol, 8, No. 2, 2000, pp. 64 – 72.

Finch, Brian K., Reanne Frank, William A. Vega., "Acculturation and Acculturation Stress: A Social – Epidemiological Approach to

Mexican Migrant Farmworkers' Health", *International Migration Review*, Vol. 38, No. 1, 2004, pp. 236 – 262.

Gao, Yang, et al. , "The Impact of Parental Migration on Health Status and Health Behaviours among Left Behind Adolescent School Children in China", *BMC Public Health*, Vol. 10, No. 1, 2010, p. 56.

Galarneau, Diane, Morissette, Rene, "Immigrants: Settling for Less?" *Perspectives on Labour and Income*, Vol. 16, No. 3, 2004, p. 7.

Gerritsen, A. , et al. , "Health and Demographic Surveillance Systems: Contributing to an Understanding of the Dynamics in Migration and Health", *Global Health Action*, Vol6, No. 21496, 2013, pp. 1 – 8.

Ginsburg, C. et al. , "Healthy or Unhealthy Migrants? Identifying Internal Migration Effects on Mortality in Africa using Health and Demographic Surveillance Systems of the INDEPTH Network", *Social Science & Medicine*, Vol. 164, 2016, pp. 59 – 73.

Goel, Mita S. , et al. , "Obesity among US Immigrant Subgroups by Duration of Residence", *JAMA: The Journal of the American Medical Association*, Vol. 292, No. 23, 2004, pp. 2860 – 2867.

Goldman, N. , Pebley, A. R. , Creighton, M. J. et al. "The Consequences of Migration to the United States for Short – Term Changes in the Health of Mexican Immigrants", *Demography*, Vol. 51, No. 4, 2014, pp. 1159 – 1173.

Goldstein, S. , "Interrelation between Migration and Fertility in Thailand", *Demography*, Vol. 10, No. 2, 1973, pp. 225 – 241.

Guarnaccia, P. J. , S. Lopez, "The Mental Health and Adjustment of Immigrant and Refugee Children", *Child and Adolescent Psychiatric Clinics of North America*, Vol. 7, No. 3, 1998, pp. 537 – 553.

Gushulak, Brian D. , Douglas W. MacPherson, "The Basic Principles of Migration Health: Population Mobility and Gaps in Disease Prevalence", *Emerging Themes in Epidemiology*, Vol. 3, No. 1, 2006, p. 3.

Gushulak, Brian D., et al., "Migration and Health in Canada: Health in the Global Village", *Canadian Medical Association Journal (CMAJ)*, Vol. 183, No. 12, 2011, pp. E952 – E958.

Hahn, E. A., et al., "Measuring Social Well – being in People with Chronic Illness", *Social Indicators Research*, Vol. 96, No. 3, 2010, pp. 381 – 401.

Halliday, Timothy J., Michael C. Kimmitt., "Selective Migration and Health in the USA, 1984 – 93", *Population Studies*, Vol. 62, No. 3, 2008, pp. 321 – 334.

Hamilton, T. G., "The Healthy Immigrant (Migrant) Effect: In Search of a Better Native – born Comparison Group", *Social Science Research*, Vol. 54, 2015, pp. 353 – 365.

Harrigan, N. M., Chiu Y. K., Amirah A., "Threat of Deportation as Proximal Social Determinant of Mental Health Amongst Migrant Workers", *Journal of Immigrant and Minority Health*, Vol. 19, No. 3, 2017, pp. 511 – 522.

Hawkins, S. S., et al., "Influence of Moving to the UK on Maternal Health Behaviours: Prospective Cohort Study", BMJ, Vol. 336, No. 7652, 2008, pp. 1052 – 1055.

Hervitz, H. M., "Selectivity, Adaptation, or Disruption? A Comparison of Alter – native Hypotheses on the Effects of Migration on Fertility: TheCase of Brazil", *Int. Migr. Rev*, Vol. 19, No. 2, 1985, pp. 293 – 317.

Jasso, G., Massey, D., Rosenzweig, M. R., Smith, J, *"Immigrant Health: Selectivity and Acculturation"*, (No. 04/23). IFS Working Papers, Institute for Fiscal Studies (IFS). 2004.

Juster, Robert – Paul, et al., "Sexual Orientation and Disclosure in Relation to Psychiatric Symptoms, Diurnal Cortisol, and Allostatic Load". *Psychosomatic medicine*, Vol. 75, No. 2, 2013, pp. 103 –

116.

Kasl, S. V. , Berkman, L. , "Health Consequences of the Experience of Migration", *Annual Review of Public Health*, Vol. 4, No. 1, 1983, pp. 69 – 90.

Keyes, C. L. M. , "Social Well – being", *Social Psychology Quarterly*, 1998, pp. 121 – 140.

Kulu, H. , "Migration and Fertility: Competing Hypotheses Re – examined ", European Journal of Population, Vol. 21, No. 1, 2005, pp. 51 – 87.

Kulu, H. , Steele, F. , "Interrelationships between Childbearing and Housing transitions in the Family Life Course", Demography, Vol. 50, No. 5, 2013, pp. 1687 – 1714.

Landale, Nancy S. , Bridget K. Gorman, R. S. Oropesa. , "Selective Migration and Infant Mortality among Puerto Ricans", Maternal and Child Health Journal, Vol. 10, No. 4, 2006, pp. 351 – 360.

Lankoande, B. , Sié, A. , Shapiro, D. , "Selective Adult Migration and Urban – rural Mortality Differentials in Burkina Faso", *Population, English Edition*, Vol. 72, No. 2, 2017, pp. 197 – 218.

Levira, F. , Todd, J. Masanja, H. , "Coming home to die? The association between migration and mortality in rural Tanzania before and after ART scale – up", *Global Health Action*, Vol. 7, No. 1, 2014, 22956.

Lin, N. , Ensel, W. M. , "Life Stress and Health: Stressors and Resources", *American Sociological Review*, Vol. 54, No. 3, 1989, pp. 382 – 399.

Lin, Yanwei, et al. , "Association between Social Integration and Health among Internal Migrants in ZhongShan, China", *PloS One*, Vol. 11, No. 2, 2016.

Lu, Yao, "Test of the 'Healthy Migrant Hypothesis': A Longitudinal Analysis of Health Selectivity of Internal Migration in Indonesia", *Social Science &Medicine*, Vol. 67, No. 8, 2008, pp. 1331 –

1339.

Lu, Yao, "Rural – urban Migration and Health: Evidence from Longitudinal Data in Indonesia", *Social Science &Medicine*, Vol. 70, No. 3, 2010, pp. 412 – 419.

Lu, Yao, Qin, Lijian, "Healthy Migrant and Salmon Bias Hypotheses: A Study of Health and Internal Migration in China", *Social Science & Medicine*, Vol. 102, 2014, pp. 41 – 48.

Maestripieri, D., Hoffman, C. L., "Chronic Stress, Allostatic Load, and Aging in Nonhuman Primates". *Development and Psychopathology*, Vol. 23, No. 4, 2001, pp. 1187 – 1195.

Mancino, L., Ploeg, M. V., "Stress in the Desert: Estimating the Relationship among Diet Quality, Allostatic Load and Food Access", In2013 Annual Meeting, August 4 – 6, 2013, Washington, DC (No. 150613). *Agricultural and Applied Economics Association*, 2013.

Marks, L., "Religion and Bio – psycho – social Health: A Review and Conceptual Model", *Journal of Religion and Health*, Vol. 44, No. 2, 2005, pp. 173 – 186.

Marmot, M. G., Syme, S. L., "Acculturation and Coronary Heart Disease in Japanese – Americans", *American Journal of Epidemiology*, Vol. 104, No. 3, 1976, pp. 225 – 247.

Marmot, M. G., Adelstein, A. M., Bulusu, L., "Lessons from the Study of Immigrant Mortality", *The Lancet*, Vol. 323, No. 8392, 1984, pp. 1455 – 1457.

Meadows L M, Thurston W E, Melton C., "Immigrant Women's Health", *Social Science & Medicine*, Vol. 52, 2001, pp. 1451 – 1458.

McDonald, J. T., Kennedy, S. "Insights into the 'Healthy Immigrant Effect': Health Status and Health Service Use of Immigrants to Canada". *Social Science & Medicine*, Vol. 59, No. 8, 2004, pp. 1613 – 1627.

McDowell, I. , Newell, C. , "Measuring Health: A Guide to Rating Scales and Questionnaires", *Oxford University Press*, 1987.

McEwen B. S. , Stellar E. , "Stress and the Individual. Mechanisms Leading to Disease", *Arch Intern Med*, Vol. 153, No. 18, 1993, pp. 2093 – 2101.

Miao, J. , Wu, X. , "Urbanization, Socioeconomic Status and Health Disparity in China", *Health & Place*, Vol. 42, 2016, pp. 87 – 95.

Moh'd, Rabi'u I. , Joseph B. Ajefu, "Understanding the Relationship between Health and Internal Migration in the United Kingdom", *International Journal of Migration*, *Health and Social Care*, Vol. 13, No. 4, 2005, pp. 432 – 448.

Montes de Oca, V. , García, T. R. , Sáenz, R. , Guillén, J. , "The Linkage of Life Course, Migration, Health, and Aging: Health in Adults and Elderly Mexican Migrants", *Journal of Aging and Health*, Vol. 23, No. 7, 2011, pp. 1116 – 1140.

Nauman, E. , VanLandingham, M. , Anglewicz, P. , Patthavanit, U. , Punpuing, S. , "Rural – to – urban Migration and Changes in Health among Young Adults in Thailand". *Demography*, Vol. 52, No. 1, 2015, pp. 233 – 257.

Ng, Edward, Wilkins, Russell, Gendron, Francois, Berthelot, Jm, "Dynamics of Immigrants' Health in Canada: Evidence from the National Population Health Survey", *Environmental Science and Management*. 2005.

Parker Frisbie, W. , Youngtae Cho, and Robert A. Hummer, "Immigration and the Health of Asian and Pacific Islander Adults in the United States", *American Journal of Epidemiology*, Vol. 153, No. 4, 2001, pp. 372 – 380.

Peer N. , "The Converging Burdens of Infectious and Non – communicable Diseases in Rural – to – urban Migrant Sub – Saharan African Populations: A focus on HIV/ AIDS, Tuberculosis and Cardio –

metabolic Diseases", *Tropical Diseases*, *Travel Medicine and Vaccines*, Vol. 1, No. 1, 2015, pp. 1 – 5.

Poulter, N. R., Khaw, K. T., Sever, P. S., "Higher Blood Pressures of Urban Migrants from An African Low – blood Pressure Population are Not Due to Selective Migration", *American Journal of Hypertension*, Vol. 1, No. 3, 1988, pp. S143 – S145.

Prati, G., Albanesi, C., Pietrantoni, L., "The Reciprocal Relationship between Sense of Community and Social Well – being: ACross – lagged Panel Analysis", *Social Indicators Research*, Vol. 127, No. 3, 2016, pp. 1321 – 1332.

Rechel B, Mladovsky P, Ingleby D, et al., "Migration and Health in an Increasingly Diverse Europe", *Lancet*, Vol. 381, 2013, pp. 1235 – 1245.

Riosmena, F, et al., "Migration Selection, Protection, and Acculturation in Health: A Binational Perspective on Older Adults", *Demography*, Vol. 50, No. 3, 2013, pp. 1039 – 1064.

Rubalcava, L. N., Teruel, G. M., Thomas, D., Goldman, N., "The Healthy Migrant Effect: New Findings from the Mexican Family Life Survey", *American Journal of Public Health*, Vol. 98, No. 1, 2008, pp. 78 – 84.

Salmond, C. E., Joseph, J. G., Prior, I. A., Stanley, D. G., &Wessen, A. F., "Longitudinal analysis of the relationship between blood pressure and migration: the Tokelau Island migrant study", *American Journal of Epidemiology*, Vol. 122, *No. 2*, 1985, pp. 291 – 301.

Schultner, J., Kitaysky, A. S., Welcker, J., Hatch, S., "Fat or Lean: Adjustment of Endogenous Energy Stores to Predictable and Unpredictable Changes in Allostatic load", *Functional Ecology*, Vol. 27, No. 1, 2013, pp. 45 – 55.

Seeman, T E., Singer B H., Rowe J W., et al. "Price of Adaptation – Allostatic Load and Its Health Consequences", Archives of Internal

Medicine, Vol. 157, No. 19, 1997, pp. 2259 – 2268.

Seeman T E. , McEwen B S. , Rowe J W. , et al. , "Allostatic Load as a Marker of Cumulative Biological Risk: MacArthur Studies of Successful Aging", Proc Natl Acad Sci U S A, Vol. 98, No. 8, 2001, pp. 4770 – 4775.

Seeman T E. , Crimmins E. , Huang M H. , et al. , "Cumulative Biological Risk and Socio – economic Differences in Mortality: MacArthur Studies of Successful Aging", Social Science & Medicine, Vol. 58, No. 10, 2004, pp. 1985 – 1997.

Seeman T E. , Epel E. , Gruenewald T. , et al. "Socio – economic Differentials in Peripheral Biology: Cumulative Allostatic Load", Annals of the New York Academy of Sciences, Vol. 1186, No. 1, 2010, pp. 223 – 239.

Schweitzer R D, Brough M, Vromans L, et al. , "Mental Health of Newly Arrived Burmese Refugees in Australia: Contributions of Pre – migration and Post – migration Experience", Australian and New Zealand Journal of Psychiatry, Vol. 45, No. 4, 2011, pp. 299 – 307.

Shen, Q. , et al. , "A Preliminary Study of the Mental Health of Young Migrant Workers in Shenzhen", Psychiatry and Clinical Neurosciences, Vol. 52, No. 6, 1998, S370 – S373.

Siddaiah A, Kant S, Haldar P, et al. , "Maternal Health Care Access among Migrant Women Labourers in the Selected Brick Kilns of District Faridabad, Haryana: Mixed Method Study on Equity and Access", International Journal for Equity in Health, Vol. 17, No. 1, 2018, pp. 171 – 11.

Singh, Gopal K. , Mohammad Siahpush, "Ethnic – immigrant Differentials in Health Behaviors, Morbidity, and Cause – specific Mortality in the United States: An Analysis of Two National Data Bases", Human Biology, Vol. 74, No. 1, 2002, pp. 83 – 109.

Song, J. , Mailick, M. R. , Ryff, C. D. , Coe, C. L. , Greenberg,

J. S. , & Hong, J. , "Allostatic Load in Parents of Children with Developmental Disorders: Moderating Influence of Positive Affect", *Journal of Health Psychology*, Vol. 19, No. 2, 2014, pp. 262 – 272.

Song, Yang, Wenkai Sun, "Health Consequences of Rural – to – Urban Migration: Evidence from Panel Data in China: Health Consequences of Rural – to – Urban Migration", *Health Economics*, Vol. 25, No. 10, 2016, pp. 1252 – 1267.

Spallek, Jacob, HajoZeeb, Oliver Razum, "What do We have to Know from Migrants' Past Exposures to Understand their Health Status? ALife Course Approach", *Emerging Themes in Epidemiology*, Vol. 8, No. 1, 2011, p. 6.

Stillman, S. , David M. , John G. , "Migration and Mental Health: Evidence from a Natural Experiment", *Journal of Health Economics*, Vol. 28, No. 3, 2009, pp. 677 – 687.

Stillman, S. , Gibson, J. , McKenzie, D. , Rohorua, H. , "Miserable Migrants? Natural Experiment Evidence on International Migration and Objective and Subjective Well – being", *World Development*, Vol. 65, 2015, pp. 79 – 93.

Sterling, P. , Eyer, J. , "Allostasis: A New Paradigm to Explain Arousal Pathology", in *Handbook of Life Stress, Cognition, and Health*, S. Fisher and J. Reason, eds. , New York: John Wiley and Sons, 1988, pp. 629 – 649.

Sullivan, Margaret M. , Roberta Rehm, "Mental Health of Undocumented Mexican Immigrants: A Review of the Literature", *Advances in Nursing Science*, Vol. 28, No. 3, 2005, pp. 240 – 251.

Theall, K. P. , Drury, S. S. , Shirtcliff, E. A. , "Cumulative Neighborhood Risk of Psychosocial Stress and Allostatic Load in Adolescents", *American Journal of Epidemiology*, Vol. 176, No. suppl7, 2012, pp. S164 – S174.

Thompson, "Japan: Report from Nagasaki. Sanitary Conditions. Exami-

nation of Emigrants", *Public Health Reports* (1896 - 1970),
Vol. 24, No. 35, 1909, p. 1259. Retrieved from http: //www.
jstor. org/stable/4563638.

Tong, Y., Piotrowski, M., "Migration and Health Selectivity in the
Context of Internal Migration in China1997 - 2009", *Population
Research and Policy Review*, Vol. 31, No. 4, 2012, pp. 497 -
543.

Torres, Jacqueline M., Wallace, Steven P., "Migration Circum-
stances, Psychological Distress, and Self - Rated Physical Health
for Latino Immigrants in the United States", *American Journal of
Public Health*, Vol. 103, No. 9, 2013, pp. 1619 - 1627.

Turra, Cassio M., Elo, Irma T., "The Impact of Salmon Bias on the
Hispanic Mortality Advantage: New Evidence from Social Security
Data", *Population Research and Policy Review*, Vol. 27, No. 5,
2008, pp. 515 - 530.

Ullmann, S. H., Goldman, N., Massey, D. S., "Healthier before
They Migrate, Less Healthy When TheyReturn? The Health of Re-
turned Migrants in Mexico", *Social Science &Medicine*, Vol. 73,
No. 3, 2011, pp. 421 - 428.

Urquia, M. L., Frank, J. W., Moineddin, R., Glazier, R. H.,
"Immigrants' Duration of Residence and Adverse Birth Outcomes:
A Population - based Study". *BJOG: An International Journal of
Obstetrics &Gynaecology*, Vol. 117, No. 5, 2010, pp. 591 - 601.

Urquia, M. L., Gagnon, A. J., "Glossary: Migration and Health",
Journal of Epidemiology & Community Health, Vol. 65, No. 5,
2011, pp. 467 - 472.

United Nations International Organization for Migration, *World Migration
Report* 2018, 2019. Available from https: //publications.
iom. int/system/files/pdf/wmr_ 2018_ en. pdf.

United Nations Department of Economic and Social Affairs, *World Ur-
banization Prospects: The 2014 Revision: Highlights*, 2015. Avail-

able from http：//esa. un. org/unpd/wup/Highlights/WUP2014 –
Highlights. pdf.

United Nations Department of Economic and Social Affairs, *World Ur-
banization Prospects* 2014. 2015. Available from https：//esa. un.
org/unpd/wup/.

Vandenheede H, Willaert D, De Grande H, et al. , "Mortality in A-
dult Immigrants in the 2000s in Belgium：A Test of the 'Healthy –
migrant' and the 'Migration – as – rapid – health – transition' Hy-
potheses", *Tropical Medicine & International Health*, Vol. 20,
No. 12, 2015, pp. 1832 – 1845.

Vieta, E. , Popovic, D. , Rosa, A. R. ; Solé, B. et al. , "The Clinical
Implications of Cognitive Impairment and Allostatic Load in Bipolar
Disorder" . European Psychiatry, Vol. 28, No. 1, 2013, pp. 21 –
29.

Virupaksha, H. G. , Kumar, A. , Nirmala, B. P. , "Migration and
Mental Health：An Interface", *Journal of Natural Science, Biolo-
gy, and Medicine*, Vol. 5, No. 2, 2014, pp. 233 – 239.

Walker P, Jaranson J. , "Refugee and Immigrant Health Care", *Medi-
cal Clinics of North America.* Vol. 83, 1999, pp. 1103 – 1120.

Weitoft, G. R. , Gullberg, A. , Hjern, A. , Rosén, M. , "Mortality
Statistics in Immigrant Research：Method for Adjusting Underesti-
mation of Mortality", *International Journal of Epidemiology*,
Vol. 28, No. 4, 1999, pp. 756 – 763.

Wen, M. , Zheng, Z. , Niu, J. , "Psychological Distress of Rural –
to – urban Migrants in two Chinese Cities：Shenzhen and Shang-
hai", *Asian Population Studies*, Vol. 13, No. 1, 2017, pp.
5 – 24.

Westphal, Christina, "Healthy Migrants? Health Selection of Internal
Migrants in Germany", *European Journal of Population*, Vol. 32,
No. 5, 2016, pp. 703 – 730.

White M J. , eds. , *International Handbook of Migration and Population*

Distribution, Springer, 2016.

World Health Organization, *Constitution of the World Health Organization*, Annex I. In: The First Ten Years of the World Health Organization. Geneva, 1946.

Xie, S., Wang, J., Chen, J., Ritakallio, V. M., "The Effect of Health on Urban – settlement Intention of Rural – urban Migrants in China", *Health &Place*, Vol. 47, 2017, pp. 1 – 11.

Yi, Yao, et al., "Health Selectivity and Rural – Urban Migration in China: A Nationwide Multiple Cross – Sectional Study in 2012, 2014, 2016", *International Journal of Environmental Research and Public Health*, Vol. 16, No. 9, 2019, p. 1596.

后　记

　　本书是在我的硕士论文和博士论文的基础上完成的，也是对我求学阶段的一个小小的总结。回想起来，与流动人口的研究结缘于本科时期。我本科就读于中央财经大学社会学系，当时我们学院实行"本科生导师制"。每一位刚入学的本科生都会被分配到一个导师，在专业学习和生活中给予指导。我们都非常幸运，能够在入学之初就能有导师指导进行社会学的学习。我的本科生导师是侯佳伟教授，当时侯老师有一些关于流动人口的课题，经常带着我一起开展调查。在与流动人口的接触中，越发觉得这是一个值得关注的群体。硕士期间，有机会在国家卫生健康委流动人口司实习，从宏观层面上加深了对这一群体的了解。硕士毕业论文就是基于全国流动人口动态监测数据和北京市的流动人口调查数据分析流动人口的身心健康平衡问题。

　　博士期间，我继续选择了人口流动与健康问题作为我的博士论文研究方向。我的博士导师顾宝昌教授非常支持我，他总是告诉我们要选择自己擅长的问题研究，要重视自己的经历。自己切实经历过的事情，做出来的研究不仅有力度也有温度。

　　博士毕业后，我从北京来到长春，成为一个迁移者。因为之前没有在长春的生活经历，所以起初长春对我来说是一个陌生的城市，生活的压力、不熟悉的环境，这些正是一个"流动者"所需要面对的。我也在感受自己的健康的变化情况——来自于生理的、心理的、社会的健康变化。

　　做学术是为了更好地指导现实生活，希望我的研究能够帮助到那些背井离乡、在外漂泊的流动人口，改善他们的健康状况。无论生活在城市，还是返回到家乡，他们都拥有健康的状态。本书在

"吉林大学哲学社会学院一流学科建设学者文库"的支持下得以出版，特别感谢学院的支持。在学院工作两年多的时间里，我感受到学院是一个非常温暖的集体，学院的各位老师不仅学术扎实，而且待人随和。特别感谢我的博士后合作导师田毅鹏教授、邴正教授、张金荣教授、芦恒教授对书稿提出的建议。

感谢家人，一路相伴与支持。

梁启超先生曾说，凡做学问，总要"猛火熬"和"慢火炖"两种工作循环交互着用去。读博士的这三年我真切感受到了"猛火熬"和"慢火炖"的双重考验。感恩我所经历的一切，幸福就是，把该做的事情做完，回头看经历的过往。

祁　静

2020 年 8 月